AF246536

JEANNE D'ARC

La Sainte de la France

23e MILLE

CHARLES-EMILE MONTET

JEANNE D'ARC

La Sainte de la France

Nouveaux Récits Populaires

Ouvrage orné de 80 Dessins

EN VENTE CHEZ L'AUTEUR

16, Rue Antoine-Roucher, 16

PARIS (XVIᵉ)

Segretaria di Stato

di Sua Santita

☩

N° 89210

Dal Vaticano, le 21 août 1909

Monsieur le Chanoine,

Le Saint-Père a bien agréé l'hommage que vous Lui avez fait de votre *Nouvelle Histoire de la Bienheureuse Jeanne d'Arc*, ouvrage revêtu d'une lettre d'approbation de Mgr l'Évêque de Nancy.

Sa Sainteté vous félicite d'avoir publié avec un soin particulier ces nouveaux récits de la Bienheureuse Héroïne nationale, spécialement dédiés à la jeunesse, qui y trouvera une lecture aussi intéressante qu'édifiante.

En vous remerciant de l'hommage de votre livre, le Saint-Père vous accorde de cœur Sa Bénédiction.

J'unis mes sincères remerciements pour l'exemplaire que vous avez bien voulu m'offrir et je saisis cette occasion pour vous exprimer mes sentiments dévoués en Notre-Seigneur.

R. Cardinal Merry del Val.

A M. le Chanoine
Charles-Émile Montet.

Rome, le 30 juillet 1909.

MONSIEUR LE CHANOINE,

Hier on m'a remis votre nouvelle *Histoire de la Bienheureuse Jeanne d'Arc* dont vous m'aviez annoncé l'envoi. C'est un don qui m'est extrêmement cher, et je m'empresse de vous présenter mes plus vifs remerciements. J'y ajoute mes félicitations bien sincères, car je sais que votre livre répandu largement en France et à l'étranger a reçu le meilleur accueil en faisant connaître davantage notre sublime Héroïne.

Je vous suis très reconnaissant pour les paroles bienveillantes que vous avez bien voulu adresser au Ponent de la Cause. Il en a été très touché.

Veuillez agréer, Monsieur le Chanoine, la nouvelle expression de mes sentiments très affectueux et dévoués en Notre-Seigneur.

D. Cardinal FERRATA.

Verdun, le 25 juin 1909.

CHER MONSIEUR LE CHANOINE,

Rentré à Verdun pour la Fête-Dieu, j'ai pu admirer et parcourir votre *Vie de la Bienheureuse*. Je ne suis pas surpris de son succès qui ne fera que grandir quand on aura connu l'ouvrage.

Avec tous mes remerciements et mes compliments, agréez, cher Monsieur le Chanoine, l'assurance renouvelée de mes sentiments les plus dévoués.

† LOUIS, *Évêque de Verdun,*
aujourd'hui Cardinal-Archevêque de Paris.

Orléans, le 30 septembre 1909.

CHER MONSIEUR LE CHANOINE,

J'ai trouvé, à mon retour de Domremy, votre très beau volume. Laissez-moi vous féliciter de tout mon cœur. Il me paraît que votre publication aura du succès. Je vous en félicite. Ah! le beau mouvement que la chère Sainte produit en France et dans le monde entier. Travaillons-y de toutes nos forces, à en mourir !...

Bien cordialement à vous.

† STANISLAS, *Évêque d'Orléans.*

Saint-Dié, le 26 juin 1909.

MONSIEUR LE CHANOINE,

Je viens de recevoir le magnifique volume qui m'apporte votre *Vie de la Bienheureuse Jeanne d'Arc.*

L'œuvre a toutes les qualités que lui reconnaît et mérite tout le succès que lui souhaite Mgr l'évêque de Nancy.

Je suis heureux de me joindre à Sa Grandeur pour vous féliciter et me redire, Monsieur le Chanoine, votre bien dévoué en Notre-Seigneur.

† ALPHONSE-GABRIEL, Évêque de Saint-Dié.

Perpignan, le 18 août 1909.

CHER MONSIEUR LE CHANOINE,

Oui, j'ai reçu votre chef-d'œuvre; je l'ai lu, je l'ai relu, je m'en suis inspiré à plusieurs reprises quand j'ai eu à parler de notre Pucelle. Si je ne vous ai point dit tout de suite un cordial merci, il ne faut en accuser qu'une tournée pastorale et les déplacements des vacances. Le charme des heures passées avec vous et avec notre Bienheureuse n'a rien perdu de sa vivacité et je le ressens encore comme lorsque je lisais votre livre.

Je suis toujours, cher Monsieur le Chanoine, votre très dévoué serviteur *in Christo.*

† JULES, Évêque de Perpignan.

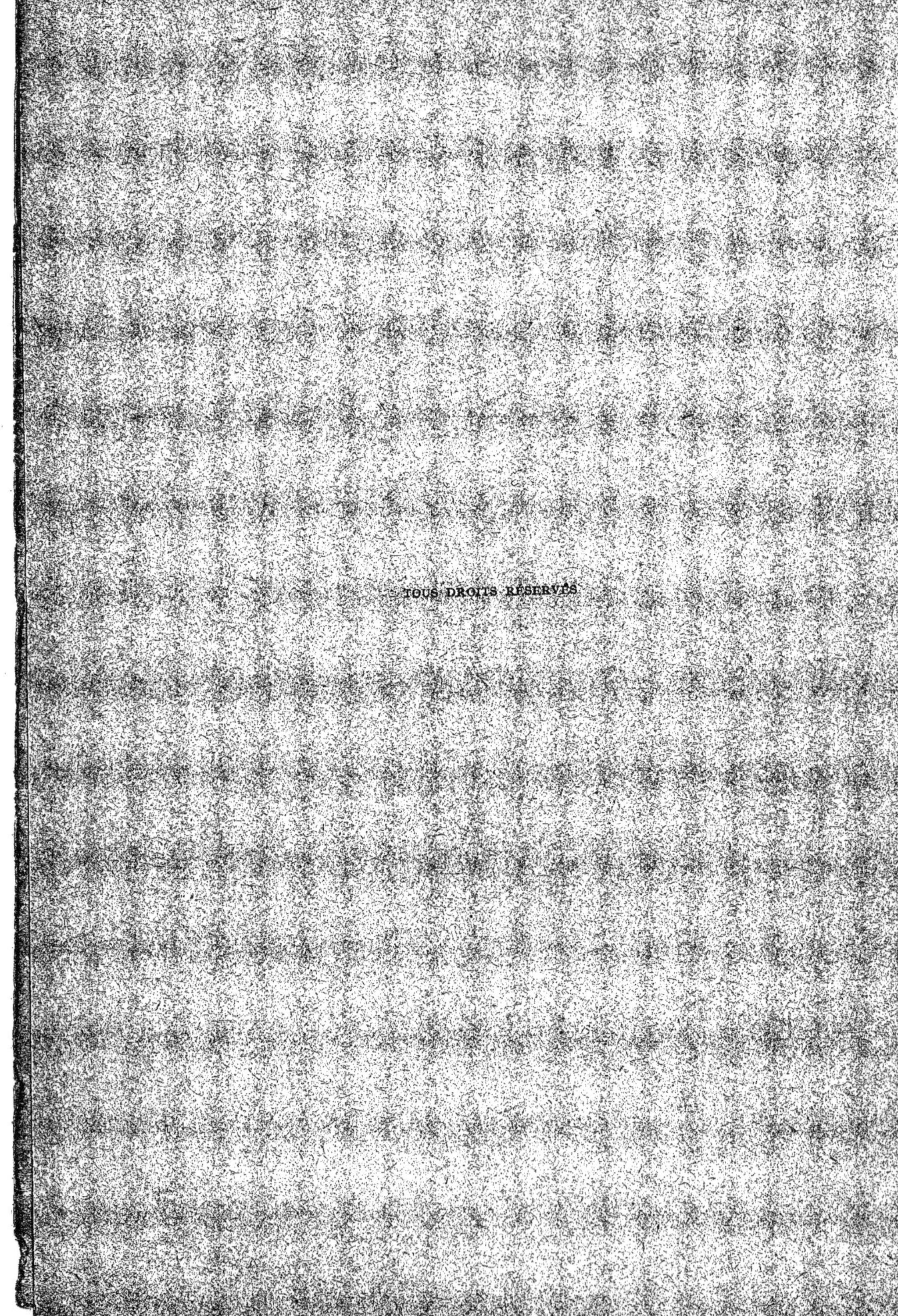

INTRODUCTION

La France du " Roi de Bourges "

Détresse de la France. — Valois et Plantagenet. — La loi salique. — Les derniers Capétiens. — Les États-Généraux de 1326. — Philippe VI de Valois. — Déception d'Édouard III, roi d'Angleterre. — La guerre de Cent ans. — Crécy et Poitiers. — Traité de Brétigny. — Charles V et Du Guesclin. — Charles VI et Isabeau de Bavière. — Armagnacs et Bourguignons. — Azincourt. — Jean sans Peur à Montereau. — Traité de Troyes. — Énergie de Charles VII. — Le Roi de Bourges.

Au cours de son histoire seize fois séculaire, la France n'a pas traversé de période plus sombre que les premières années du xv⁰ siècle. La guerre de Cent ans, dont les ravages allaient se prolonger jusqu'à la bataille de Castillon (1453), avait épuisé ses ressources, ses forces et presque ses espérances. Il ne s'agissait plus de savoir si elle serait un jour victorieuse ; la victoire avait depuis si longtemps déserté ses étendards ! La monarchie de Charlemagne, de Philippe-Auguste et de saint Louis agonisait. Les désastres de Crécy et de Poitiers, à peu près réparés par la sage administration de Charles V et par les exploits de Du Guesclin, allaient se renouveler, aggravés et à peu près irréparables, dans l'affreuse journée d'Azincourt, et l'Anglais pouvait escompter le jour prochain où il régnerait en maître, de la Manche à la Méditerranée.

Par quelle suite d'imprévoyances, de défaillances et de fatalités était-on descendu à ce degré d'infortune ? Comment la nationalité française, déjà si puissamment concentrée autour de la couronne des Capétiens, avait-elle pu se laisser dévorer en grande partie par l'Angleterre dont les rois, ses vassaux, n'avaient pas encore réuni à leur domaine royal, ni l'Écosse, ni l'Irlande ?

Au début de la guerre de Cent ans, nul ne doutait en Europe que les armées de France n'eussent promptement raison des dernières places fortes que les Anglais détenaient encore, telles que Bayonne, Bordeaux, Brest et Cherbourg; nul ne pouvait douter que ce duel formidable qui mettait aux prises les deux premières puissances militaires de ce temps, n'eut pour épilogue l'écrasement de l'Angleterre et la ruine définitive des prétentions au trône de France, que gardaient encore les Plantagenet.

Les événements avaient démenti ces prévisions, comme depuis moins d'un demi-siècle ils en ont démenti d'analogues, guère mieux fondées, sur notre frontière du Rhin et en Extrême-Orient, dans les plaines de la Mandchourie. Après cinquante années d'une lutte incessante et acharnée, toutes les chances de succès avaient passé aux ennemis des héritiers légitimes de la couronne de France.

Au seul point de vue de l'origine, il coulait autant de sang français dans les veines des rois d'Angleterre que dans celles des Rois de France. Plantagenet et Valois étaient également issus de souche bien française, mais les nombreuses alliances matrimoniales qui avaient multiplié entre eux les liens de parenté, n'avaient pas à l'égal multiplié les gages de la paix internationale. La guerre de Cent ans en était sortie et lorsqu'elle se termina, grâce à Jeanne d'Arc, par le triomphe de Charles VII, la guerre des Deux-Roses allait mettre aux prises, sur le sol anglais, York et Lancastre et faire cruellement expier à l'Angleterre l'assassinat juridique de la Pucelle d'Orléans.

Depuis les origines de la monarchie française, une sage combinaison de droit électif et de droit héréditaire assurait la succession et ensuite l'investiture du pouvoir royal, sous la forme du sacre. La basilique de Reims, en souvenir du baptême de Clovis, gardait jalousement le privilège de cette cérémonie nationale, et lorsque le monarque nouvellement consacré apparaissait sur le parvis, dans l'éclat et la splendeur du cortège royal, il représentait bien, aux yeux de tous, l'idéal de la monarchie et de la dynastie traditionnelle avec qui se confondait alors la personnalité même de la France.

Une coutume issue de la loi salique, réglait la transmission du pouvoir royal, de mâle en mâle, à l'exclusion des femmes. Cette législation, d'origine germanique, n'était d'abord que le code particulier de la tribu des Francs saliens, la plus importante de celles qui avaient franchi le Rhin dans les premières années du cinquième siècle, pour former des établissements fixes dans la Gaule. Une disposition de cette loi, qui excluait les femmes de la succession à la terre, avait été appliquée à l'hérédité monarchique et avait certainement contribué, dans la plus large mesure, à la formation relativement rapide de la France carlovingienne.

Jusqu'au règne tyrannique de Philippe IV, la loi salique n'avait pas revêtu cependant en France le caractère absolument légal que pouvait seul lui conférer son inscription dans le droit public. Ce n'était qu'une coutume dont s'inspirèrent les Etats-Généraux rassemblés à la mort de Louis X, fils de Philippe le Bel. Ce prince ne laissait pas d'héritiers mâles ; la succession au trône fut dévolue à son frère Philippe V. Une sorte de malédiction semblait peser sur la descendance de Philippe IV, faux-monnayeur, insulteur de Boniface VIII et meurtrier des chevaliers du Temple, en somme, le roi le plus dur qui ait régné sur la France. Ses trois fils qui lui succèdent, succombent sans postérité à la fleur de l'âge ; les Etats-Généraux de 1326 excluant les femmes de l'hérédité royale, attribuent la couronne à Philippe de Valois. Avec Charles IV, le dernier des fils de Philippe IV, s'éteint la dynastie d'Hugues Capet ; la guerre de Cent ans va naître des compétitions soulevées par l'acte des Etats-Généraux, qui restera la charte de la monarchie de France jusqu'à la chute de Louis XVI.

Edouard III roi d'Angleterre, était petit-fils de Philippe IV le Bel, par sa mère Isabelle de France ; Philippe VI de Valois n'était que le neveu de ce même roi. Selon l'ordre de succession naturelle, le roi d'Angleterre aurait dû succéder à son aïeul, mais en vertu de la loi salique, il se vit exclu du trône de France par les Etats-Généraux de 1326 au profit de son oncle Philippe VI. Il dissimule son ressentiment jusqu'en 1337 ; il lève alors le masque et revendique ses droits, conscient de la supériorité militaire des archers anglais sur la brillante et téméraire chevalerie française. Ses prévisions furent justifiées.

Deux désastres et un traité draconien marquent la première phase de la guerre de Cent ans : Crécy en 1346, où l'artillerie fit ses débuts en rase campagne ; dix ans plus tard, c'est Poitiers où le roi Jean est vaincu et pris sur un monceau de cadavres. Sa captivité dure quatre ans et finit par le néfaste traité de Brétigny (1460) Trois millions d'écus d'or pour la rançon du roi ; la Guyenne, le Poitou, l'Angoumois, le Ponthieu, la Normandie et Calais, pour la rançon de la France, tel est le bilan. Il est vrai qu'Edouard III renonçait à ses droits à la couronne, mais le sacrifice dut être peu douloureux pour lui puisqu'il joignait à sa couronne d'Angleterre les plus belles provinces de son compétiteur.

Grâce à la vitalité de la France, Charles V le Sage, secondé par Du Guesclin, répare ces désastres, et vingt ans après le traité de Brétigny il ne restait plus aux Anglais, sur le sol de France, que quelques ports sur l'Océan et sur la Manche; mais à cette heureuse période succède une ère de revers et de nouveaux désastres politiques et militaires.

Charles VI succède trop tôt à son père Charles V. Sa minorité est exploitée par ses oncles et tuteurs, qui pillent le trésor royal et s'adjugent les provinces de l'Ouest et du Midi. Pour comble d'infortune, le jeune roi, débile de corps et d'esprit, après quelques velléités d'indépendance, perd la raison. Cet accident ramène au pouvoir la tutelle peu désintéressée de ses oncles. Isabeau de Bavière, sa femme, sans esprit et sans moralité, favorise tantôt l'un, tantôt l'autre de ces tuteurs néfastes. Le duc Louis d'Orléans, frère du Roi et Jean sans Peur, duc de Bourgogne, un de ses oncles, rivaux d'ambition, travaillent

Le duc de Bedfort, régent de France.

dans l'ombre, recrutent des partisans, circonviennent le malheureux roi, tout prêts à vider publiquement leur querelle pour la conquête du pouvoir et, comme on devait s'y attendre, cette compétition se termine par un assassinat. Louis d'Orléans, avec la belle insouciance de la jeunesse, se gardait mal; un soir il est assailli près de la porte Barbette et tombe percé de coups. L'opinion publique n'hésita pas sur le nom du meurtrier et Jean sans Peur eut même le cynisme de se vanter en public d'avoir soudoyé les assassins, pour rendre service au roi, et d'avoir bien mérité de la reconnaissance du pays. Douze ans plus tard, ce fut son tour.

Déchirements, compétitions sanglantes, représailles toujours inépuisées, toutes les horreurs des guerres civiles ne pouvaient que ruiner la France et la livrer désarmée aux entreprises de ses ennemis. Armagnacs et Bourguignons continuaient la lutte des maisons de Bourgogne et d'Orléans. Charles, fils aîné du duc Louis assassiné à la porte Barbette, ayant épousé la fille de l'un des plus puissants seigneurs du Midi, Bertrand d'Armagnac, ses partisans avaient pris le nom de cette province gasconne, mais il serait difficile de dire lequel des deux partis en présence surpassa l'autre en férocité.

En 1415, Henri V roi d'Angleterre, jugea avec raison le moment favorable pour faire revivre les prétentions des Plantagenet à la couronne de France. Comme depuis longtemps il mobilisait des troupes destinées à soutenir ses réclamations, il fit brusquement signifier à la cour de France, qu'il exigeait le retour aux termes du traité de Brétigny, virtuellement abrogé depuis plus de trente ans: son débarquement à l'embouchure de la Seine suivit de près cette sommation, mais il perdit un temps précieux au siège d'Harfleur, que défendirent avec acharnement Jean d'Estouteville et Raoul de Gaucourt que nous retrouvons douze ans plus tard à Orléans.

Le siège dura trente jours et la vigueur de la résistance avait tellement épuisé l'armée anglaise et réduit ses effectifs, qu'Henri V jugea impossible la continuation de son entreprise et se dirigea sur Calais où il comptait se rembarquer pour l'Angleterre. Sa retraite, qui ressemblait plutôt à une fuite, fut soudain interceptée en Picardie par l'armée française que commandait le maréchal d'Albret. Le résultat fut l'affreuse journée d'Azincourt où la chevalerie française laissa 10.000 de ses meilleurs hommes d'armes sur le champ de bataille, sans compter ceux qui restèrent, comme le duc Charles d'Orléans, au pouvoir de l'ennemi. Déjà se manifestait l'état d'esprit coutumier des guerres civiles. S'il se trouva parmi les morts d'Azincourt, deux frères de Jean sans Peur, ceux-ci avaient dû enfreindre les ordres de leur aîné, pour courir sus à l'envahisseur du sol de France et partager le sort de tant de braves gens qui valaient assurément mieux que le duc de Bourgogne.

Jean sans Peur essaya de profiter du désastre d'Azincourt pour ressaisir auprès du malheureux Charles VI l'autorité dont jouissaient alors les Armagnacs ; il ne put y réussir tout d'abord et finit par conclure un accord secret avec le roi d'Angleterre qui ravageait méthodiquement la Normandie, tandis qu'une trahison venait de livrer Paris à la faction bourguignonne. Charles VI, fantôme de roi, était resté aux mains des assaillants. Le Dauphin, qui devait être Charles VII, échappé comme par miracle à leurs coups, s'était retiré à Poitiers, où il organisait avec les provinces du Midi, restées fidèles, une solide résistance.

Jeanne d'Arc (attribuée au Roi René)

La triste Isabeau de Bavière, exilée à Tours et délivrée de son exil par le duc de Bourgogne, l'avait suivi à Troyes où se trouvait déjà Charles VI et c'est ainsi que la France était littéralement coupée en deux tronçons. Chacune des deux factions qui continuaient à se disputer le pouvoir, pouvait croire à son bon droit, car l'alliance des Bourguignons avec l'Anglais envahisseur, gardait encore son caractère secret.

Henri V faisait son profit de cette situation anarchique, il progressait toujours en Normandie. Rouen était tombé après une défense héroïque de six mois, et le jour semblait proche où il mettrait d'accord les deux compétiteurs, Armagnacs et Bourguignons, en leur signifiant qu'il était le seul maître en France.

Jean sans Peur avait fini par le comprendre et cédant aux instances de ses conseillers, il s'était rapproché du Dauphin. Après l'entrevue de Pouilly, il avait, de concert avec lui, jeté les bases d'un arrangement qui promettait la fin prochaine de la guerre fratricide et le refoulement des Anglais dans leur île. Une catastrophe imprévue brisa toutes ces espérances et replongea la France, plus profondément que jamais, dans un abîme de ruines et de sang.

Pour compléter l'œuvre commencée à Pouilly, le Dauphin Charles et Jean sans Peur avaient pris jour pour une conférence sur le pont de Montereau, le 10 septembre 1419. Les chefs Armagnacs dans l'entourage du Dauphin, n'avaient pas abdiqué toute défiance et l'assassinat du duc d'Orléans, demeuré toujours impuni, n'était resté que trop vivant dans leur souvenir. D'un autre côté, le duc de Bourgogne louvoyait avec peu de franchise, entre ses adversaires d'hier et les Anglais. Ceux-ci venaient d'enlever aux portes de Paris la ville de Pontoise, mal défendue, peut-être à dessein, par Villiers de l'Isle-Adam, capitaine bourguignon ; on disait, en outre, que Jean sans Peur n'avait d'autre but que d'attirer le Dauphin à Troyes où se trouvaient déjà Isabeau de Bavière et l'infortuné Charles VI et de lui imposer, comme à eux, sa tutelle.

Tel était l'état des esprits, au matin de la conférence de Montereau ; l'entrevue débuta mal par des propos acrimonieux, puis ce furent des contestations, des démentis, des injures, des menaces, les épées sortirent toutes seules du fourreau ; violente bagarre d'où les conseillers du Dauphin se hâtèrent de le retirer, mais Jean sans Peur resta sur place, percé de coups.

Ce meurtre ne fut peut-être qu'un acte de représailles les plus justifiées, mais il fut aussi un grand malheur pour la France. La fureur, d'ailleurs légitime des Bourguignons, ne pouvait que servir les desseins du roi d'Angleterre. Philippe le Bon, fils de la victime du pont de Montereau, lui fit des propositions d'entente ; Isabeau de Bavière lui écrivit pour lui demander de venger la mort de Jean sans Peur ; Henri V ne pouvait qu'accueillir avec joie ces avances qui aboutirent, le 21 mai 1420, au traité de Troyes.

Jamais plus honteuse capitulation ne fut imposée à un

peuple encore maître de ses destinées. Malgré les protestations du Dauphin, Catherine, sa sœur, fut donnée en mariage à Henri V qui se déclarait seul régent du royaume de France jusqu'à la mort du roi Charles VI. Le premier enfant à naître de cette alliance, réunirait sur sa tête les deux couronnes de France et d'Angleterre. Le duc de Bourgogne, aveuglé par ses ressentiments, ne se refusa à aucune des exigences d'Henri V, et il fut même ajouté au traité de Troyes une déclaration par laquelle chacune des parties contractantes s'interdisait à jamais la reprise de relations avec le Dauphin; ne pouvant le supprimer effectivement, on devait désormais l'ignorer.

C'était l'abrogation sans phrases de la loi salique et la mise à néant de l'acte des Etats-Généraux qui avaient, en conformité du droit coutumier français, attribué à Philippe VI de Valois, la succession de Charles IV le Bel. Les prétentions des Plantagenet au trône de France, soutenues depuis près d'un siècle par l'effroyable guerre qui avait usé plusieurs générations, avaient fini par triompher.

Charles VII, roi de France.

Il faut rendre cette justice au Dauphin, qu'il ne se laissa ni abattre, ni intimider. Fort de son droit et comptant sur les ressources diplomatiques et militaires qui lui restaient encore, il fit tête à l'orage. Deux ans après le traité de Troyes, Henri V et son beau-père Charles VI disparaissaient à quelques mois de distance, mais ce double événement n'eut pas tout d'abord les conséquences favorables qu'aurait pu en espérer le Dauphin. La mort du roi d'Angleterre laissait, il est vrai, la couronne à un enfant de 8 mois, Henri VI, qui fut en outre proclamé roi de France, le 20 novembre 1422, dans la basilique de Saint-Denis ; heureusement pour lui, le duc de Bedfort son oncle, prenait en mains la régence du royaume et nul, dans ce temps, ne pouvait assumer à son égal, une tâche aussi redoutable, avec l'autorité et l'expérience consommées qu'il y apporta.

De son côté, le Dauphin avait aussi pris le titre de roi de France, le 30 octobre, à Mehun-sur-Yèvre, en Berry, où il résidait habituellement ; sa cause n'était pas alors aussi désespérée que pourrait le laisser croire la succession de revers inouïs qu'elle avait dû subir. Il lui restait de vaillants capitaines et quelques troupes aguerries. Le Parlement qu'il avait reconstitué à Poitiers, lui constituait un Conseil d'État de premier ordre. Les provinces du Midi, Dauphiné, Languedoc, Lyonnais, Auvergne, Bourbonnais, lui étaient exclusivement fidèles, et au nord de

Henri VI, roi d'Angleterre.

la Loire nombre de places fortes reconnaissaient son autorité. La Bretagne lui venait en aide, grâce au connétable Arthur de Richemont ; d'autre part, l'antipathie bien connue qui divisait Bedfort et le duc de Bourgogne, laissait deviner plus d'une fêlure dans le bloc formé par les signataires du traité de Troyes.

La fortune de la guerre avait d'abord paru favoriser également les deux parties : succès et revers s'équilibraient sensiblement, mais la journée de Verneuil (17 août 1424) renouvela à peu près le désastre d'Azincourt et ouvrit pour Charles VII une ère d'infortunes, s'aggravant chaque jour, par suite des discussions qui se manifestaient dans son entourage et faisaient peser sur lui un joug humiliant et désastreux.

Le duc de Bedfort n'avait pu, de son côté, poursuivre victorieusement son offensive après la bataille de Verneuil; il était, lui aussi, en partie paralysé par une querelle qui avait mis aux prises son frère Glocester et son allié, le duc de Bourgogne. Comme il ne devait négliger aucun appui dans la conquête méthodique qu'il faisait de la France, au profit de son royal neveu Henri VI, avant de poursuivre ses avantages, il dut régler le différend qui menaçait de lui aliéner la puissance de Philippe-le-Bon.

Charles VII n'avait pas su profiter de la diversion inespérée que lui offrait cette querelle et par surcroît, le connétable de Richemont, bien mal inspiré, comme il le reconnut bientôt, lui avait en quelque sorte imposé la tutelle du politicien le plus faux et le plus retors de cette époque, Georges de la Trémoille. Il ne tarda pas à expier sa faute.

Bedfort, pleinement rassuré sur la solidité de son alliance avec le duc de Bourgogne, avait résolu d'en finir, cette fois, avec la résistance de Charles VII que les Anglais appelaient par dérision le roi de Bourges. En juin 1428, son meilleur lieutenant, Salisbury, se mettait en campagne et ses premières opérations dévoilèrent nettement le plan auquel il s'était arrêté.

Les provinces situées au nord de la Loire, Normandie, Picardie, Artois, l'Ile de France avec Paris, Champagne et Bourgogne étaient à peu près entièrement acquises à la cause d'Henri VI. Pour entreprendre avec des chances de succès, une offensive sur la rive gauche du fleuve qui couvrait, comme d'un large fossé, les provinces méridionales, il était indispensable de s'assurer tous les débouchés sur cette rive. Une grande et populeuse cité, forteresse de premier ordre, formait comme une tête de pont, menaçant Paris, au point où la Loire accentue le plus la courbe de son arc, en s'infléchissant vers le Nord.

Orléans tenait fidèlement pour le roi Charles VII; c'était la grande citadelle dont la conservation permettait au roi de Bourges toutes les espérances et dont la perte consommerait sa ruine. Par cette brèche ouverte au cœur de la France, passerait comme un torrent l'invasion anglaise, sûre de ne plus rencontrer devant elle un obstacle aussi redoutable.

Salisbury procéda méthodiquement aux approches de la vaillante cité. Successivement, il enleva les petites places fortes de la Beauce, qui lui servaient de couverture. Il agit de même en amont et en aval de la Loire, dans un rayon de dix lieues, et sûr, désormais, de ne laisser derrière lui aucun point fortifié favorable à un rassemblement de troupes ennemies, il parut enfin devant Orléans, le 7 octobre 1428; cinq jours après, il inaugura les opérations du siège.

Rien ne semblait pouvoir désormais, sauver du désastre final la cause du véritable roi de France; elle était bien perdue, mais à l'heure ténébreuse où sombrent les dernières espérances, déjà s'élève, du côté de la Lorraine, un rayon de salut. Jeanne d'Arc va faire son entrée dans l'histoire qui lui promet l'immortalité.

CHAPITRE PREMIER

La Guerre au temps de Jeanne d'Arc

Jeanne d'Arc chef de guerre. — Science approfondie de stratégie et de tactique. — Complications de l'art de la guerre au xvᵉ siècle. — Les archers anglais et la Chevalerie française. — Plans stratégiques de Jeanne d'Arc. — Son habileté à se porter toujours sur les communications de l'ennemi. — Son rôle de chef d'armée. — L'artillerie de siège et de campagne. — Ce qu'étaient les armées de la guerre de Cent ans. — Le brigandage en Normandie.

Jeanne d'Arc fut un chef de guerre merveilleux, comparable pour ses inspirations aux plus grands capitaines. Où avait-elle puisé cette science de la stratégie qui lui faisait ordonner des plans hardis tels que la délivrance d'Orléans et la foudroyante campagne de quatre jours qui se termina par l'écrasement des troupes anglaises à Patay ? Du premier coup, cette fille des champs déploie une science approfondie dans la tactique des trois armes. Au témoignage de ses contemporains et même d'illustres généraux de notre temps, nul ne savait, comme elle, faire un habile usage de l'artillerie, soit pour l'attaque des places, soit en rase campagne.

Tout est miracle dans la Mission de Jeanne : vouloir l'expliquer autrement, c'est se condamner à l'absurde. A qui ferait-on croire qu'il est tout naturel qu'une fillette de dix-sept ans jette un jour quenouille et fuseau, et que, moins de deux mois après, elle se trouve à la tête d'une armée fièrement campée à cheval, étonnant au Conseil les Capitaines les plus expérimentés, et sur le champ de bataille, devançant les plus braves à courir sur l'ennemi, bien que son épée n'ait jamais porté un coup mortel ? En dehors de l'inspiration directe que Jeanne tenait de ses Voix, jamais explication raisonnable ne sera donnée de ce chapitre de notre histoire nationale. Le patriotisme, si ardent et si éclairé qu'on le suppose, et Jeanne ne savait pas lire, fut souvent le foyer de l'héroïsme élevé jusqu'aux sacrifices suprêmes ; qui osera soutenir qu'il aurait pu suffire à transformer subitement une fillette en stratège de premier ordre ?

La guerre, au temps de Jeanne d'Arc, n'était pas, comme on le pense généralement, une succession de chocs aveugles et sanglants, de mêlées sauvages où le dernier mot restait toujours à la force brutale. Jamais au contraire, à aucune époque, l'art de la guerre ne fut plus compliqué, en raison du bouleversement que l'invention de la poudre apportait dans les armes offensives et défensives, et dans la tactique de leur emploi.

Les armes de trait tenaient une place prépondérante dans le résultat des rencontres, et telle était leur meurtrière efficacité qu'un Concile de Latran avait interdit l'usage de l'arbalète dans les combats entre nations chrétiennes. Les Français, déférant à cette défense, avaient réduit le nombre de leurs archers à sa plus simple expression. Les Anglais, au contraire, avaient renforcé les leurs déjà si renommés, et c'est à eux qu'ils avaient dû leurs grandes victoires de Poitiers, de Crécy et d'Azincourt. Il en fut de même le 12 février 1429, à la bataille de Rouvray-Saint-Denis, appelée journée des Harengs, dans laquelle les Français, cinq fois supérieurs en nombre, avaient subi un désastre qui anéantissait les dernières espérances d'Orléans assiégé depuis quatre mois.

Dans toutes ces rencontres, la tactique n'avait pas varié. La chevalerie française, dédaignant les gens de pied, s'était jetée follement sur les retranchements improvisés des Anglais. Elle s'était heurtée à une palissade de pieux acérés et inclinés dont la pointe était un fer aigu. Chaque archer était porteur de cette arme défensive, aiguisée à chaque bout et facile à fixer en terre. Devant cette haie hérissée de dards, le cheval se cabrait, se renversait sur son cavalier et jetait le désordre en arrière pendant que les archers faisaient pleuvoir une grêle de traits, presque à bout portant, sur l'imprudente cavalerie ; et quand le désordre était parvenu à son comble, les gens d'armes anglais, tombant sur elle, n'avaient plus guère qu'à massacrer.

Malgré les insinuations du plus prétentieux et peut-être

du plus faux historien de Jeanne d'Arc, d'après lesquelles celle-ci ne devrait qu'à une légende peu vraisemblable sa réputation de génie guerrier, il reste établi, n'en déplaise à qui-

Jeanne d'Arc, d'après Ingres.

conque, que Jeanne d'Arc possédait à un haut degré les qualités qui font le grand homme de guerre (1).

Chaque fois qu'elle décide seule d'un mouvement stratégique ou tactique, son inspiration confine au génie. Sans

(1) Anatole France, *Histoire de Jeanne d'Arc*, passim.

avoir appris les règles de la guerre, son idée les applique avec une merveilleuse intuition. Ainsi, lorsqu'après avoir préparé à Blois l'armée de secours qui devait débloquer Orléans, elle délibère de marcher par la Beauce, au lieu de choisir la route de Sologne que lui imposèrent, à son insu, les capitaines de Charles VII, elle avait mille fois raison : la marche par la rive gauche de la Loire était de tous les points une faute. Elle imposait entr'autres à son armée et au convoi qui l'alourdissait, un passage de fleuve en présence de l'ennemi.

Dans la marche sur Reims, alors que les conseillers du Roi préconisaient le siège régulier des villes fortes qui barraient la route, Jeanne pénètre d'autorité au Conseil et combat victorieusement ce plan auquel se serait arrêté tout général médiocre. Elle intimide les villes par des préparatifs d'attaque, terrorise les hésitations et finalement se fait ouvrir les portes.

Cette campagne si vivement menée était une merveilleuse conception stratégique : elle jetait l'armée française entre les alliés anglais et bourguignons, intimidait ceux-ci qui étaient les plus faibles, brisait leurs communications avec Paris et presque sans coup férir, Charles VII devenait maître d'une grande route qui coupe transversalement le bassin de la Seine.

Après le sacre, l'armée réunie autour de Charles VII restait comme une menace suspendue sur le duc de Bourgogne, comme sur les Anglais démoralisés par leurs défaites d'Orléans, de Jargeau et de Patay. Jeanne choisit judicieusement le plan qui devait réaliser les résultats les plus décisifs. Elle se porte sur Paris et prépare l'attaque par le nord, de manière à se trouver entre Paris et les deux principales places d'armes des Anglais : Calais et Rouen.

Ainsi sa première opération stratégique l'avait portée sur les communications des Bourguignons, la seconde la mettait sur la ligne de communication des Anglais et ce ne fut pas sa faute si ceux-ci refusèrent le combat, le 14 août 1429.

Malgré la mauvaise volonté évidente qui avait prévalu dans les Conseils du Roi, l'attaque de Paris, le 8 septembre 1429, devait réussir si Jeanne avait été dûment secondée, mais après cet échec probablement escompté par les jalousies qui ne pouvaient lui pardonner ses succès, Jeanne dut subir une sorte d'enlisement lent et progressif dans les résidences royales du Berry. Elle était tenue dans un écart respectueux et honorilique en apparence, mais les diplomates trop longtemps évincés par son action guerrière, prenaient leur revanche; elle n'était plus appelée au Conseil du Roi et se consumait dans une inaction dont elle ne sortit, trois ou quatre fois, que pour se confiner au rôle de chef de bande, familier aux principaux capitaines de Charles VII.

Quand elle succombe, elle reste fidèle au même plan et aux mêmes préoccupations et c'est encore sur la ligne de communication des Anglais avec Paris, qu'elle livre son dernier combat sous les murs de Compiègne.

C'est toute une révolution dans le commandement des armées qui s'est produite entre Jeanne d'Arc et Du Guesclin. Jusque-là, l'opinion réclamait surtout du chef d'armée la prestance physique et des prouesses personnelles. On a cru trop longtemps en France que la vaillance était la première qualité d'un bon général. La vaillance de Jeanne ne le cédait à personne, mais au plus fort du danger elle ne s'occupait que de donner des ordres et d'encourager ses troupes. Son sang-froid

Jeanne d'Arc, d'après la princesse Marie d'Orléans.

ne se démentait jamais, comme on le vit à Orléans, à Jargeau et sous les murs de Paris. Blessée, elle restait au combat, se faisait panser et toujours elle commandait.

L'artillerie en usage depuis près d'un siècle, sans avoir accompli de grands progrès, trouvait surtout son emploi dans la guerre des sièges. Elle avait joué un certain rôle dans les batailles désastreuses qui avaient consacré la suprématie des armes anglaises; mais comme elle n'avait à peu près aucune mobilité, par suite du calibre même des pièces alors en usage,

son efficacité en rase campagne était restée inférieure au tir
précis et meurtrier des archers. Jeanne d'Arc en avait deviné
pourtant l'emploi rationnel et le célèbre général russe Drago-
miroff qui a étudié à fond la merveilleuse campagne de deux
mois qui ruina la puissance militaire des Anglais en France
et conduisit Charles VII au sacre de Reims, déclare que la
Pucelle d'Orléans s'était révélée officier éminent d'artillerie.
Le duc d'Alençon qui fut le compagnon d'armes de Jeanne
d'Arc et celui de tous les chefs militaires français qui avait
dû l'observer de plus près, affirme, dans sa déposition au
procès de réhabilitation de l'héroïne, qu'elle excellait surtout à
tirer parti de l'artillerie.

Il est d'ailleurs remarquable que les calibres en usage au
xv° siècle atteignaient parfois des proportions formidables.
Mahomet II employa au siège de Constantinople un canon
monstrueux qui lançait des boulets de pierre de 700 livres. Il
ne semble pas qu'on eût encore trouvé le moyen de fabriquer
des boulets de fer, mais les projectiles primitifs n'en produisaient pas moins de redoutables effets sur les murailles à grand
relief qui constituaient alors le système des fortifications. Dans
les dernières années du xiv° siècle, la ville de Caen possédait
un canon célèbre qui réduisit promptement la place de Saint-
Sauveur, en Normandie, jusqu'alors réputée imprenable. Au
siège de Rouen, l'an 1418, plus de cent canons de tout calibre
armaient les remparts.

Il fallait vingt-deux chevaux pour traîner les grosses
bombardes qui lançaient des projectiles de 120 à 160 livres ; il
y avait aussi les couleuvrines, artillerie très légère que l'on char-
geait de plomb et qui devaient ressembler à nos fusils de rempart. Français et Anglais employèrent au siège d'Orléans tous
les engins de guerre alors en usage, dont quelques-uns avaient
une portée de 800 mètres. Les Orléanais semblent avoir eu
l'avantage de ce côté et plusieurs de leurs maîtres canonniers
ont laissé grande réputation d'habileté dans le pointage de
leur artillerie. En fait, quatre siècles plus tard, l'artillerie des
armées de Napoléon dépassait très peu en portée les canons des
Orléanais, mais elle avait acquis une mobilité merveilleuse,
due en grande partie à l'inspiration géniale du général Bonaparte, qui, le premier, je crois, eut l'idée d'enrégimenter les
conducteurs d'artillerie, jusque-là vagues mercenaires, dont le

premier soin était de couper les traits et de se sauver dans les moments difficiles.

Les armées d'alors n'étaient le plus souvent qu'un ramassis de soldats d'aventure et de métier qui se battaient pour leur solde et non pour leur patrie. Au célèbre combat des Trente en 1351, le capitaine Bemborough n'avait pu trouver que vingt Anglais à sa convenance pour lutter contre les trente Bretons d'Olivier de Clisson et il y avait joint six Allemands et quatre Flamands réputés pour leur habileté professionnelle.

Ces armées à la solde de Charles VII se composaient d'aventuriers lombards, bretons et gascons, mais surtout d'Écossais qui s'étaient fait une terrible réputation de pillards, aussi redoutables au peuple français qu'à ses ennemis. A la bataille de Verneuil (1424), ils avaient été presque anéantis, à la grande joie des populations du centre et du nord de la France, mais on en fit venir d'autres qui ne valaient pas mieux. Ce désastre de Verneuil avait d'ailleurs eu pour cause principale l'indiscipline des soudards lombards et italiens, qui, au lieu de prêter main-forte aux Écossais, s'étaient jetés sur les bagages de l'armée anglaise et s'enfuirent après s'être gorgés de pillage.

Les contingents que les princes et les chevaliers levaient sur leurs terres étaient moins redoutables que les aventuriers dans les opérations de guerre, mais ils ne tardaient pas à rendre d'excellents services, grâce aux aptitudes particulières du sol français à produire des soldats, dont César lui-même s'était émerveillé. Seulement, comme il n'y avait pas d'armée permanente, l'organisation militaire ne survivait pas à la circonstance qui l'avait créée; et alors les mercenaires licenciés devenaient la terreur du pays, ne vivant que d'exactions, de vols et de pillage, organisés en bandes qui se cantonnaient dans quelque château-fort et rançonnaient la contrée, aussi loin que pouvaient s'étendre impunément leurs excursions. Les Armagnacs, bien que soutenant la cause de Charles VII, aussi bien que les Bourguignons, s'étaient acquis une légendaire renommée de férocité.

Ainsi donc, lorsque Jeanne d'Arc parut à la cour de Chinon, l'armée qui restait à Charles VII se composait surtout de soudards féroces et débauchés : on verra quelle merveilleuse influence la Pucelle exerça sur cette soldatesque, avant de la conduite au secours d'Orléans, parfaitement bien disciplinée.

A cette époque d'ailleurs, comme toujours, l'armée tirait toute sa valeur des qualités du commandement et les plus rudes soudards subissaient volontiers le joug de la discipline dans la mesure de la confiance que leur inspirait leur chef. Dans la première phase du siège d'Orléans, les bourgeois résolus à défendre leur cité, refusaient les hommes d'armes qui venaient proposer leurs services; ils ne les admirent à la fin que sur leurs protestations de se conduire en braves gens disciplinés et dès lors, une véritable confraternité d'armes s'était établie entre tous les assiégés.

De même, lorsque Jeanne d'Arc prit le commandement des troupes réunies à Blois, elle exigea tout d'abord une stricte discipline et réprima les déprédations avec énergie. Elle imposa la confiance la plus absolue. On la suivait, bien que la solde fût irrégulièrement payée et son armée alla grossissant toujours jusqu'à l'échec sous les murs de Paris. La psychologie de la guerre reste immuable à toutes les époques. La confiance et le succès sont contagieux comme la défiance et les revers, et c'est ainsi que les premières victoires de Jeanne rompirent en quelque sorte l'heureuse veine persistante des Anglais et décuplèrent la valeur des armées de France. La malveillance de quelques courtisans de Charles VII, qui enraya ce mouvement patriotique, retarda d'un quart de siècle la libération du sol national.

Dans un rayon de cinquante lieues autour de Paris, la malheureuse guerre qui durait depuis si longtemps avait produit la plus complète dévastation. Plus de champs cultivés, plus de troupeaux, plus de villages peuplés de laboureurs. Nul n'était plus en sécurité que dans les places fortes. A proximité des remparts et sous leur tutelle immédiate, quelques terres maigrement ensemencées, quelques prairies où paissaient de rares animaux domestiques et encore, au moindre signal d'alarme, bêtes et gens se précipitaient à l'abri tutélaire des tours et des murailles voisines.

Les paysans que la guerre avait ruinés, et qui ne pouvaient trouver place dans les enceintes fortifiées, se rassemblaient par bandes au fond des bois, dans les lieux les plus inaccessibles, et de là ils écumaient les grandes routes par des expéditions nocturnes, enlevaient des otages et les taxaient à rançon, comme cela se pratique encore aujourd'hui en Italie et en Turquie. Bien que ces sortes de pillards n'eussent pris parti pour personne, c'est l'Anglais surtout qui leur fournissait des victimes et des ressources, car la Normandie était leur principal centre d'opérations. C'était une guerre sans merci, car les Anglais, de leur côté, faisaient de terribles et impitoyables battues dans les forêts, et traquaient le gibier humain avec des chiens dressés à cette chasse d'un genre nouveau. Dans une seule année on extermina en Normandie plus de dix mille de ces coureurs des bois. Comme une prime était payée pour chaque tête de brigand, les livres de compte nous ont exactement renseigné sur ces exécutions sommaires.

D'ailleurs, il est permis de croire qu'il ne s'agissait pas seulement d'écumeurs de route et de coupeurs de bourse. Probablement y avait-il, dans ce que les Anglais appelaient brigandage, un vague sentiment patriotique. La preuve en est que, lorsque la Normandie redevint française et que l'Anglais ne conserva plus que quelques places fortes isolées, le brigandage cessa comme par enchantement, les forêts se dépeuplèrent et leurs habitants reprirent des occupations régulières, les uns dans les champs, les autres à l'atelier : bon nombre même ayant pris goût au métier des armes, contractèrent des engagements dans les armées.

Peu de temps après l'expulsion des envahisseurs, le calme était si bien rétabli que l'on circulait sans encombre d'un bout de la France à l'autre, et que Louis XI put commencer l'établissement de communications régulières entre les diverses provinces de son royaume ; mais si la Mission de Jeanne d'Arc s'était manifestée seulement quelques mois plus tard, la France était morte sans aucun espoir de résurrection.

CHAPITRE II

Domremy

Jeanne d'Arc naquit le jour de l'Epiphanie, 6 janvier 1412, à Domremy, modeste village situé sur les bords de la Meuse, au bailliage de Chaumont en Bassigny, et relevant, au spirituel, de la paroisse de Greux et du diocèse de Toul en Lorraine. L'avènement à la vie de cette enfant réservée à une destinée aussi tragique que féconde en événements de premier ordre, fut dit-on marqué par des signes dont il n'est fait mention que par un seul chroniqueur.

Riche de vertus plus que de fortune et fortement attachée au sol de la patrie par le labourage et le pâturage, véritable source de la vie nationale, la famille de Jeanne représentait bien la moyenne de cette forte et saine population des campagnes qui fut de temps immémorial l'inépuisable réserve des énergies de la France.

Jeanne fut accueillie avec joie. Dans la société chrétienne, les enfants sont regardés comme une bénédiction accordée à la famille. Au foyer de Jacques d'Arc, trois frères, Jacques, Jean et Pierrelot avaient précédé Jeanne, elle-même fut suivie d'une sœur, Catherine. Le jour même de sa naissance, l'église paroissiale dédiée à saint Remy, l'apôtre des Gaules, s'ouvrait au cortège baptismal, formé selon l'usage du temps de plusieurs parrains et marraines, et l'enfant reçut au baptême le nom de Jeanne, qu'un diminutif familier transforma sur le champ en celui de Jeannette, auquel, toujours selon l'usage local qui attribuait aux filles, dans leur enfance, le nom de leur mère, fut ajouté celui de Romée.

L'humble église de Domremy, dont la modeste cloche salua l'entrée dans la grande famille chrétienne de cette enfant qui devait, un jour, devenir une de ses gloires, a vaillamment supporté la redoutable épreuve du temps, fatale à tant d'autres édifices qui semblaient mieux préparés à la subir. Cinq siècles

Intérieur de la maison de Jeanne d'Arc à Domremy.

ont passé sur elle sans altérer sensiblement sa physionomie générale. Sans doute, son orientation fut changée : en 1412, la porte d'entrée s'ouvrait dans le mur de l'abside actuelle, mais le campanile restauré après l'incendie de 1824 est resté le même pour les yeux, et le vieux bénitier cylindrique de granit a vu bien souvent les doigts enfantins de Jeanne se plonger dans l'eau sainte, avant de signer son front et son cœur du signe de la Rédemption.

La célébrité que s'est justement acquise Domremy n'a point augmenté son importance. C'est toujours le hameau des Marches de Lorraine qui éparpille, sans ordre, quelques douzaines de rustiques habitations le long de la grande route de Langres à Verdun, et les resserre entre la Meuse et la colline parallèle au fleuve naissant. Celui-ci, large de 20 mètres à peine, le cours embarrassé d'îlots et de plantes vertes, et franchi par la route de Neufchâteau qui se dirige sur Coussey. En aval du pont, dans une île de la Meuse, une ancienne maison-forte, bien antérieure au xvᵉ siècle, reflétait autrefois ses fenêtres à croisillons dans le courant de la rivière.

Toute cette vallée de la Haute-Meuse, de Neufchâteau à Commercy, est fraîche et verte à miracle : grasses prairies et collines boisées lui font un cadre harmonieux, mais nulle part cette verdure et cette fraîcheur ne s'accusent plus vivement qu'au vallon de Domremy. Il est vrai que le sous-sol des pentes cultivées qui s'abaissent vers la Meuse laisse sourdre plusieurs fontaines abondantes dont il fut souvent question au procès de Rouen, et par qui sont alimentés divers ruisselets dont l'importance historique dépasse singulièrement celle du tribut modeste qu'ils apportent au fleuve.

A 300 mètres du village, c'est la fontaine des Groseillers qui alimente Domremy. Plus près de la Meuse, l'abondante source des Rains ou des Grenouilles dont l'eau claire fuit sous les roseaux où sautillent et coassent les batraciens. En remontant vers le Bois-Chesnu, la fontaine de la Pucelle, voisine de l'arbre des Fées.

Le ruisseau des Trois-Fontaines qui coule à moins de 10 mètres de la maison de Jeanne d'Arc formait au xvᵉ siècle la limite du territoire de France et du duché de Bar ; c'est donc en terre bien française que Jeanne d'Arc était née (1).

Cette maison à jamais immortalisée par la naissance de Jeanne d'Arc, cet incomparable joyau de notre histoire, fut à peu près laissée dans l'oubli par l'ancienne France. Faut-il attribuer cet oubli et cet abandon à l'idolâtrie des prérogatives de la naissance, qui fut une des grandes aberrations d'alors ? Peut-être ! Faudrait-il croire que l'on boudait quelque peu la Providence qui n'avait pas daigné choisir l'instrument du salut de la patrie française parmi les filles de sang royal, ou tout au moins d'aristocratique origine ? C'est l'opinion d'un célèbre historien d'Angleterre, mais il est peu probable que

(1) Le ruisseau des Fontenottes, à 150 mètres plus loin vers Greux, servit de limite, de 1571 jusqu'à l'annexion de la Lorraine (1766). En 1767, l'intendance de Lorraine le réunit au rû des Trois-Fontaines qui conduit maintenant à la Meuse les deux cours d'eau. De là des obscurités et des erreurs dans la recherche de la vraie frontière de la France et du Barrois.

nos ancêtres aient à ce point raffiné les motifs pour lesquels la maison et la mémoire de Jeanne d'Arc restèrent dans une pénombre historique voisine de l'oubli, sinon de l'ingratitude, et laissèrent à Dieu le soin de la remettre un jour en lumière.

La maison de Jeanne d'Arc a subi quelques modifications qui ont altéré la physionomie qu'elle devait offrir au commencement du xve siècle. Les habitations d'alors ne se distinguaient ni par l'élégance, ni par le confortable. Leur construction était plutôt rudimentaire, et dans la vallée de la Meuse, elle se composait de cailloux provenant du lit de la rivière et cimentés par un mortier de sable mêlé de terre grasse rougeâtre.

De l'avis unanime des archéologues, la façade de la maison a été retouchée : les pièces supérieures furent ajoutées postérieurement, et il faut restreindre l'authenticité aux deux pièces du rez-de-chaussée, la chambre de la famille et la chambre de Jeanne, qui composaient probablement toute l'habitation de Jacques d'Arc.

Depuis 1818, la maison de Jeanne d'Arc appartient au département des Vosges. Le temps n'avait pas épargné l'humble demeure et le xviiie siècle surtout l'avait laissée dans un tel abandon qu'elle ne représentait plus qu'une masure en ruines où s'abritaient des indigents. Seul, le grand souvenir de Jeanne, religieusement gardé, rayonnait sur elle.

L'invasion de 1814 lui amena des pèlerins bien inattendus, parmi lesquels le grand Schiller et l'archiduc Ferdinand, qui devait ceindre plus tard la couronne d'Autriche. Ce prince fit retailler le linteau de la porte et garda les fragments de pierre en souvenir de Jeanne d'Arc. Les poutres de la maison aujourd'hui recouvertes d'un grillage furent tailladées, surtout à cette époque, par des fervents d'un culte qui ne comptait pas alors en France beaucoup de fidèles.

Parmi ceux-ci le plus ardent fut un officier prussien qui s'était promis de devenir acquéreur de la maison de Jeanne d'Arc. Ses offres, poussées jusqu'à 6.000 francs, ne purent ébranler le brave homme nommé Girardin qui la possédait alors et qui n'avait d'autre fortune que sa pension de vieux soldat, à peine quelques centaines de francs. En 1818, le Conseil général des Vosges acquit la maison pour la somme de 2.500 francs, payables en cinq annuités. Girardin faisait une bonne action qui n'était pas une bonne affaire, mais le roi Louis XVIII, instruit de son désintéressement patriotique, lui envoya la croix d'honneur et la ville d'Orléans lui vota des félicitations. En outre, un décret royal institua une rente de 400 francs destinée à l'entretien d'une religieuse chargée d'instruire les jeunes filles de Domremy et de garder la maison de Jeanne d'Arc. Aujourd'hui cette maison a été consolidée et réparée, le sanctuaire national s'ouvre aux pèlerins émus : la religieuse n'est plus là, mais pourquoi avoir fait de ce sanctuaire une boutique de menus objets de bimbeloterie? Du moins, les siècles passés lui avaient épargné l'opprobre de cette transformation.

Il ne faut pas oublier que Domremy n'était au temps de Jeanne d'Arc qu'un hameau qui groupait autour de la modeste église tout au plus deux ou trois douzaines d'habitations, aussi les fonctions de Doyen qu'y exerçait Jacques d'Arc et qui le classaient après le maire, sorte d'intendant des intérêts seigneuriaux, et après l'échevin qui jugeait les différents légers, ne l'élevaient guère au-dessus de la condition commune des gens de Domremy, petits cultivateurs qui vivaient à grand peine du bétail de leurs prairies et de la récolte de leurs quelques terres. Les temps étaient troublés et durs : les vicissitudes d'une guerre interminable, ravageaient leurs champs ou leur imposaient de rudes taxes. Il fallait payer bien cher des sauvegardes parfois illusoires, et c'était justement Jacques d'Arc qui était chargé de la collecte des taxes, de la surveillance des denrées mises en vente et au besoin du commandement du guet de jour et de nuit. Tout cela considéré dans les modestes proportions du groupement de Domremy, nous représente le père de Jeanne comme un garde-champêtre, investi de la confiance de ses concitoyens, propriétaire de quelques champs et tenant à bail, conjointement avec un autre, les terres de la seigneurie du village. Il est à remarquer que les lettres de noblesse que Charles VII lui donna après son sacre à Reims, lui confèrent ce privilège, alors même qu'il ne serait pas d'une condition libre, ce qui laisserait supposer que la famille de Jeanne touchait par quelque côté au servage.

D'ailleurs, serf ou homme libre, Jacques d'Arc fait grande figure dans la merveilleuse histoire de sa fille. Il gouverne son foyer avec prudence et autorité : ses fils ont reçu une éducation virile qui en fit de braves soldats et les vertus de Jeanne témoignent de la richesse et de la profondeur de leur source.

Remontant à cette époque si confuse et si troublée, comme la pensée se reporte volontiers à l'évocation de cet humble et patriarcal foyer où s'élabore, à l'insu de tous, une prochaine et merveilleuse rédemption ! Rien ne distingue Jeanne des fillettes de son âge et de sa condition. Elle a reçu l'éducation que les enfants du Peuple recevaient alors, puisée à peu près toute entière dans la connaissance et la pratique de la religion chrétienne, entre les premiers enseignements de la mère, les premiers signes de croix, les premières prières bégayées les mains jointes et les enseignements donnés à l'église qui était alors la maison commune de tous et ne connaissait ni dissidents, ni indifférents.

A Domremy, comme partout ailleurs, la paroisse était au premier degré la forme administrative, fiscale, politique et religieuse de la société. Chaque génération recueillait et transmettait les mêmes traditions, le même enseignement, le même patrimoine de vertus familiales et privées. De ces vertus, il est manifeste que la famille de Jeanne possédait une surabondance, dont s'enrichit tout naturellement l'enfant prédestinée qui devait être sa gloire après lui avoir causé tant d'alarmes.

Dans cette éducation, l'école telle que nous la connaissons ne tenait aucune place. Les livres étaient rares et chers ; l'imprimerie encore inconnue, ne devait en commencer la vulgarisation que dans les dernières années de ce siècle, aussi le rayonnement intellectuel des nombreuses universités qui couvraient le sol de la France était-il gêné par le manque de moyens de diffusion. En dehors des clercs d'Eglise, les lettrés étaient rares dans les petites agglomérations comme Domremy, mais l'enseignement oral populaire ne chômait point. Chaque église représentait un foyer jamais éteint d'instruction religieuse, dont la continuité donnait un caractère inaliénable et sacré au patrimoine intellectuel et moral des populations rivées au sol natal par la difficulté des voyages et la presque impossibilité des déplacements de famille.

C'est dans cette atmosphère sociale que se développèrent les premières années de Jeanne. Elle grandissait dans la pratique quotidienne des menues occupations qui convenaient à son humble condition et à son âge. Ses heureuses dispositions naturelles n'avaient pas tardé à lui faire acquérir une habileté dont plus tard elle parlait volontiers au cours de son procès. « Pour filer et pour coudre, elle ne craignait, disait-elle, aucune femme de Rouen. »

La vie rustique de Domremy se partageait entre les soins du ménage et les travaux des champs, auxquels les femmes avaient leur part ; alors comme aujourd'hui, dans nos campagnes, leur étaient réservées les occupations qui réclamaient moins de fatigue que de sollicitude.

Mais ce serait une erreur de croire que Jeanne se consacrait surtout à la garde des troupeaux. N'en déplaise à la légende poétique qui la représente la quenouille et le fuseau à la main, tandis qu'autour d'elle agneaux et brebis tondent l'herbe savoureuse et drue, ce ne fut jamais pour elle qu'une occupation bien intermittente. Il est encore aujourd'hui d'usage en pays lorrain, de grouper en un seul troupeau, dans chaque village, la population des étables et d'en confier la garde à un seul berger rétribué par la communauté. A son défaut, chaque maison fournit, à tour de rôle, le gardien du jour et c'est merveille de voir, au retour du pâturage, le troupeau tenu jusque-là rassemblé par les chiens, se disloquer au signal donné et dans une course éperdue, chaque groupe réintégrer la bergerie respective sans qu'il se produise jamais une erreur, ni une hésitation.

Jeanne ne fut pas bergère autrement qu'à son tour de garde, mais il arrivait parfois que le retour du troupeau communal ne s'attardait pas jusqu'à la chute du jour. Cette enclave de terre française, enfoncée comme un coin dans le Barrois et la Lorraine, traversée par le grand chemin de Langres à Verdun, qui faisait communiquer la Bourgogne et les Flandres, était un coin de terre souvent disputé et parfois traversé par des bandes en armes, habituées à rançonner indistinctement amis et ennemis. Au signal de leur approche, bêtes et gens couraient se renfermer dans l'île de la Meuse, à l'abri de la maison-forte, et attendaient en sécurité le moment de réintégrer leurs demeures. Ils ne restaient pas toutefois sans défense ; la garnison française de Vaucouleurs exerçait sur la vallée de la haute Meuse une garde vigilante et il arriva plus d'une fois que les seigneurs de la châtellenie de Domremy, firent reprendre par force, aux pillards, le butin qu'ils avaient enlevé.

En 1425, (Jeanne était alors dans sa treizième année), se produisit une alerte des plus sérieuses. Une bande d'aventuriers bourguignons menaçait Domremy. Informés de son approche, les habitants se hâtent de réunir ce qu'ils peuvent de leurs troupeaux et la caravane improvisée se réfugie dans les murs de Neufchâteau, à trois lieues du village. Jeanne faisait partie de cet exode, et avec sa famille elle resta quatre jours dans une sorte d'auberge, sans doute connue des siens. Fidèle à ses habitudes de travail, elle s'employait de son mieux à se rendre utile dans les soins du ménage et à la garde du troupeau commun, qui pâturait à proximité des portes de la cité hospitalière. Cet incident, si banal qu'il paraisse, dénaturé par la haine et le mensonge, devait être plus tard abondamment exploité au procès de Rouen et servir de thème principal aux immondes plaisanteries de Voltaire et aux divagations guère moins odieuses de quelques fantaisistes de nos jours.

Les pillards bourguignons, furieux de ne trouver à Domremy que des habitations abandonnées, et sans doute un assez maigre butin, incendièrent quelques maisons en même temps que l'église, mais ils ne jouirent pas longtemps du fruit de leurs rapines; poursuivis par une poignée de gens déterminés, ils furent contraints de le rendre et cette leçon dut être profitable aux malandrins de l'époque, dont on ne signale plus à Domremy aucune sérieuse tentative, après celle de 1425. Il semblait qu'en ces temps si troublés où les horreurs de la guerre couvrirent de ruines tant de nos provinces, que Domremy bénéficiait d'une immunité particulière, attribuée à la présence de Jeanne.

Malgré la grande misère des temps, les témoignages unanimes qui nous sont parvenus nous parlent des divertissements des enfants à certains jours de la belle saison, de la part que Jeanne y prenait, de ses occupations aux champs, aux moissons et aux prairies, des aumônes qu'elle trouvait moyen de prélever sur ses ressources plus que modestes. Rien de tout cela ne concorde avec les visions tragiques de quelques historiens, dont l'imagination n'a vu à Domremy qu'une sorte de désert de maisons en ruines peuplées d'une maigre population famélique.

Non loin de Domremy, la pente du coteau qui regarde la Meuse était couverte d'un sombre taillis de chênes qu'on appelait le Bois-Chesnu : il en est question aux livres cabalistiques de l'enchanteur Merlin (1). Entre l'orée du bois et les premières maisons du village, un hêtre superbe laissait pendre vers le sol une frondaison touffue. Dans le pays on l'appelait l'arbre des fées et quelques bonnes femmes de Domremy prétendaient que sous ce feuillage, les fées venaient prendre leurs ébats. La jeunesse, sans aucun souci de les troubler, faisait de cet arbre un rendez-vous fréquent pour ses jeux auxquels Jeanne se mêlait volontiers selon son âge. L'arbre des fées disparut en 1636, lors de la terrible invasion suédoise qui ravagea la vallée de la haute Meuse. Le quatrième dimanche de Carême ramenait annuellement une sorte de fête de la jeunesse, accompagnée de jeux, de rondes et d'un goûter champêtre dont le rite, de temps immémorial, restait invariable. Il était de tradition de terminer la fête à la fontaine des Groseillers, où chacun venait boire avant de regagner son foyer.

Jeanne s'amusait comme les autres et bien que la limpidité de son âme et l'exquise délicatesse de son cœur eussent créé autour d'elle comme une atmosphère d'attirantes sympathies, elle avait distingué parmi ses compagnes, deux amies dignes en tout de son attachement, avec lesquelles elle échangeait les confidences dont ne sont pas avares les fillettes de son âge. L'une appelée Mengette et l'autre, plus aimée peut-être encore, Hauviette, restèrent au village où leur vie s'écoula dans la paix de leur humble condition. Leur cœur saigna sans doute

(1) La basilique de Domremy, restée inachevée jusqu'à ce jour, et dont les travaux touchent à leur fin a été construite à 2 kilomètres environ du village, sur la lisière du Bois-Chesnu. Les fondations en furent jetées en 1879, et après une longue interruption des travaux, la construction fut terminée vers 1898. C'est l'œuvre de l'éminent architecte Sédille, qui a multiplié pour la décoration intérieure les ressources de l'art le plus pur et le plus élevé. Un groupe monumental d'Allar, bronze et marbre, *Jeanne écoutant ses voix*, a été placé sous le porche que domine un campanile très élégant, et dont les nervures de cuivre doré étincellent au moindre rayon de soleil.

Le panorama, vu de la basilique, est merveilleux ; il s'étend sur un long parcours de la vallée de la Meuse, au Sud jusqu'à Neufchâteau, au Nord jusqu'aux environs de Vaucouleurs. Nul doute que les grands souvenirs de Domremy et la basilique du Bois-Chesnu, ne soient bientôt une attraction puissante pour les foules qui viendront honorer Jeanne d'Arc et lui rendre le culte auquel elle a droit désormais, dans cette vallée où fut son berceau.

plus d'une fois et leurs yeux se mouillèrent souvent de larmes
dans la suite, au souvenir de Jeanne et de sa tragique destinée,
mais jusque là, rien n'altérait leur amitié ingénue, bien que

L'ÉGLISE DE DOMREMY

Mengette et Hauviette lui fissent parfois d'amicales querelles
sur ce qu'elles appelaient l'exagération de sa piété, nourrie
avec excès par la fréquence de ses stations à l'église du
village.

Il est vrai que depuis sa plus tendre enfance, Jeanne avait

appris de sa mère les pratiques de la plus tendre et de la plus solide piété ! Ce n'était pas seulement une heureuse disposition de son esprit et de son caractère, c'était bien plus encore son caractère et son esprit même qui rayonnaient d'un éclat surnaturel toujours grandissant et revêtaient toute sa personne d'un charme mystérieux auquel tous les témoins de son jeune âge, entendus aux différentes enquêtes menées à Domremy, ont rendu un témoignage unanime.

Jeanne était née à l'ombre de l'église qu'un intervalle de 10 mètres à peine séparait de sa maison paternelle. Dès sa plus tendre enfance, elle avait en quelque sorte pris contact avec la maison de Dieu, devenue pour elle maison de famille, et c'est là qu'elle puisait cette amabilité souriante et toujours égale, qui trahissait en elle l'équilibre le plus parfait de toutes ses facultés.

Nous savons par des témoignages contemporains que sa charité pour les pauvres était inépuisable ; sa pauvreté trouvait dans une ingéniosité charmante, le secret d'aumônes jamais épuisées, et lorsque sur le grand chemin, se traînait infirme ou malade un de ces passants qui n'ont plus de foyer, elle lui donnait l'hospitalité de la demeure paternelle et lui cédait sa couchette, après lui avoir prodigué des soins et restauré ses forces.

Jamais aucun des siens n'apporta la moindre entrave à l'exercice d'une si parfaite charité. Cette famille de pauvres gens et de braves gens méritait bien les bénédictions dont le Ciel la comblait bien au delà de toutes ses prévisions et de toutes ses espérances.

CHAPITRE III

Les Voix

La Mission de Jeanne. — La politique à Domrémy. — La fête de l'Ascension
dans la vie de Jeanne. — Les Voix. — Ses déclarations à Rouen. — La critique
moderne. — Voyante ou hallucinée ? — Silence à l'égard des siens. — Émotion
discrète de l'opinion publique. — La double éducation de Jeanne. — Baudricourt
devant l'histoire. — Le rôle de Durant Laxart. — Premières démarches à
Vaucouleurs. — Le patriotisme pendant la guerre de Cent ans. — L'idée de
patrie nous vient-elle de Jeanne d'Arc ? — Le patriotisme est-il l'effet ou la
cause de sa Mission ?

Jusqu'à l'âge de 12 ans (1424), en dehors des petites vertus
de son enfance dont Jeanne se montrait un modèle parfait,
rien ne semblait présager en elle une destinée différente de
celle qui paraissait réservée aux fillettes de sa condition, ni
surtout cette extraordinaire Mission qui n'a d'analogue dans
aucune histoire, en dehors de l'histoire du peuple de Dieu.
Cette Mission va se manifester d'abord, se préciser ensuite, se
développer et se nourrir par des enseignements surnaturels
et, à l'heure marquée par la Providence, prendre son essor
malgré tout et malgré tous et provoquer en France une
irrésistible poussée patriotique qui libérera le sol de la patrie
de la domination étrangère.

Les déchirements politiques et les haines fratricides qui
faisaient de la France deux camps ennemis, Armagnacs et
Bourguignons, pour le plus grand profit de l'Angleterre,
avaient leur répercussion dans les coins les plus ignorés de
nos provinces, surtout au nord de la Loire. Domrémy, sur la
rive gauche de la Meuse, était Armagnac ; Maxey-sur-Meuse,
sur la rive droite, tenait pour le duc de Bourgogne ; de là,
rixes fréquentes, surtout entre les enfants, batailles rangées et

combats singuliers qui ne se terminaient guère sans quelques
meurtrissures que l'on pansait en famille. Les trois frères de
Jeanne figuraient souvent parmi les champions du dauphin
Charles, et plus d'une fois elle étancha leur sang qui coulait
pour la bonne cause, regrettant de ne pouvoir prendre sa part
de ces luttes pour le bon droit.

Son âme était si profondément française, qu'elle aurait vu
sans trop de déplaisir supprimer le seul Bourguignon qui se
fût fourvoyé à Domremy, mais ce serait une profonde erreur
de croire que son esprit se fût uniquement enflammé par des
récits entendus le soir aux longues veillées d'hiver. Sans doute,
Domremy était un lieu de passage très fréquenté ; sur la route
de Langres à Verdun, passaient convois, escortes, caravanes,
troupes, hérauts et messagers, semant des nouvelles, propa-
geant parfois de faux bruits, mais tenant toujours en haleine
la curiosité patriotique des villages et cités qui jalonnaient le
grand chemin. Sans doute, on commentait à chaque foyer les
tristes nouvelles, qui le plus souvent constituaient toute
l'information, mais il n'y avait aucune raison pour qu'une
fillette modeste, pieuse et bien équilibrée, telle que se montrait
Jeanne, rêvât d'aventures, de chevauchées et de batailles, même
au profit d'une cause qui se confondait en elle, avec l'idée de
la patrie ; s'il avait suffi d'un vif sentiment de compassion et
de pitié envers les malheurs de la France, pour susciter une
Jeanne d'Arc, c'est une légion entière d'héroïnes qui se serait
levée dans chacune de nos provinces.

Par une singulière coïncidence, la veille de la fête de
l'Ascension fut dans la vie de Jeanne d'Arc la date de plusieurs
faits d'importance capitale. En 1428, c'est à l'Ascension (13 mai),
qu'elle se présente pour la première fois à Baudricourt. Elle
annonce au Gouverneur un secours de Dieu, que le Dauphin
recevra vers la Mi-Carême suivante (mars 1429). Elle livre son
premier combat à la bastille de Saint-Loup, le 5 mai 1429,
veille de l'Ascension. Jeanne tombe entre les mains des Bourguignons à Compiègne, la veille de l'Ascension (24 mai 1430).
Enfin, c'est encore la veille de l'Ascension (1431), que se termine
virtuellement son procès.

Il est à peu près établi que Jeanne entendit ses Voix,
pour la première fois, le 31 mai 1424 ; or, l'Ascension très
tardive cette année, était solennisée le 1er juin. Voici en

quels termes, elle s'en expliqua devant le tribunal de Rouen :

J'étais dans ma treizième année, quand Dieu m'envoya une Voix pour aider à me conduire : la première fois, j'eus grande frayeur. La voix vint sur le midi, durant l'été, dans le jardin de mon père ; j'étais alors à jeun (1), mais je n'avais pas jeûné le jour précédent. J'entendis la voix sur le côté droit vers l'Église ; rarement je l'entendis sans voir une clarté ; cette clarté est du côté où la voix se fait entendre, il y a là le plus souvent une grande clarté. Quand je suis venue en France, j'entendais souvent la voix... La voix était vénérable et je suis convaincue qu'elle venait de Dieu. Après l'avoir entendue trois fois, je connus que c'était la voix d'un Ange. Cette voix m'a toujours bien gardée, et je l'ai bien comprise. Elle m'a appris à bien me conduire et à fréquenter l'église, elle me disait qu'il me fallait de toute nécessité venir en France.

Jeanne d'Arc écoutant ses voix. —
(Fresque de Lenepveu au Panthéon).

Cette voix me disait deux ou trois fois par semaine qu'il me fallait quitter mon pays et venir en France. Mon père ne sut rien de mon départ et je ne pouvais plus m'endurer au lieu où j'étais. La voix me disait que je ferais lever le siège mis devant Orléans, elle me dit dans la suite d'aller voir Robert de Baudricourt, à la forteresse de Vaucouleurs dont il

(1) Pendant les 3 jours des Rogations, la pratique du jeûne était générale en France et si Jeanne n'avait pas jeûné la veille, c'est qu'elle n'avait pas l'âge d'obligation et qu'elle était libre d'agir à son inspiration.

était le capitaine et qu'il me donnerait des gens pour me conduire. Je lui répondais : Je suis une pauvre fille qui ne sais pas monter à cheval et n'entends pas la guerre...

Saint Michel est venu le premier, il n'était pas seul, mais accompagné de bien des Anges du Paradis. Je les ai vus de mes yeux corporels, aussi bien que je vous vois vous-mêmes. Quand ils s'éloignaient je pleurais et j'aurais bien voulu qu'ils m'eussent emportée avec eux.

A la première fois, je fus en grand doute si c'était saint Michel ; j'eus grand peur cette fois et je le vis souvent avant de savoir qui il était. Sur toutes choses il me disait que je fusse l'enfant vertueuse et que Dieu m'aiderait. Entre les autres choses, il me disait que je viendrais au secours du roi et l'Ange me racontait la pitié qui était en royaume de France.

...Je crois les dits et les faits de saint Michel qui m'est apparu, comme je crois que Notre-Seigneur Jésus-Christ souffrit mort et passion pour nous. Ce qui me meut à le croire, c'est le bon conseil, confort et bonne doctrine qu'il m'a faits et donnés.

Quand saint Michel vint vers moi, il me dit que sainte Catherine et sainte Marguerite viendraient ; il m'ordonna de me conduire d'après leurs conseils, qu'elles étaient ordonnées pour me diriger et me conseiller en ce que j'avais à faire ; que je crusse ce qu'elles me diraient, que tel était le commandement de Notre-Seigneur...

Aussi fermement que je crois que Notre-Seigneur a souffert la mort pour nous racheter des peines d'enfer ; aussi fermement je crois que ce sont saints Michel et Gabriel, saintes Catherine et Marguerite que Notre-Seigneur m'envoie pour me conforter et conseiller.

Voilà dans toute sa simplicité, lucidement exposée par Jeanne elle-même, la question de ses Voix, qui a fait couler tant d'encre et provoqué tant d'explications dont la sottise paraît être encore le moindre défaut.

Shakespeare, un Anglais, a dit que Jeanne la Pucelle serait la sainte de la France. Elle l'est effectivement aujourd'hui et autour de son nom il se livre des batailles autrement acharnées que les chocs sanglants dans lesquels son étendard menait à la victoire les soldats de France qui n'en savaient plus le chemin, et c'est profonde pitié de voir des esprits, par ailleurs grands et généreux, se condamner désespérément à l'absurde pour essayer de se convaincre que Jeanne a pu entreprendre et accomplir sa Mission sans miracle. Il serait bien plus miraculeux encore qu'elle l'eût accomplie sans une intervention surnaturelle.

Serait-ce que le miracle resterait impossible ? A ce compte il faudrait déchirer l'Evangile et supprimer de l'histoire les vingt siècles de christianisme. N'est-il pas d'ailleurs admirable que celui-ci ou celui-là prétende en savoir plus long que Jeanne elle-même sur ses faits, gestes et paroles, après cinq cents ans écoulés ?

Le plus célèbre critique du siècle dernier, Sainte-Beuve, chez qui le bon sens et le jugement droit triomphèrent bien souvent de ses préjugés irréligieux, disait : « Pauvre Jeanne d'Arc, des historiens distingués, Henri Martin et Michelet, lui doivent d'avoir fait des chapitres un peu fous. » Qu'aurait-il dit de cet autre, moins célèbre, mais plus prétentieux qui, avec une imperturbable sérénité, fait semblant de prendre au sérieux de faux documents, traduit à contresens des textes latins et se félicite d'être le seul qui ait jamais compris Jeanne d'Arc et sa Mission (1) ?

Ces étranges chevaliers de Jeanne d'Arc, n'osent point la taxer d'imposture, lorsqu'elle proclame jusque sur le bûcher que ses voix ne l'ont point trompée ; il leur suffit de la traiter d'hallucinée, c'est-à-dire de folle.

En vérité, il faut bien être « un peu fou » pour résumer dans l'état morbide d'une paysanne ignorante, la cause et les effets de l'un des plus merveilleux épisodes de l'histoire. Pour écarter systématiquement les vrais mobiles qui ont conduit Jeanne, de Domremy à Orléans, à Reims, hélas ! et à Rouen, il faut se résigner à des explications bouffonnes et autrement dures à croire que le surnaturel dans lequel est éclose la mission de Jeanne et qui l'inonda de son rayonnement, plus encore aux jours de l'épreuve qu'aux jours de victoire.

L'hallucination est un mot familier à certaines gens pour expliquer le premier et le dernier mot d'événements inexplicables, d'après les données habituelles du raisonnement. Ce

(1) Anatole France, *Vie de Jeanne d'Arc*, passim.

mot n'est qu'un mot qui ne donne aucune solution de la moindre difficulté.

L'halluciné est un malade qui subit, malgré lui, un état déséquilibré, qu'il n'est pas en son pouvoir de modifier et qui se manifeste par des actes extérieurs très caractéristiques. Cette névrose se greffe habituellement sur des sujets qui, par atavisme ou par accident, se trouvent dans un état général de santé précaire et leur guérison, comme dans la plupart des affections nerveuses, n'est guère qu'une accalmie passagère.

Qui donc jamais ressembla moins à une hallucinée que Jeanne d'Arc ? Jamais témoin quelconque l'a-t-il surprise en état de catalepsie ? Les Voix venaient le plus souvent à son appel, et pendant l'interminable procès de Rouen, dans ces audiences mouvementées et dramatiques, où elle tenait tête victorieusement aux plus perfides accusations, les Voix ne la quittaient point et lui dictaient ces réponses dont la sagesse et la profondeur déconcertaient le tribunal d'iniquité et feront l'admiration de tous les siècles. Une hallucinée est une folle : quel est celui qui oserait taxer de folie cette présence d'esprit, cette lucidité, ce sublime bon sens, cet esprit naturel et si français qui rayonnent dans les réponses de Jeanne aux plus subtiles questions de ces interrogatoires ?

Ces facultés extraordinaires dont parle Henri Martin, qui semblent sortir du cercle des facultés humaines (1) et qui élèvent Jeanne au rang des « grands initiateurs de l'histoire » (2), n'ont pas été comprises par tous et la plupart de ceux qui instruisent aujourd'hui la jeunesse de notre pays affectent de les méconnaître, mais ce n'est pas une raison pour pactiser avec une telle ingratitude et avec une si profonde aberration.

Encore un coup, nul n'était mieux qualifié que Jeanne pour nous dire comment lui fut suggérée et par quels moyens elle accomplit une Mission humainement impossible, comment une fillette de treize ans se trouva tout à coup initiée aux plus hautes questions et aux plus difficiles problèmes de la politique et de la stratégie de son temps. La Fontaine nous a conté l'histoire du fou qui vendait la sagesse. Cet étrange marchand reste autrement vraisemblable que la jeune paysanne de Domremy qui aurait imposé son délire et ses divagations à

(1) Henri Martin, *Histoire de France*, t. VI, p. 143.
(2) Jules Quicherat, *Aperçus nouveaux*, p. 46.

tout un peuple, et par ces mêmes moyens, totalement changé
le cours de l'histoire de son siècle et même des siècles à venir.
En vérité, comme dit Sainte-Beuve, tout cela est bien un
peu fou !

Lorsque Jeanne faisait aux juges de Rouen le simple et
touchant récit de ses premières entrevues avec ses Voix, sept
ans s'étaient déjà écoulés depuis le jour où saint Michel
l'encourageait à la pratique des vertus de son âge, et lui disait
qu'elle viendrait au secours de Charles VII parce qu'il y avait
grande pitié au royaume de France. Pour mieux se préparer à
la mission que lui assignait l'Archange, Jeanne s'était profondément pénétrée de ses premières paroles et lorsque la frayeur
initiale, si naturelle, se fut dissipée et lorsque à leur tour sainte
Catherine et sainte Marguerite eurent commencé le parachè-
vement de son éducation surnaturelle, une sorte de conscience
supérieure s'était manifestée en elle et la conduisait désormais
par des voies inusitées.

Le secret qu'elle portait avait revêtu son caractère d'une
gravité bien supérieure à son âge, et lorsque la fréquence des
visites surnaturelles qu'elle recevait eut complètement banni
les premières incertitudes, elle s'accoutuma à la pensée de
l'étrange mission qui lui était réservée.

Ses visites à l'église de Domremy devinrent plus fréquentes
et plus prolongées, sans nuire à ses obligations de travail et de
famille ; chaque samedi elle accomplissait un pieux pèlerinage
au sanctuaire de Notre-Dame-de-Bermont, voisin de Domremy ; sa compassion pour les pauvres devint encore plus
profonde et peu à peu, sans provoquer d'étonnement, elle se
dégageait des amusements et des plaisirs auxquels se complaît
naturellement la jeunesse.

Dans les premiers temps, Jeanne avait conscience qu'elle
ne trouverait autour d'elle aucune âme capable de comprendre
et de partager son secret. En a-t-elle fait part à son confesseur ?
Nul ne peut le savoir. Elle garda le silence à l'égard des siens
et ce fut un grief invoqué contre elle par le tribunal de
Rouen. Bien que ses Voix lui eussent donné licence d'en
faire part à sa famille, Jeanne pratiqua sagement l'abstention.
Elle ignorait par quels moyens seraient vaincues les impossi-
bilités évidentes du succès de sa Mission, mais elle se rendait
bien compte que la divulgation de son secret soulèverait de

telles clameurs parmi les siens, et tant d'émotion dans le public, que la plus élémentaire prudence lui conseillait d'y renoncer. D'ailleurs, les dispositions éventuelles de son père lui furent pleinement révélées le jour où celui-ci, devant sa mère et ses frères, s'inquiétant d'un songe dans lequel il avait vu Jeanne partir en compagnie d'hommes d'armes, leur avait déclaré qu'avant de se résigner à pareille extrémité, il noierait sa fille dans la Meuse et, à son défaut, il enjoignait à ses fils d'en faire autant.

Il semble cependant que la rigueur de son silence se relâchait à mesure que se faisaient plus pressantes les instances de saint Michel et des Saintes. Elle avait dit entr'autres à ses compagnes, sans se nommer, qu'une fille du pays entre Coussey et Vaucouleurs, relèverait la France et mènerait le Dauphin à Reims pour y être sacré. S'adressant une autre fois à Gérardin, qui passait pour le seul Bourguignon de Domremy, et dont elle avait tenu un fils aux fonts baptismaux : « Compère, lui dit-elle, si vous n'étiez pas Bourguignon, je vous dirais certaines choses ».

Peu à peu se formait autour d'elle une opinion discrète, entretenue par les intermittentes confidences qui fusaient du rayonnement de son âme. Les gens de Domremy qui lui avaient entendu dire que le Royaume de France, ruiné par une femme (Isabeau de Bavière), serait remis en splendeur par une Pucelle, à la voir si douce, si pieuse, si charitable, finissaient par croire qu'elle pourrait bien être cette prédestinée, mais rien de tout cela n'était de nature à dissiper l'inquiétude qui commençait à peser sur son entourage.

Pendant quatre années, les Voix de Jeanne continuèrent sa double éducation dans le mystère. Celle-ci progressait visiblement dans les vertus qui ne peuvent complètement se dissimuler au monde, et l'angoisse qu'elle avait ressentie à la première révélation du caractère de sa Mission, avait fini par s'effacer devant une impatience à grand' peine contenue. Deux ou trois fois par semaine se produisaient ces colloques mystérieux dont la fréquence et la durée sont un phénomène probablement unique dans l'histoire du monde. Nulle règle pour le temps et le lieu de cet entretien surnaturel. Que ce fût aux champs, à la maison, à l'église, ou sous les ombrages des bois de Bermont, Jeanne a conscience de l'approche de ses Voix.

Les Saintes portent de très riches couronnes. Jeanne distingue leurs voix qui s'expriment en français et qui l'appellent : « Jeanne la Pucelle, fille de Dieu ». Elle les embrasse et perçoit distinctement le mystérieux parfum qui se répand autour d'elles. Par leur intermédiaire, elle a voué à Dieu sa virginité : elle accomplit de son mieux leurs commandements ; elle s'accuse avec humilité quand elle croit y avoir manqué et lorsque la nécessité de ce réconfort surnaturel devient pressante, indispensable, dans la prison et devant les juges de Rouen, les Saintes ne quittent plus guère leur disciple et jusque dans les flammes du bûcher la soutiennent de leur présence et de leurs encouragements.

L'autre phase de l'éducation de Jeanne, l'instruisait sur les voies et moyens de réaliser

Jeanne d'Arc écoutant ses Voix.
(Statue de Chapu).

la Mission que le Ciel lui donnait. Les difficultés paraissaient, à plus d'un titre, insurmontables. Le premier intermédiaire qui se présentait naturellement, était le sire de Baudricourt, capitaine pour le roi de la châtellenie de Vaucouleurs. La forteresse était située sur les limites de la France et de l'Empire, à cinq lieues en aval de Domremy, et couvrait de ce côté les possessions du roi de France contre toute incursion venue de Bourgogne ou de Lorraine.

Depuis 1420, Baudricourt gardait la frontière. Ce n'était pas un aventurier comme La Hire ou Xaintrailles. Issu de noble origine il entretenait les meilleures relations avec le duc de Bar. Sa vigilance et sa valeur l'avaient rendu redoutable aux ennemis du Roi et, dans un rayon relativement étendu autour de la forteresse, elles avaient créé une zone de sécurité relative très appréciable par des temps si troublés.

Baudricourt a été très diversement apprécié, et il résulte de l'ensemble des événements tragiques auxquels il fut tout d'abord mêlé, sans en pénétrer toute l'importance, qu'il mérite également et la sévérité et l'indulgence de l'opinion. La vie des camps ne fut jamais une école de moralité. Les désordres de toute nature, consécutifs à la guerre de Cent ans, avaient envahi les armées : chefs et soldats cruels et pillards ne connaissaient plus guère autre chose que la loi de la guerre, rapine et vol, massacres et incendies.

Baudricourt était donc un capitaine aussi vaillant que grossier, mais ses qualités d'homme de guerre fidèle et loyal plaident l'indulgence pour ses premiers procédés envers Jeanne en qui il ne pouvait voir d'abord qu'une folle et puis, faut-il donc oublier que rien ne l'avait préparé aux événements dont il se trouva à son insu, et bien malgré lui, l'arbitre principal ?

Il y avait dans la parenté de Jeanne, un brave homme nommé Durant Laxart, duquel on aime à trouver l'énergique et franche physionomie mêlée aux premiers et décisifs événements qui vont mettre Jeanne sur le chemin où l'attendent tant de gloire et tant de douleurs ! Il habitait le village de Burey-le-Petit, sur la route de Vaucouleurs (1) et venait rarement à Domremy ; ses relations s'orientaient plutôt du côté de Vaucouleurs, mais la simplicité et la droiture de son âme avaient conquis pleinement la confiance de sa cousine et

(1) Burey-le-Petit s'appelle aujourd'hui Burey-en-Vaux, qu'il ne faut pas confondre avec Burey-la-Côte situé à 6 kilomètres de Domremy. Nous savons que Laxart fréquentait beaucoup moins Domremy que Vaucouleurs. La distance de Burey-en-Vaux à Vaucouleurs est à peu près d'une lieue, ce qui explique les relations suivies que Laxart y entretenait jusque dans le château où commandait Baudricourt.

Jeanne, sûre de trouver en lui un auxiliaire aussi dévoué que discret, n'avait pas hésité à le mettre de moitié dans ses confidences.

Durant Laxart, plein de foi en sa cousine, dont les vertus lui inspiraient une admiration sans bornes, vint à Domremy et l'invita à venir passer quelques jours chez lui à Burey-le-Petit. Jacques d'Arc ne se doutait point du véritable dessein que voilait cette prévenance de famille, et Jeanne faisant ses premiers pas dans cette voie qui devait la conduire si loin, partit avec Durant Laxart.

C'était dans la première quinzaine de mai 1428, au moment où la vallée de la Meuse est dans tout son éclat printanier. Nous ne savons pas si Jeanne descendait pour la première fois le cours du fleuve; il est probable, au contraire, qu'elle connaissait déjà Burey-le-Petit et qu'elle était allée jusqu'à Vaucouleurs, bien qu'elle n'eût jamais vu le sire de Baudricourt. La difficulté des communications aggravée par les malheurs du temps, n'empêchait pas le paysan du xvᵉ siècle de circuler dans un rayon assez étendu autour de son village. Jeanne était allée, avec ses frères, à Sermaize, à trente lieues de Domremy, visiter Jean de Vouthon, frère de sa mère, et aussi le curé de cette paroisse, qui était de sa parenté. En 1429, sa mère, Isabelle Romée, accomplit le pèlerinage de Notre-Dame-du-Puy-en-Velay, distant de deux cents lieues. Il est donc très vraisemblable qu'elle connaissait Vaucouleurs, mais cette fois son voyage prenait des proportions tragiques. Quel accueil allait-elle trouver auprès de Baudricourt ? Quelle créance allait-il donner à des visions qui amenaient auprès de lui une petite paysanne inconnue et ignorée ? Bien que le réconfort de ses Voix la soutint dans sa détermination, elle n'avait pu s'y résoudre sans une angoisse poignante de l'inconnu, du mystère, de l'obstacle vers lequel elle marchait.

C'est ainsi qu'elle traversa Greux et salua cette église où elle avait tant prié lorsque celle de Domremy avait été ravagée. Puis ce fut le plateau de Montbras, couronné d'une demeure seigneuriale, et dans le bas-fond, échelonné le long de sa petite rivière tributaire de la Meuse, Maxey-sur-Vaise, et enfin Burey-la-Côte et l'hospitalière demeure de Durant Laxart. Restait l'étape de Vaucouleurs et l'accès du sévère Baudricourt. Mais avant de suivre Jeanne dans la forteresse si bien gardée par la vigilance de son gouverneur, il est nécessaire d'élucider, en quelques mots, une question mal étudiée par la plupart des historiens.

Est-il vrai que nous devons à Jeanne d'Arc l'idée de la patrie, et son patriotisme, né de la grande pitié qui était au royaume de France, n'aurait-il pas suffi à lui mettre l'épée à la main pour *bouter dehors* l'Anglais envahisseur ?

D'abord, il serait injuste de prétendre que l'idée de patrie fût une nouveauté au temps de Jeanne d'Arc. Sans doute, on n'avait pas encore abusé à satiété de ce mot sublime, comme il est arrivé depuis, mais le « royaume de France » avait eu dès longtemps ses fervents et le patriotisme des classes populaires surtout, avait créé les plus grands obstacles à la conquête anglaise. Deux siècles d'occupation en Poitou, en Guyenne et en Normandie, n'avaient pu éteindre au cœur des populations, l'amour de la famille française. Lorsque la défaite et la mort de Talbot à Castillon (1453), eurent porté le dernier coup à la domination des Anglais en France, le peuple accueillit avec des transports de joie la retraite définitive de l'ennemi séculaire qui se cramponna à Calais pour un siècle encore.

Quand la fortune des batailles trahit le roi Jean à la funeste journée de Poitiers, le désastreux traité de Brétigny, qui liquida la situation politique de la France, céda plusieurs provinces au roi d'Angleterre, comme le traité de Francfort devait naguère mutiler notre sol national, par l'abandon de deux provinces, rançon de la patrie.

Lorsque les commissaires anglais se présentaient au nom de leur roi, pour entrer en possession des places sacrifiées par le traité de Brétigny, ils étaient accueillis par des protestations qui allaient jusqu'au refus absolu d'abaisser les ponts-levis des châteaux et forteresses. L'historien Froissart s'est fait l'écho de ces exaspérations patriotiques.

La résistance du Quercy, du Périgord, du Poitou, de l'Aunis et de la Saintonge, fut longue et difficile à vaincre. Ces provinces arguaient de leur droit de rester françaises et ne reconnaissaient pas au roi le pouvoir de l'aliéner : « C'est merveille, raconte Froissart, des douces et aimables choses qu'ils écrivaient et réécrivaient au roi de France, le suppliant, pour Dieu, qu'il ne les voulût jamais quitter de leur foi, ni éloigner de son domaine, ni mettre en mains étrangères et qu'ils préféraient être taillés tous les ans de la moitié de leur chevance, que d'être ès mains des Anglais.

« Le roi de France qui voyait leur bonne volonté et loyauté et entendait très souvent leurs excusations, avait grand pitié d'eux, mais il leur mandait et écrivait affectueusement qu'il leur convenait d'obéir, ou autrement la paix serait enfreinte et brisée, de laquelle chose ce serait trop grand préjudice au royaume de France ; si bien que, quand ceux de La Rochelle virent telle extrémité et que ni paroles, ni excusations, ni prières quelles qu'elles fussent, ne leur valaient rien, ils obéirent et disaient bien, les notables de la Rochelle : « Nous « avouerons les Anglais des lèvres, mais les cœurs ne s'en « mouveront jamais. »

Il serait trop long de continuer une démonstration superflue, soulignée, d'ailleurs, par l'héroïque résistance de tant de cités, au cours de la guerre de Cent ans et en particulier de cette ville d'Orléans où Jeanne devait frapper son premier coup.

Si Jeanne a mieux su que personne faire vibrer le sentiment patriotique, elle ne l'a point créé de toutes pièces. Nul n'incarna comme elle l'âme de la patrie, mais ce fut par révélation et non par intuition qu'elle connut cette âme, et la grande pitié du royaume de France n'aurait pas plus ému son cœur d'enfant que celui des autres fillettes de Domremy et de la France entière, si saint Michel ne s'était chargé lui-même de lui en retracer maintes fois le tableau. Sur ce point, comme sur tant d'autres, ne vaut-il pas mieux s'en référer à ce que Jeanne en a dit elle-même ?

Lorsque ses Voix la pressaient de partir au secours du roi de France, elle s'excusait de son mieux, arguant de son sexe, de son âge, de sa complète ignorance des choses de la guerre et de l'obscurité de sa condition. Devant le tribunal de Rouen, le 27 février, elle s'expliqua en ces termes : « Plutôt que d'être venue en France sans le congé de Dieu, j'aimerais mieux avoir mes membres tirés à quatre chevaux... Tout ce que j'ai fait de bien, c'est par le commandement des Voix que je l'ai fait. »

Il résulte de ces déclarations, que le patriotisme de Jeanne ne fut pas une cause, mais un effet. Ce n'est pas l'amour de la patrie qui crée des chimères dans son imagination ; le patriotisme n'a que faire des visions de folie et si Jeanne apparaît aujourd'hui comme la plus haute et la plus pure incarnation de ce sentiment sublime entre tous, c'est qu'elle s'en était instruite à l'école que Dieu même avait créée pour elle. Elle apprit ainsi à vaincre les résistances si naturelles de sa faiblesse et à poursuivre jusqu'au bout, sans défaillance, la Mission qu'elle avait acceptée et dont l'issue tragique, maintes fois entrevue par elle, ne put un seul instant la détourner.

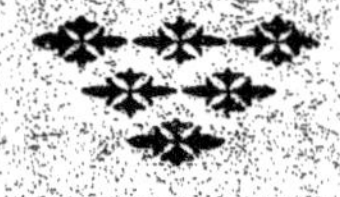

CHAPITRE IV

Vaucouleurs

La forteresse de Vaucouleurs, confiée à la garde du sire de Baudricourt, était une place forte redoutable, enclavée entre le duché de Lorraine, le duché de Bar et la principauté de l'évêque de Toul. Elle faisait partie du domaine royal de France depuis les premières années de la guerre de Cent ans et dès lors, elle fit preuve d'un loyalisme et d'un dévouement si absolus que le roi Charles V, la première année de son règne, rendit une ordonnance qui interdisait à ses successeurs de détacher jamais, sous aucun prétexte, de la couronne de France, la vaillante et fidèle cité.

L'importance stratégique de Vaucouleurs, qui gardait la route d'Allemagne, n'était point sans doute étrangère à cette ordonnance du plus sage de nos rois, mais la cité fidèle allait acquérir une célébrité et une gloire bien plus durables par la cordialité toute patriotique de l'accueil que Jeanne allait recevoir dans ses murs.

La vallée de la Meuse, à Vaucouleurs, est large de 15 à 1800 mètres. Les coteaux de la rive droite descendent vers le fleuve naissant en pentes rapides ; ceux de la rive gauche n'offrent qu'un médiocre relief et un sol fertile et cultivé que parsèment des bouquets de bois.

Alors, comme aujourd'hui, Vaucouleurs, séparé de la Meuse par des prairies souvent inondées, s'appuyait à la colline couronnée par le château dont les courtines et les tours dominaient au loin la vallée. La forteresse était vaste, bien entretenue et munie d'une nombreuse garnison, gardée toujours en haleine comme il convient aux places fortes qui couvrent les frontières.

La cité de Vaucouleurs avait aussi sa ceinture de fossés et de remparts, dont quelques tours subsistent encore, et se reliait au château par des ouvrages fortifiés. Son importance, au point de vue de la population, devait être à peu près la même que de nos jours.

Aujourd'hui, la colline qui portait si fièrement la citadelle de Baudricourt, offre un inextricable fouillis de ruines anciennes et nouvelles, qui s'enlisent plus profondément chaque année sous l'envahissement des herbes folles. De ce chaos surgissent les assises puissantes d'un donjon tout neuf et prématurément arrêté dans sa croissance. Non loin de là, parmi des écroulements, un escalier en spirale aboutit à une crypte restaurée et envahie par la moisissure. C'est tout ce qui reste d'une grande pensée mal servie par les événements et les hommes. Sur cette colline de Vaucouleurs, le temps avait respecté quelques débris de la forteresse de Baudricourt et parmi eux, les précieux restes de la collégiale desservie autrefois par douze chapelains. Pendant son séjour à Vaucouleurs, Jeanne montait chaque matin à la collégiale, et lorsque la dernière messe était terminée, elle descendait dans la crypte où l'on vénérait l'antique image de Notre-Dame-des-Voûtes, et là, agenouillée sur les les dalles, ses larmes se mêlant à la ferveur de sa prière, elle demandait à Dieu d'abréger le temps de son épreuve et d'inspirer à Baudricourt les déterminations qu'elle attendait (1).

Ces dalles sur lesquelles ont ployé ses genoux et coulé ses larmes, cette image vénérée sur laquelle se fixaient ses yeux suppliants, ne sont pas seulement de grands souvenirs, elles

(1) Un monument national a été projeté et commencé sur la colline de Vaucouleurs où s'élevait le château de Baudricourt. La crypte de la chapelle castrale qui fut si souvent visitée par Jeanne d'Arc a pu être restaurée, en attendant que cette relique architecturale sorte définitivement de ses ruines.

sont aussi des reliques nationales qu'il faudrait conserver,
c'est pourquoi la pensée d'élever à Vaucouleurs un monument à Jeanne guerrière traduisait à merveille cette pensée
fine et profonde : Pour sainte Jeanne d'Arc : Domremy
c'est Noël, et Vaucouleurs, c'est l'Épiphanie. Arrivée à Vau-

Maison de Jeanne d'Arc à Domrémy

couleurs petite paysanne, elle en sortit armée pour la guerre,
et pour le salut de la France.

Cependant, Durant Laxart se hâtait de mettre à profit la
présence de Jeanne à Burey-en-Vaux pour déblayer les premières difficultés de la Mission à laquelle il se dévouait tout

(1) La statue de Notre-Dame-des-Voûtes, mutilée par la Révolution, a été
restaurée et placée dans l'église paroissiale de Vaucouleurs où elle est l'objet
d'une grande vénération.

entier. Aborder Baudricourt dont il était probablement connu, n'était pas très difficile. Le gouverneur de la châtellenie n'exerçait pas seulement des attributions militaires ; maintes fois il devait juger en arbitrage toutes sortes de différents et recevoir une clientèle très variée à laquelle il ne refusait pas audience.

Durant Laxart se présenta d'abord tout seul. Il avait conscience de l'étrangeté de sa démarche et il reçut d'ailleurs l'accueil auquel il s'attendait. Baudricourt était sous l'empire d'une vive préoccupation ; il voyait se former un orage qui ne tarderait à fondre sur Vaucouleurs, si la forteresse de Beaumont-en-Argonne, vigoureusement attaquée par Jean de Luxembourg, allié des Anglais, venait à succomber. Quand il entendit Durant Laxart lui parler de sa nièce qui prétendait conduire le Dauphin à Reims pour le faire sacrer, il ne put réprimer un mouvement de mauvaise humeur et lui dit brusquement de la ramener chez son père après l'avoir souffletée. Sauf peut-être sa dernière parole certainement excessive, il ne pouvait autrement parler et Durant Laxart n'en fut point formalisé, mais il avisa à un procédé moins direct pour mettre Jeanne en présence du gouverneur. Il fit sans doute agir des intermédiaires, parmi lesquels Bertrand de Poulengy, dont le nom reviendra souvent pendant le second séjour de Jeanne à Vaucouleurs. C'était un des officiers de l'entourage de Baudricourt et possédant toute sa confiance qu'il méritait d'ailleurs à tous égards. Il avait vu Jeanne et éprouvé une profonde impression à l'entendre parler. Cédant à sa requête, le gouverneur consentit à une entrevue, moins certainement par curiosité que pour se débarrasser de l'insistance de Poulengy.

Jeanne parut donc un jour devant le gouverneur qui se trouvait précisément dans la cour de la forteresse, entouré d'hommes d'armes. Sans le moindre trouble, et bien qu'elle ne l'eût jamais vu, renseignée par ses Voix, elle marche vers lui et le salue. Baudricourt la prend à l'écart avec son oncle et Bertrand de Poulengy et l'interroge. Jeanne lui répond qu'elle est venue vers lui de la part de son Seigneur pour qu'il mandât au Dauphin (Charles VII) de ne pas engager de bataille avec ses ennemis, parce que son Seigneur à elle lui donnerait secours après la Mi-Carême. « Cependant, ajoutait-elle, mon

Seigneur veut que le Dauphin devienne roi (1) et tienne ce royaume en commande, car il sera roi en dépit de ses ennemis et c'est moi qui le conduirai au Sacre. — Et quel est ton Seigneur, demanda Baudricourt. — C'est le roi du Ciel, répondit-elle. »

L'entrevue se termina sur cette parole que Baudricourt ne semble pas avoir comprise. Il donna congé à ses visiteurs, mais la démarche n'avait pas été inutile ; elle préparait même, à son insu, le succès d'une nouvelle requête.

Bien qu'elle eût été prévenue par ses Voix de l'insuccès de la première rencontre, Jeanne reprit fort triste le chemin de Domremy et, après mûre réflexion, elle résolut encore de garder le silence à l'égard des siens. Rien ne pouvait laisser soupçonner dans son extérieur la grave démarche qu'elle avait tentée auprès de Baudricourt, mais les quelques lieues qui séparaient Vaucouleurs de Domremy

Ruines du Château de Baudricourt à Vaucouleurs

n'étaient qu'un bien faible obstacle à la divulgation de son secret. Des bruits circulaient maintenant, suscitant des commentaires, d'ailleurs sans malveillance et dont les frères de Jeanne ne tardèrent pas à surprendre des échos. On dut tenir en famille des conciliabules et chercher les moyens de prévenir le déshonneur que faisait redouter ce que l'on soupçonnait

(1) Le sacre du roi de France à Reims, lui conférait seul la plénitude de l'investiture royale, c'est pourquoi Jeanne parle toujours du « Dauphin », bien que Charles VII eût de droit succédé à son père Charles VI depuis 7 ans. Après le Sacre, elle ne parla plus que du « Roi ».

de ces desseins, mais elle était si douce, si pieuse, si remplie du plus affectueux dévouement envers tous, que Jacques d'Arc ne parlait plus de réaliser sa tragique menace.

On songea à un expédient bien naturel, qu'un deuil cruel de famille, et dont le cœur de Jeanne fut brisé, imposait, en quelque sorte, comme un adoucissement à la douleur familiale. Catherine, sa sœur puînée, mariée récemment à un laboureur de Greux, venait de succomber à une fièvre maligne. Jacques d'Arc et sa femme, Isabelle Romée, pensèrent que le moment était venu pour Jeanne de fonder, elle aussi, un foyer et de choisir un époux dans la jeunesse du voisinage. Les prétendants ne manquaient pas et l'on fit choix, parmi eux, de celui qui paraissait réunir le plus de qualités. Jeanne qui avait voué à Dieu sa virginité, ne pouvait se prêter à une combinaison dirigée surtout contre la réalisation éventuelle de ses vœux les plus chers, et l'accentuation de son refus mit fin pour l'instant à toute tentative de cette nature. Il semblait, d'ailleurs, que le secret primitivement si bien gardé par elle, perdait de sa rigueur; elle multipliait les allusions à un avenir prochain, cependant que l'instance de ses Voix se faisait plus pressante et que contre son gré, en quelque sorte, elle ne pouvait plus désormais détacher son regard, ni sa pensée, de la route de Vaucouleurs.

De ce côté, les appréhensions de Baudricourt ne s'étaient que trop justifiées. Beaumont-en-Argonne avait fini par succomber et sa chute avait entraîné celle de toutes le petites places des Marches de Lorraine. Vaucouleurs seul émergeait de cette inondation ennemie et allait concentrer sur ses remparts tout l'effort des envahisseurs. Quelques semaines seulement après l'entrevue de Jeanne et de Baudricourt, Bedfort ayant donné des ordres formels pour réduire la place, Antoine et Jean de Vergy, ses lieutenants, avaient dans ce but, réuni à Saint-Urbain un corps de troupes considérable.

Baudricourt, conscient de l'imminence du danger, d'ailleurs sans espoir d'aucun secours, ne songea qu'à gagner du temps. Par l'entremise du duc René d'Anjou, duc de Bar, il entra en négociations avec les sires de Vergy et dut stipuler, bien qu'à large échéance, la reddition de Vaucouleurs, pour le cas où il ne pourrait être secouru. Les succès de Jeanne d'Arc, qu'il n'avait pas escomptés, devinrent sa meilleure sauvegarde.

et c'est sur les bords de la Loire, par sa merveilleuse campagne d'Orléans et de Patay, que Jeanne sauva d'un désastre certain la forteresse de Vaucouleurs.

Cependant les Anglais continuaient leur conquête méthodique de la France et Salisbury, leur chef, venait de mettre le siège devant Orléans (octobre 1428). C'était la dernière place forte que Charles VII eut conservée au nord de la Loire. Sa chute allait livrer à l'ennemi tout le cours du fleuve et un débouché de premier ordre sur les provinces méridionales.

La sécurité de Charles VII dans le Berry devenait alors illusoire, et le conseil du royaume avait déjà délibéré sur cette éventualité probable. Le roi se retirerait dans le Midi et, s'il le fallait, il s'embarquerait pour l'Écosse, certain d'y recevoir une cordiale hospitalité dans ce pays dès longtemps allié de la France et qui venait de fiancer une princesse de sa maison royale avec le Dauphin, fils de Charles VII, qui devait être Louis XI.

Baudricourt offre une épée.

De toutes parts s'obscurcissait l'horizon que ne traversait aucun rayon d'espérance. A Domremy, les Voix de Jeanne devenaient de plus en plus pressantes et impérieuses ; l'éducation de la virginale guerrière était achevée. Sa sagesse était mûre et sa volonté mise à l'abri de toute défaillance ; mais à mesure qu'approchait le jour redouté et désiré de la séparation définitive, l'âme angoissée de Jeanne semblait parfois demander grâce ; elle était livrée à de terribles perplexités. Quitter pour jamais, sans espoir de retour, tout ce qui jusque-là avait été la vie de sa jeunesse : son foyer, sa famille, ce pays aux horizons familiers, cette église où s'était si souvent prolongée sa prière, ses amies d'enfance, tout ce qui donne aux souvenirs du jeune âge une âme qui s'attache à la nôtre et nous force à les aimer, quel sacrifice demandé à une fillette de 17 ans ! Et puis, en compensation de tout cela, l'inconnu profond et troublant, les risques de la guerre, la promiscuité des camps, la grossièreté des hommes d'armes, tout cela entrevu en des nuits d'insomnie, dans le silence profond de son village où chaque matin ramenait le paisible labeur des champs ! Mais dans ces angoisses se préparait la libération de la France et le salut de la patrie.

Une fois encore, Durant Laxart devint le secours providentiel. Il était informé de la résolution irrévocable de Jeanne, et plus que jamais sa foi et sa confiance se maintenaient dans leur plénitude. Une naissance attendue à son foyer fut l'heureux prétexte d'un voyage à Domremy. Il était si naturel que Jeanne vînt à Burey-le-Petit donner à sa cousine le réconfort de sa présence et de ses soins ! Sans aucune défiance, les parents de Jeanne entrèrent dans les vues de Durant Laxart et, par une froide et brumeuse matinée de la dernière semaine de Décembre 1428, l'oncle et la nièce prirent une seconde fois la route de Vaucouleurs. Jeanne disait à Domremy un éternel adieu.

Nul ne saura jamais quel fut le déchirement du cœur pour Jeanne, à cette heure décisive où, refoulant au plus profond de son âme une douleur aiguë, prête à jaillir en sanglots, elle se sépara de sa famille et franchit le seuil de cette maison qu'elle ne devait plus revoir. Toute son heureuse et paisible jeunesse qui l'avait attachée par tant de liens à sa terre natale et dont rien ne revivrait plus désormais, sembla se lever devant elle pour l'arrêter sur la voie tragique où elle s'engageait, mais l'ardeur pour le sacrifice l'emporta sur toute considération : « Il faut que j'y aille, se dit-elle, et j'irai ».

Une fois encore elle se prosterna sur les dalles de sa chère église, et renouvela devant l'autel l'holocauste de sa vie, pour le triomphe de la Mission qu'elle avait acceptée. Au sortir, encore un dernier regard sur sa maison et vers le lieu où pour la première fois, dans la radieuse clarté de midi, un jour de printemps, saint Michel lui était apparu : un suprême adieu à son amie Mengette, mais sa volonté défaillit à la pensée de serrer sur son cœur sa chère Hauviette ; elle passa très vite devant la maison de cette autre amie si chère et se trouva bientôt à Greux. « Adieu, je vais à Vaucouleurs », jeta-t-elle en passant à une famille amie, et sans tourner la tête vers Domremy qui allait disparaître à ses yeux, d'un pas ferme, et probablement silencieuse, elle marchait auprès de Durant Laxart, guère moins impressionné.

Domremy et Greux (1818).

Elle chemina ainsi le reste du jour, sous le ciel froid et brumeux de Décembre ; au crépuscule du soir, ce fut empressement et joie dans l'humble maison de Burey-en-Vaux, où venaient d'arriver les deux voyageurs.

D'après une remarque aussi ingénieuse que profonde, Domremy aurait été la Noël de Jeanne d'Arc, et Vaucouleurs son Epiphanie. Rien n'est mieux justifié. A Domremy, Jeanne se prépare dans l'obscurité et le silence à la Mission qu'elle doit accomplir, mais c'est à Vaucouleurs qu'elle se manifeste sans mystère. Elle y est arrivée presque en cachette, petite paysanne non seulement ignorée, mais encore méconnue. En moins de six semaines, elle a triomphé de tous les obstacles,

64

elle a conquis l'opinion, elle a vaincu l'obstination de Baudricourt, rien ne lui manque. Elle part fièrement campée à cheval, en costume de guerre, équipée pour le combat ; elle a une escorte pour la conduire à Chinon ; elle a toujours et surtout le réconfort de saint Michel et des Saintes, dont elle voit avec admiration se réaliser à leur heure les promesses que la seule prudence humaine eut déclarées irréalisables.

Dès son retour à Burey-en-Vaux, Durant Laxart, après avoir revu Bertrand de Poulengy, renouvela auprès de Baudricourt sa précédente démarche et ses sollicitations. D'abord ce fut en vain. Si compromises que fussent les affaires de Charles VII, le gouverneur ne croyait pas devoir leur imposer en surcroît, le ridicule d'envoyer et de recommander à la cour une guerrière qui n'avait guère mené jusque là, que le troupeau de son père, et qui n'avait manié que la quenouille et le fuseau. C'était chose si grave que d'entrer dans cette voie d'où l'on ne pourrait plus sortir que par un miracle, ou par la déconsidération consécutive à une démarche de cette nature !

Plusieurs semaines s'écoulèrent à Burey-en-Vaux dans ces incertitudes ; mais tandis que Jeanne s'employait de tout son cœur aux soins d'intérieur dont la pratique lui était familière, le prolongement de son absence aggravait l'inquiétude qui s'était emparée des siens, à Domremy. On s'avisa d'un expédient nouveau, dont l'ingéniosité ne peut faire absoudre l'incorrection ; mais que ne pardonnerait-on pas à une famille affolée comme devait l'être celle de Jeanne ? L'un des prétendants évincés consentit à déposer une plainte devant l'officialité de Toul, sous le prétexte mensonger que Jeanne lui aurait promis mariage, par fiançailles régulières. D'après la législation du temps, cet acte, soutenu de témoignages sérieux, entraînait l'obligation formelle de contracter mariage ; Jacques d'Arc lui avait donné un formel assentiment.

C'est à Vaucouleurs que Jeanne reçut la citation à comparaître devant l'officialité de Toul (1). Fatiguée de ne recevoir aucune réponse de Baudricourt, elle avait quitté Burey-en-

---

(1) On appelle officialité, un tribunal ecclésiastique formé dans chaque diocèse et chargé de juger différentes causes, entr'autres les causes matrimoniales. Comme Domremy dépendait du diocèse de Toul, l'officialité de cette ville avait seule qualité pour se prononcer sur la requête, d'ailleurs mensongère, du prétendant évincé.

Vaux et était venue habiter chez des amis de Durant-Laxart, gens du peuple comme lui, et comme lui aussi, pleins de confiance en la parole de la jeune fille que les événements amenaient à leur foyer. Comme à Burey-en-Vaux, Jeanne s'ingénia de son mieux à se rendre utile à ses hôtes qui témoignèrent plus tard de la profonde admiration que leur avait inspirée ses vertus. La collégiale du château, dite chapelle de Sainte-Marie, très fréquentée par les gens de Vaucouleurs, l'attirait de prédilection ; chaque matin, elle entendait plusieurs messes avec une ferveur de piété dont rendit témoignage longtemps après, un des enfants de chœur, qui assistait les chapelains à l'autel ; puis c'était une longue station aux pieds de Notre-Dame-des-Voûtes.

Dans l'intervalle, elle ne négligeait pas les éléments d'influence auprès de Baudricourt dont elle pouvait disposer. Bertrand de Poulengy, fidèle à ses premières impressions, était venu plusieurs fois s'entretenir avec elle, chez ses hôtes. Il avait amené avec lui un écuyer, Jean de Nouillonpont ou de Metz, qui partageait sa confiance et sa foi, et dans toute la petite cité de Vaucouleurs, la rumeur publique, constamment favorable à Jeanne, grossissait chaque jour le nombre de ses partisans.

Cette rumeur dépassait déjà les portes de la ville ; elle mettait en émoi le pays de Bar et avait eu déjà des échos à Toul et jusqu'à Nancy ; à peu près seul, Baudricourt ne se laissait pas émouvoir et, lassé des instances dont il était l'objet, il résolut un jour de soumettre Jeanne à une épreuve qui lui a été sévèrement et justement reprochée. Il pensa que le spectacle d'un corps de garde, avec la grossièreté et la licence des propos qui s'y tenaient, seraient pour Jeanne une leçon de choses à laquelle ne résisteraient pas ses velléités et ses prétentions de guerrière improvisée.

Dès son arrivée à Vaucouleurs, Jeanne s'était présentée au château et Baudricourt l'avait à dessein fait attendre seule, dans le corps de garde, dont l'atmosphère morale était bien pire que l'air méphitique qu'on y respirait. D'un regard, sans aucun geste, ni parole, Jeanne avait réprimé les insolences qui se préparaient et lorsque Baudricourt arriva enfin, sa stupeur fut grande à l'aspect confus, décontenancé et respectueux de ses hommes d'armes, peu coutumiers d'une telle attitude. Jeanne ne gagna pas complètement sa cause ce jour-là, mais elle eut conscience d'en avoir hâté le dénouement favorable.

Cependant le bruit se répandit un jour, dans Vaucouleurs, que le duc de Lorraine, Charles II, mandait au sire de Baudricourt de faire conduire à Nancy, sa capitale, celle qui se disait inspirée de Dieu. L'influence de René d'Anjou, duc de Bar, gendre et futur successeur du duc régnant de Lorraine, n'était pas étrangère à cette détermination. Beau-frère de Charles VII, ami de Baudricourt et fortement attaché à la cause de la vraie dynastie française, René d'Anjou avait mis son beau-père au courant de ce qui se passait à Vaucouleurs, et le duc de Lorraine, vieux avant l'âge, malade et sans espoir de guérison, espérait sans doute qu'une Envoyée du ciel opérerait quelque prodige en sa faveur. Sa conduite privée ne le prédestinait guère à une grâce de cette nature, mais le désir ardent de recouvrer la santé fondait plus d'espérances en l'intervention de Jeanne, que son indignité personnelle ne lui inspirait de crainte d'essuyer un refus.

Jeanne prit conseil de ses amis et de ses hôtes, ravis à la pensée de l'avantage dont bénéficierait sa cause, par la démarche du duc de Lorraine. En même temps, ce voyage lui permettrait de s'arrêter à Toul et de régler définitivement, devant l'officialité, l'injuste querelle dont elle était l'objet. Jean de Metz, Jacques Alain, bourgeois de Vaucouleurs et Durant Laxart, composèrent son escorte, et l'on se mit en route pour Nancy, où l'on devait se rendre après avoir comparu devant l'officialité de Toul.

Jeanne avait appris de ses Voix ce qu'elle devait répondre au tribunal ecclésiastique, et ce fut merveille de la voir se présenter avec une modeste assurance tout à fait insolite dans une jeune fille de son âge. Sur interrogatoire de Messire Frédéric de Maldenaite, doyen du chapitre de Saint-Gengoult, elle déclara et démontra avec une clarté qui ne laissait aucun doute, qu'elle n'avait pu faire à quiconque une promesse de mariage, puisqu'elle avait voué à Dieu sa virginité, dès l'âge de treize ans. Le jugement de l'officialité la dégagea pleinement de la plainte injustement portée contre elle et lui laissa toute liberté de suivre la voie qu'elle trouvait la meilleure.

Ce premier succès faisait bien augurer de l'entrevue avec le duc de Lorraine. Jean de Metz avait regagné Vaucouleurs. Jeanne se présenta au palais ducal avec ses deux autres guides mais elle fut introduite seule auprès de Charles II. Il est probable qu'elle avait vu auparavant René d'Anjou, et cette supposition est justifiée par les réponses que Jeanne fit à son princier interlocuteur. Celui-ci avait cru que Jeanne était en possession d'une puissance mystérieuse dont elle le ferait bénéficier, mais Jeanne ne lui parla guère que de sa Mission ; elle lui demanda de permettre à son gendre de l'accompagner à la Cour et lui déclara que, s'il voulait guérir, il devrait tout d'abord rentrer dans le droit chemin de sa conscience. Charles II ne s'offusqua point de cette liberté de langage ; il demanda à Jeanne le secours de ses prières, lui fit remettre une somme d'argent et lui donna un cheval de ses écuries.

Après un pèlerinage à Saint-Nicolas-du-Port, la plus célèbre basilique de Lorraine, Jeanne revint à Vaucouleurs. En son absence, son père et sa mère étaient venus la reprendre, mais ils n'avaient pu attendre son retour ; d'ailleurs, la voix publique leur avait appris avec quelle estime et vénération leur fille était considérée. Cet éloge unanime avait dû apporter, avec sa consolation, un changement dans leurs dispositions antérieures et ils se résignèrent sans doute à laisser les événements suivre leur cours, espérant toujours qu'une déception quelconque ramènerait leur fille à leur modeste foyer.

Jeanne était revenue à Vaucouleurs, le 12 février ; ce jour même se livrait, dans les environs de Rouvray-Saint-Denis, un combat qui anéantit les dernières espérances des vaillants défenseurs d'Orléans. Un convoi de vivres, destiné aux assiégeants, tomba dans une embuscade tendue par le comte de Clermont qui eut l'impéritie de se faire battre complètement par l'escorte qui couvrait la marche de la colonne de ravitaillement. Jeanne eut révélation, par ses Voix, de ce nouveau désastre qui aurait été évité si Baudricourt avait fait parvenir au roi l'avertissement de ne livrer aucun combat avant la Mi-Carême. Sur-le-champ elle monte au château et dit au gouverneur : « En nom Dieu, vous tardez trop à me faire partir. Le gentil dauphin a eu aujourd'hui, près d'Orléans, grand dommage. Il sera en danger de l'avoir plus grand si vous ne m'envoyez vers lui. »

Sous la pression de l'opinion publique, Baudricourt avait fini par comprendre qu'une résistance plus prolongée tournerait à l'aveuglement, et grande fut sa stupeur lorsque les jours suivants, un courrier du Roi lui donna confirmation de la triste journée des Harengs (1). Déjà la cité de Vaucouleurs avait pris les devants pour fournir à Jeanne un équipement de guerre convenable : Durant Laxart faisait don à sa cousine d'un cheval de combat et Baudricourt déclara qu'il ne s'opposerait plus au départ de Jeanne. Il estima sans doute, pour mettre à couvert sa responsabilité, que le roi était entouré de conseillers de sagesse et de prudence consommées, et qu'il ne serait donné créance aux dires de Jeanne que dans la mesure où elle les aurait justifiés devant qui de droit et, pour marquer d'un signe indiscutable le revirement de son esprit, il voulut offrir lui-même à Jeanne l'épée qui devait compléter son équipement, et fixa le départ au mercredi 23 février.

Avant de prendre le chemin de Chinon, Jeanne voulut que sa dernière pensée allât consoler les tristesses dont son départ avait rempli la chère maison de Domremy. Elle dicta une longue lettre pour ses parents, les suppliant de lui pardonner son éloignement qui lui était commandé par Dieu, et de ne pas lui tenir rigueur de ce qu'elle n'avait pas sollicité leur consentement pour son départ de la maison paternelle, et leur permission, pour suivre jusqu'au bout les inspirations impérieuses de ses Voix.

(1) Le convoi de vivres destinés à l'armée qui assiégeait Orléans, se composait surtout de tonnelets de harengs conservés. On était en Carême, et la loi de l'abstinence et du jeûne était strictement observée, même par les belligérants. Dans le choc, des barils furent défoncés et leur contenu joncha le sol. De là est venu, pour la rencontre de Rouvray, le nom de journée des Harengs.

CHAPITRE V

De Vaucouleurs à Chinon

Ce fut d'un frémissement de joie que tressaillit la patriotique cité de Vaucouleurs, lorsque courut la nouvelle du revirement de Baudricourt et du prochain départ de Jeanne. Il faut ajouter que le gouverneur, écartant d'abord comme de parti pris, le caractère divin des événements qui avaient conduit Jeanne à Vaucouleurs, et bouleversé lui-même par l'annonce prophétique du désastre de Rouvray dont le messager de la Cour, Colet de Vienne, lui avait narré les détails qui ne lui laissaient plus aucun doute, il avait passé de la stupeur à l'épouvante. Il se demandait s'il n'aurait pas devant lui quelque suppôt des mystérieuses puissances infernales. Pour se prémunir contre des sortilèges toujours redoutés, il se rendit chez Messire Jean Fournier, curé de Vaucouleurs et lui fit part de ses appréhensions qui furent trop facilement partagées. Jean Fournier revêtit une étole par dessous son manteau et, suivi du gouverneur, il se présenta chez l'hôte de Jeanne, Henri Le Royer, où leur arrivée produisit un étonnement bien naturel. Ils demandèrent à la jeune fille un entretien particulier et Messire Jean Fournier, devenu exorciste, somma Jeanne de lui dire si elle venait de Dieu ou du malin esprit. Celle-ci, pieusement agenouillée, lui dissimula sa surprise et renouvela la déclaration, tant de fois faite par elle ; son attitude humble et confiante triompha des dernières résistances de Baudricourt, sans causer trop de confusion à Jean Fournier qui était certainement assez documenté pour épargner à Jeanne et à ses hôtes cette démarche tout au moins malencontreuse.

Autour de la demeure du charron Henri Le Royer, c'était un empressement de menues agitations qui enfiévraient quelque peu les gens de Vaucouleurs. Chacun voulait approcher Jeanne que la voix populaire consacrait maintenant comme Envoyée de Dieu et l'entendre répéter : « Je dois aller vers le noble Dauphin, par ce que mon Seigneur, le Roi du ciel, le commande. Si je me suis mise en chemin, c'est par l'ordre d'En Haut, c'est pourquoi j'arriverai au but, dussé-je m'y rendre sur mes genoux. »

Comme on lui objectait les périls de la route : « Je ne crains pas les guerriers, répondait-elle, la route est libre devant moi. Si des soldats l'interceptent, j'ai pour moi Dieu, mon Seigneur ; il me préparera les voies pour aller au Dauphin. C'est pour cela que je suis née. »

Bertrand de Poulengy et Jean de Metz pressaient les préparatifs du départ. Jeanne ne pouvait songer à se mettre en route, vêtue en paysanne lorraine ; ses Voix l'avaient avertie qu'elle devait renoncer aux vêtements de son sexe et revêtir un équipement de guerre. Aussi, les gens de Vaucouleurs rivalisèrent-ils d'une patriotique émulation et Jeanne fut bientôt complètement équipée ; pour tous ceux qui l'entouraient et lui apportaient leur concours, elle avait un sourire, un remerciement, une parole d'inébranlable confiance dans le succès, une promesse de souvenir devant Dieu, qui traduisaient sa reconnaissance et laissaient dans l'âme de chacun une empreinte que le temps ne devait pas effacer.

Baudricourt était trop expérimenté dans les choses de la guerre, pour laisser la moindre part à l'imprévoyance, pour les préparatifs du départ. Puisqu'il s'était chargé d'envoyer Jeanne auprès du Roi, sa vigilance ne se trouverait pas en défaut et, dans la mesure du possible, il assurerait la sécurité de la route.

De Vaucouleurs à Chinon, environ cent cinquante lieues, le pays était infesté de bandes en armes, analogues aux Grandes Compagnies dont Du Guesclin avait purgé le sol français; routiers, pillards sans foi ni loi, rebut des armées belligérantes, alors si peu disciplinées. En outre, jusqu'à Gien, on était en pays ennemi; les chemins défoncés par l'hiver et souvent coupés de barrières à péage, l'Ornain, la Saulx, l'Armançon, la Marne, la Seine, l'Yonne grossies par les pluies multipliaient les obstacles. Les ponts, assez rares, étaient gardés et les gués, à peu près impraticables. Baudricourt estima cependant qu'une sérieuse escorte servirait bien plus utilement à la sécurité de Jeanne qu'un déguisement quelconque.

Jeanne d'Arc quittant Vaucouleurs.
(Peinture murale de Lenepveu)

A Bertrand de Poulengy et à Jean de Metz qui devaient accompagner Jeanne avec leurs deux serviteurs, il adjoignit Colet de Vienne, le courrier du Roi, familiarisé avec les dangers de la route, et l'archer Richard, l'un et l'autre, d'ailleurs, peu flattés de ce choix, résolus à laisser compagnie et même à de pires déterminations. On voyagerait la nuit et le jour on se cacherait dans les bois qui foisonnaient le long de la route.

Dans l'après-midi du mercredi 23 février, la population de Vaucouleurs se rassemblait devant la maison d'Henri Le Royer. Un groupe de chevaux harnachés en guerre et tenus en main par leurs cavaliers en équipement de voyage s'ébrouaient et piaffaient bruyamment; mais les gens de Vaucouleurs n'avaient de regards que pour celui qui attendait Jeanne.

bien longue à paraître, disait-on. C'était dans la foule, des exclamations, des groupes animés, des flottements d'impatience, et pourtant sur elle semblait passer comme un souffle d'espérance non dénué d'appréhensions. Enfin, une exclamation de joie, voilà Jeanne ! Avec quelle aisance et quelle grâce elle porte le costume du cavalier ! pourpoint noir, chausses rattachées par des aiguillettes, courte robe plissée noir gris, chevelure taillée en rond et chapeau noir, fièrement posé sur ses noirs cheveux. La foule éclate en cris d'admiration, pendant que Jeanne se met en selle avec la souplesse d'un écuyer consommé. Henri Le Royer, sa femme et un groupe d'amis, échangent avec elle les derniers adieux ; parmi eux, au premier rang, Durant Laxart qui a fait à sa cousine le don de son cheval, comme Baudricourt lui a donné l'épée solide qui complète son équipement. Le trot sonore et relevé de la petite troupe fait retentir les sabots des chevaux sur le dallage de l'étroit chemin qui monte en lacets vers le château où l'on va saluer Baudricourt. Le gouverneur attend la caravane en dehors de la porte de France, sur une petite esplanade qu'ombrage aux jours d'été le feuillage d'un jeune tilleul. Son regard exercé passe rapidement en revue l'équipement de chaque cavalier ; il fait ses dernières recommandations au chef du groupe, Bertrand de Poulengy et comme Jeanne lui adresse des remerciements émus : « Va, va, lui dit-il, et advienne que pourra ! »

La porte de France, sous laquelle passèrent Jeanne et son escorte en route pour Chinon, est toujours debout sur la colline de Vaucouleurs, quoique un peu enlisée par les alluvions de cinq siècles ; le tilleul de l'esplanade, devenu un arbre géant, a bravé les années ; il se transforme au printemps en montagne de verdure, et lorsque les ardeurs de juin le couvrent de fleurs odorantes, c'est comme une jeunesse nouvelle qui circule avec la sève, dans le vieux tronc encerclé de fer comme les chevaliers de la guerre de Cent ans (1).

L'étonnement admiratif que témoignèrent les gens de

(1) La colline de Vaucouleurs, avec les ruines du château de Baudricourt, la porte de France et le tilleul plusieurs fois séculaire, contemporain de Jeanne d'Arc, d'après une tradition constante, sont la propriété de la Société civile qui s'est constituée pour la conservation et la restauration des Souvenirs de Jeanne d'Arc à Vaucouleurs.

Vaucouleurs pour la hardiesse et la bonne grâce de Jeanne d'Arc, merveilleuse écuyère improvisée, a été partagé de nos jours par tous ceux qui ont étudié, avec compétence, son action dans les choses de la guerre. Depuis son départ de Vaucouleurs, jusqu'à la catastrophe de Compiègne, elle est constamment à cheval, décourageant les plus vieux capitaines par son endurance des fatigues de la marche ou du combat. Soit qu'elle fonce sur les Anglais, ou qu'elle passe le long des routes, sur sa jument de guerre, à la tête de ses hommes d'armes, cette guerrière de dix-sept ans est un phénomène unique dans l'histoire ; ses chevauchées sont restées légendaires par la science équestre qu'elles témoignent et par la valeur morale et la résistance physique qu'elles supposent (1).

La petite troupe se dirigeait sur l'Abbaye de Saint-Urbain et devait ainsi fournir onze lieues pour la première étape, à supposer qu'il ne fût pas nécessaire d'incliner à droite ou à gauche par prudence ou par sécurité. Elle était divisée en deux groupes : le premier formé par Jeanne, Colet de Vienne et l'archer Richard ; le second, suivant à courte distance. Les deux compagnons de Jeanne, qui avaient manifesté à son égard, parmi les archers de Baudricourt, les pires dispositions, ne tardèrent pas à passer de leur hostilité, à la confiance et à l'admiration des moins équivoques, et nous verrons souvent ce rayonnement mystérieux des éminentes vertus de Jeanne, réaliser de vrais prodiges.

Cette première étape fut très dure, bien que la lune prêtât sa clarté aux voyageurs (2) et il était trois heures du matin lorsque s'ouvrirent devant eux les portes de l'abbaye de Saint-Urbain, où ils étaient attendus.

Il n'en fut pas de même pour la deuxième et troisième étape, où l'on dut bivouaquer en plein air ; la première fois non loin de Clairvaux, et la seconde, dans les environs de Pothières, en Bourgogne. Le samedi soir 27 février, on était aux portes d'Auxerre. C'était une ville ennemie dans laquelle il fut nécessaire de se garder avec la plus grande prudence, mais Jeanne, accoutumée à la messe quotidienne et qui en était privée depuis plusieurs jours, malgré le désir qu'elle en avait exprimé, déclara qu'elle n'irait pas plus loin sans avoir

(1) Capitaine L. Champion : *Jeanne d'Arc écuyère*.
(2) Le 23 février 1429 était le dix-septième jour de la lune.

accompli ce devoir que lui imposait le dimanche. Elle se mêla à la foule sans être remarquée et entendit dévotement la Messe à la Cathédrale dédiée à saint Etienne.

Le 1er mars, la petite troupe salua avec enthousiasme les clochers de Gien, qui montaient à l'horizon. Désormais on était en terre bien française et, sur le passage de Jeanne, un respectueux empressement de la population lui prodiguait de discrètes ovations. Plus n'était besoin de dérober sa marche et de chevaucher, l'œil et l'oreille aux aguets, et ce n'était plus seulement de la confiance et de l'admiration que lui témoignaient ses compagnons de route, mais le plus sincère enthou-

Vue de Gien.

siasme. Ils avaient passé sains et saufs au travers de tant de périls ! « Ne craignez rien, leur disait-elle, nous arriverons sans encombre au but de notre voyage et le Dauphin, à Chinon, nous fera bon accueil. » — Mais Jeanne, ferez-vous bien tout ce que vous nous avez dit ? — N'ayez crainte, ce que je fais, j'ai ordre de le faire. Mes frères du Paradis m'enseignent ma Mission, il y a déjà quatre ou cinq ans qu'ils me la répètent et Dieu même me dit qu'il faut que j'aille à la guerre pour recouvrer le royaume de France ». Bertrand de Poulengy résuma en quelques mots le sentiment unanime de ses compagnons de route : « Elle était aussi bonne que l'eût été une sainte ».

Avant d'atteindre Chinon, Jeanne obliqua à gauche pour se rendre au sanctuaire de Sainte-Catherine-de-Fierbois, invin-

ciblement attirée par le culte qu'on rendait en ce lieu à sa
chère Sainte qui, de concert avec sainte Marguerite, faisait
depuis plusieurs années, son éducation surnaturelle. Cette
église de campagne possédait depuis longtemps des reliques de
sainte Catherine. Le maréchal de Boucicaut l'avait dotée d'un

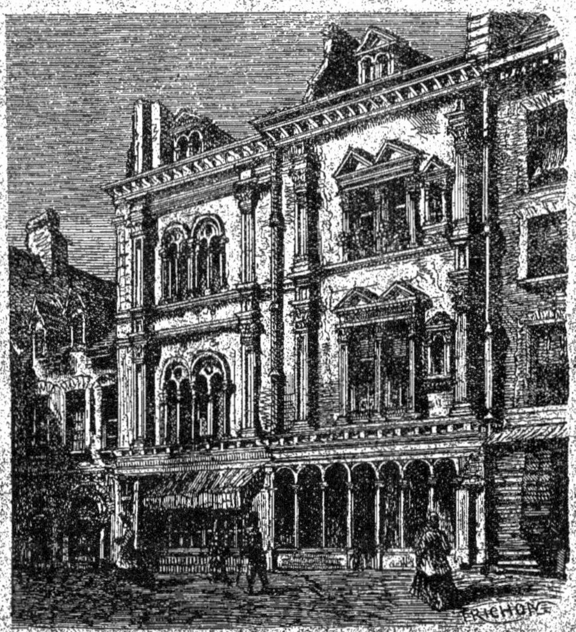

Maison dite « de Jeanne d'Arc » à Orléans.

hospice pour les pèlerins et les pauvres, et aussi d'une collégiale, analogue à celle de la chapelle castrale de Vaucouleurs.
C'est dans cet hospice que Jeanne et ses compagnons furent
hébergés pour l'amour de Dieu, le samedi 5 mars, onzième
jour de leur voyage.

L'arrivée à Sainte-Catherine-de-Fierbois disloqua l'escorte
de Jeanne. Rien ne devait y retenir Colet de Vienne, le
courrier royal qui avait hâte de remettre à Charles VII, les

dépêches de Baudricourt concernant les nouvelles politiques de la châtellenie de Vaucouleurs, et l'extraordinaire et mystérieux concours d'événements qui amenaient une jeune fille, se disant inspirée, des Marches de Lorraine aux portes de Chinon, Jeanne lui remit une lettre qu'elle avait fait écrire au Roi, pour savoir si elle serait reçue dans la ville où il se trouvait. Elle ajoutait qu'elle avait fait au moins cent cinquante lieues pour arriver jusqu'à lui, qu'elle venait à son secours et savait à son sujet bien des choses excellentes; d'ailleurs, elle saurait le reconnaître au milieu de beaucoup d'autres.

D'aucuns ont prétendu que Baudricourt avait consulté le Roi et avait attendu sa réponse avant de se décider à donner une escorte à Jeanne pour la conduire à Chinon. La lettre de Jeanne démontre le contraire. Si elle eût été attendue, elle n'aurait pas sollicité une permission accordée d'avance. Il est certain que Baudricourt en informait Charles VII, par les lettres dont il avait chargé Colet de Vienne, et la faveur dont bénéficièrent à la Cour Bertrand de Poulengy et Jean de Metz, témoigne assez de la bienveillance dont ils étaient l'objet de la part du capitaine de Vaucouleurs.

Jeanne, toute heureuse de prendre un jour de repos dans un asile consacré à sa chère sainte Catherine, se délassait par la prière de la dure chevauchée de dix jours, qui l'avait conduite des Marches de Lorraine, aux portes de Chinon, et pour se dédommager des privations spirituelles que lui avait imposées la prudence de la marche en pays ennemi, le dimanche 6 mars, avant le jour, elle était en prières devant l'autel de sainte Catherine, où elle entendit trois messes successives. Après un léger repas du matin, la petite troupe remonta à cheval pour la dernière étape de dix lieues qui restait à franchir, et à midi, elle passait les ponts-levis de Chinon.

La petite ville de l'Ile-Bouchard revendique pour elle la gloire d'avoir été la dernière étape de Jeanne avant son arrivée à Chinon, par cette raison que celle-ci ayant entendu trois messes à Sainte-Catherine-de-Fierbois, n'aurait pu repartir assez tôt pour franchir avant midi les dix lieues qui la séparaient encore de la résidence royale. Était-il donc impossible à des cavaliers qui avaient fourni une moyenne de quinze lieues depuis dix jours et dont l'entraînement était encore stimulé par la joie de toucher au terme d'un voyage si long et si périlleux, de franchir en quatre heures leur dernière étape ? La célébration des messes commençait certainement de très bonne heure à la Collégiale de Sainte-Catherine-de-Fierbois, et le surcroît de la dévotion dominicale de Jeanne ne dut pas l'empêcher de se trouver à cheval, prête au départ, dès huit heures du matin (1).

Cette dernière étape faillit être troublée par un guet-apens que ne soupçonnèrent point les voyageurs, sans doute pleins de confiance en la sécurité de la route aux approches de la résidence royale. Une poignée de pillards Armagnacs ayant appris le passage à Sainte-Catherine-de-Fierbois, d'un groupe de voyageurs d'importance, s'était embusquée sur la route pour en faire son profit, mais lorsque Jeanne parut avec son escorte, les malandrins furent saisis d'une terreur subite et ils n'osèrent quitter leur embuscade. L'Angelus s'envolait de tous les clochers de Chinon à l'heure où Jeanne mit pied à terre devant une modeste hôtellerie où elle devait attendre les décisions du roi. Bertrand de Poulengy et Jean de Metz, leurs serviteurs et l'archer Richard, hommes d'armes au service de Charles VII, montèrent au château et prirent logement au fort Saint-Georges, caserne de la garnison, tandis qu'à Chinon, comme à Vaucouleurs, Jeanne reprenait sa vie de ferventes supplications au Ciel, confiante plus que jamais dans la parole de ses Voix qui l'avaient si heureusement amenée à travers tant d'obstacles et tant de dangers, à cette heure décisive pour le salut de la France. Elle savait qu'elle devait conduire le Roi à Reims pour y être sacré et que la levée du siège d'Orléans serait le signe, le gage du caractère surnaturel de sa Mission, mais elle ignorait sans doute qu'elle trouverait autour de Charles VII des ennemis autrement redoutables que les Bourguignons et les Anglais.

Bien que le « Roi de Bourges » fût au comble de la détresse financière et politique, le château de Chinon, pour lequel il professait une prédilection particulière, était une superbe résidence royale. Situé au cœur de la France, dans le riche pays de la Touraine et couvert par trois rivières voisines, la Vienne, l'Indre et la Loire, il était à la fois une redoutable

---

(1) Ayroles, *La Vraie Jeanne d'Arc*, t. II, p. 326.

forteresse et un séjour enchanteur. Ce n'est plus guère aujourd'hui qu'une jonchée de débris dont le puissant relief couronne la colline, de courtines ébréchées et de tours croulantes qui se reflètent tristement dans les eaux courantes de la Vienne.

Comme si ce n'était pas assez que les discordes fratricides eussent conduit la France à sa ruine prochaine, la Cour presque indigente de Charles VII, était aussi en proie à des dissensions profondes, entretenues par les compétiteurs d'un pouvoir toujours chancelant dans les mains d'un monarque indécis.

Les Etats-Généraux tenus à Chinon en 1428, avaient rivalisé de zèle et de sacrifices pour sauver de la France ce qui pouvait encore en être sauvé, et ils avaient supplié le Roi de faire l'union de tous les princes du sang français, préludant ainsi, comme nous le verrons, aux ardentes supplications de Jeanne pour le même objet, mais l'influence qui dominait à la Cour n'était pas entrée dans ces desseins.

Charles VII, né débile, n'avait guère connu dans sa jeunesse que les plus tragiques péripéties. Déshérité et maudit à 17 ans par son malheureux père qui avait fait proclamer cette déchéance sur presque tout le territoire du royaume, il s'était trouvé à vingt ans possesseur d'une couronne bien peu solide et d'un pouvoir bien disputé. La faiblesse native dont il fut toujours l'esclave devait le livrer presque sans défense aux intrigants politiques, qui pullulaient aussi bien au XVe siècle qu'à toute autre époque de notre histoire.

Lorsque Jeanne arriva à Chinon, Georges de la Trémoïlle avait réussi à évincer du pouvoir, le connétable de Richemont, frère du duc de Bretagne et à l'exaspérer au point de lui faire prendre les armes contre son Roi. Perfide, souple, cauteleux et au besoin despote, comme tout bon courtisan, la Trémoïlle excellait surtout à monnayer son crédit tout puissant et prêtait souvent à Charles VII de fortes sommes à un taux draconien qui dépassait cent pour cent. Il ne tolérait autour du Roi nulle autre influence que la sienne et conduisait les funérailles de la monarchie française avec une désinvolture très dégagée, persuadé, d'ailleurs avec raison, qu'au jour des catastrophes suprêmes, il saurait tirer parti des intrigues qu'il poursuivait avec les ennemis du Roi, et grâce auxquelles ses biens particuliers avaient toujours été respectés par les Anglais et les Bourguignons.

Ce politicien sans scrupule, était doublé dans l'exercice du pouvoir, par Regnault de Chartres, archevêque titulaire de Reims, où il ne résidait d'ailleurs jamais, suppléé dans ses fonctions épiscopales par des auxiliaires qu'il nommait et révoquait selon son bon plaisir. C'était un diplomate plutôt qu'un prélat, ministre des affaires étrangères de Charles VII et négociateur consommé. Mêlé à toutes les intrigues politiques de son temps, il avait le fétichisme de la diplomatie sans scrupules, ce qui lui avait mal réussi, à voir le triste état des affaires de France. Tout faisait prévoir que ce sceptique endurci favoriserait peu la Mission de Jeanne d'Arc.

Au-dessous de ces deux grands seigneurs, tout puissants par leur crédit auprès du Roi, trois autres conseillers donnaient leur avis dans les circonstances graves. L'un, Robert le Masson, le meilleur ami de Charles VII à qui il avait sauvé la vie à la surprise de Paris par les Bourguignons en 1418, l'homme de la conscience et du devoir, insensible à toute considération qui leur serait étrangère. Un autre, Raoul de Gaucourt, jusque-là vaillant capitaine, renommé pour ses exploits, mais depuis un mois, il avait fui Orléans, sans motiver suffisamment cette défaillance. Il arrive, d'ailleurs souvent, que le courage civique chez les meilleurs hommes de guerre, est loin d'égaler leur intrépidité devant l'ennemi. Raoul de Gaucourt donna plus d'une preuve de cette infériorité de caractère et ne fut que trop écouté par le Roi, en plusieurs circonstances où l'avis de Jeanne différait du sien. Enfin Gérard Machet, vénérable et savant théologien et confesseur de Charles VII, qu'il n'avait pas quitté depuis de longues années.

Telles étaient les divergences qui allaient se combattre dans le Conseil du Roi, sur la question soulevée par l'arrivée de Jeanne et les lettres du sire de Baudricourt. La Trémoïlle et Regnault de Chartres marcheraient certainement de concert pour une fin de non recevoir absolue. L'avis des autres s'en tiendrait à une prudente réserve, mais il y avait auprès de Charles VII une influence de famille, aussi discrète qu'intelligente et dévouée et à laquelle le Roi avait dû les meilleures inspirations.

Dès l'âge de dix ans, Charles VII, alors comte de Ponthieu

et séparé du trône par deux frères qui moururent prématurément, avait été fiancé à Marie d'Anjou, sa cousine, plus jeune
que lui. Il passa alors sous la direction de sa future belle-mère
Yolande d'Aragon, reine de Sicile, la princesse la plus vertueuse et la plus accomplie de cette époque et qui remplaça avan-
tageusement, dans l'éducation de son futur gendre, une mère
dénaturée, Isabeau de Bavière. Lorsque le comte de Ponthieu,
devenu Dauphin, dut prendre en main la défense des intérêts
du royaume, compromis par la démence de Charles VI, la
reine Yolande fut son conseiller le plus prudent, le plus
éclairé et souvent aussi le mieux écouté. Jeanne n'eut pas de
meilleur auxiliaire dans le Conseil du Roi où, dès le premier
jour, Georges de la Trémoille et Regnault de Chartres prirent,
comme par instinct, une attitude dont la sourde malveillance
ne devait jamais se démentir.

CHAPITRE VI

Chinon

Jeanne attendit trois jours, dans son humble hôtellerie, la réponse du Dauphin, à la requête qu'elle lui avait envoyée de Sainte-Catherine-de-Fierbois. Ses Voix lui avaient révélé qu'elle serait admise en sa présence, sans lui fixer de délai précis et elle attendait dans le calme et la sérénité de son âme le messager de la bonne nouvelle. Bertrand de Poulengy et Jean de Metz descendaient du château pour l'encourager et lui apportaient les nouvelles de l'émoi que son arrivée avait suscité dans le monde de la Cour. Elle ne sortait de ces entretiens réconfortants que pour de longues stations en prières dans l'église de Saint-Maurice.

Le Conseil royal avait été saisi de la requête de Jeanne et en avait longuement délibéré. Le grand favori La Trémoille et le chancelier Regnault de Chartres, avaient fait valoir toutes sortes d'arguments pour qu'on éconduisît, sans autre forme de procès, une aventurière, mais s'ils avaient rallié à leur sentiment le Roi lui-même, ils furent moins heureux avec la majorité des conseillers. Il n'y avait, d'ailleurs, nul risque à recueillir des informations, aussi fut-il décidé qu'on entendrait d'abord les deux gentilshommes qui avaient escorté Jeanne, de Vaucouleurs à Chinon et ceux-ci firent avec abondance le récit des événements extraordinaires auxquels ils s'étaient trouvés mêlés déjà depuis longtemps.

Charles VII, peu satisfait d'ailleurs de la décision de son Conseil, fit envoyer des religieux franciscains à Domremy et à Vaucouleurs pour établir une enquête et par son ordre, une commission composée de plusieurs personnages considérables, parmi lesquels Gérard Machet, frère Raphaël, franciscain, confesseur de la Reine et l'évêque de Poitiers, fut chargée de se rendre auprès de Jeanne et de lui faire subir un interrogatoire sommaire sur la Mission dont elle se prétendait investie. Elle répondit sobrement aux enquêteurs, qu'elle était venue pour faire lever le siège d'Orléans et conduire ensuite le Dauphin à Reims pour y être sacré, qu'elle était chargée de lui dire plusieurs choses de la plus haute importance et qu'elle ne pourrait les confier à nul autre. Ce fut tout et il est probable que cette entrevue n'aurait pas avancé la décision du Roi si, dans la journée, ne fussent arrivés à Chinon, le sire de Villars, sénéchal de Beaucaire et Jumet du Tillay, qui venaient d'Orléans. Les assiégés avaient appris qu'une jeune fille se disant inspirée de Dieu pour les délivrer, était passée à Gien, se rendant auprès du Roi et ils brûlaient d'une impatience bien légitime de connaître l'accueil qu'elle avait reçu. Charles VII ne pouvait donner une réponse, impossible à refuser, sans avoir vu personnellement la jeune fille et, à défaut du secours qu'il n'était pas en son pouvoir d'envoyer à Orléans, il devait bien à des sujets si fidèles, quelques mots de consolation, c'est pourquoi il se décida brusquement et envoya un de ses officiers au logis de la Pucelle, pour l'informer qu'elle serait reçue le soir même au château royal.

L'heure décisive était venue. Tous les événements accomplis depuis le premier jour où l'éducation surnaturelle de Jeanne avait été commencée par ses Voix, allaient recevoir confirmation ou démenti. De ce moment, jusqu'à la fin de l'audience royale si mouvementée, les envoyés du Ciel ne la quittèrent pas, selon qu'elle le déclara au cours de son procès, aussi reçut-elle sans aucun trouble la nouvelle si longtemps attendue et, à la tombée de la nuit, escortée par ses deux écuyers venus de Vaucouleurs, elle prit le chemin qui montait au château de Chinon.

Charles VII avait donné des ordres très précis pour que le

spectacle qui allait pour la première fois s'offrir aux yeux de Jeanne, fût de nature à l'impressionner profondément. Le trouble qui devait en résulter lui laisserait-il la faculté de reconnaître le Roi, sans l'avoir jamais vu, comme elle l'avait annoncé ? La petite paysanne allait sans doute tomber en confusion devant la splendeur de la Cour réunie, et l'on serait promptement fixé sur la nature de son inspiration qui pouvait être une illusion des sens aussi bien qu'une imposture.

Maison de Jeanne d'Arc (1818).

Les hésitations du Roi avaient été cependant fortement ébranlées à la dernière heure, par la connaissance qu'il avait prise des dépêches de Baudricourt, mentionnant l'annonce que Jeanne avait faite de la malheureuse journée de Rouvray à l'heure même de la rencontre, mais l'indécision naturelle de son esprit réclamait d'autres éléments de certitude qu'il attendait de la prochaine entrevue.

La salle royale du château de Chinon offrait un aspect féerique à l'heure où Jeanne allait s'y présenter. La détresse des finances du Roi n'avait pas sensiblement altéré la magnificence des fêtes de la Cour. Dans l'immense salle gothique dont les nervures reposaient sur un semis d'élégantes colonnes, trois cents gentilshommes entouraient les grands seigneurs et les princes de la maison royale. Cinquante torches tenues par des archers, faisaient scintiller l'or et les broderies prodiguées sur la soie et le velours, et le comte de Clermont, désigné pour représenter le Roi, splendidement vêtu, se tenait debout à côté du trône laissé vide.

Louis de Bourbon, comte de Vendôme, descendit à la porte extérieure où venait d'arriver Jeanne qu'il invita à le suivre et, lorsque sur un signe, deux valets écartèrent les tapisseries qui masquaient l'entrée de la salle royale, ce fut comme un éblouissement de lumières, d'or, d'acier, de dentelles et de velours qui se prolongeait à l'infini; mais l'avidité des regards des courtisans chercha en vain sur les traits de Jeanne une émotion visible et, comme on la conduisait au comte de Clermont qui attendait le salut de la jeune fille : « Ce n'est pas le Roi, dit-elle ». Ainsi en fut-il pour plusieurs autres qui lui furent désignés, et avisant Charles VII, confondu dans un groupe de ses officiers, sans aucun insigne royal, elle marcha vers lui, et son chaperon à la main, elle fit à bonne distance, les révérences d'usage à la Cour. C'est en vain que le Roi persista dans son stratagème : « Au nom de Dieu, dit Jeanne, c'est vous et non un autre. Je suis venue vers vous de la part du Roi du Ciel ; si vous voulez écouter le message que je vous apporte, vous recouvrerez votre royaume et les Anglais s'en iront hors de France. »

Charles VII, ébranlé, lui demanda si elle pouvait lui donner une preuve à l'appui de ses paroles : « La preuve, je vous l'apporte, noble Sire. Veuillez m'entendre en secret et vous saurez la réponse que Dieu fait aux prières que vous lui avez adressées dans le malheur. »

Sur un signe du Roi, seigneurs et courtisans se retirèrent à distance respectueuse et lorsque Jeanne put parler sans risquer d'être entendue : « Dites-moi, maintenant, dit le monarque, le message de Dieu. — Mon Seigneur vous dit : *Tu es le vrai héritier de France et fils de roi.* »

Charles VII à ces paroles, tressaillit en proie à une émotion des plus vives. La série continue des malheurs de la France avait fini par déterminer en lui une anxiété profonde.

N'était-ce pas une sorte de Jugement de Dieu qui attribuait à son rival, le roi d'Angleterre, la couronne de Saint Louis ! Était-il lui-même bien certain de sa filiation royale et les mépris dont l'avaient abreuvé son indigne mère, Isabeau de Bavière, n'étaient-ils pas justifiés par une irrégularité de naissance qu'elle seule connaissait ? Nul n'avait reçu confidence de ces perplexités qui avaient été souvent l'inspiration de ferventes prières, aussi la stupéfaction du Roi ne fit que s'accroître, lorsque Jeanne lui révéla ce qui s'était passé dans son oratoire dans la nuit de la Toussaint dernière ; elle lui demanda s'il ne se souvenait pas des trois requêtes qu'à ce moment il avait adressées à Dieu et ajouta : « Noble prince, si je vous révèle ces trois requêtes, croirez-vous que Dieu m'envoie ? » Sur l'affirmation du Roi, Jeanne lui rappela qu'à cette heure de terribles angoisses, il avait demandé à Dieu de ne plus lui donner la force de continuer une affreuse guerre, s'il n'était pas l'héritier légitime du trône. Ensuite il s'était offert en sacrifice, si ses fautes personnelles avaient seules attiré tant de maux sur la France, et enfin, il avait supplié Dieu de faire miséricorde à son peuple si les offenses de tous avaient justement irrité le courroux divin.

Dans l'âme de Charles VII surgissait une grande lumière et les courtisans attentifs aux péripéties de ce colloque dont ils ne percevaient aucune parole, suivaient sur son visage et dans ses gestes, l'émotion profonde qui le bouleversait. Il demanda à Jeanne par quels moyens il pourrait mettre ses adversaires hors de France et ceindre la couronne de ses pères : « Noble sire, répondit-elle, donnez-moi des armes et des troupes, je saurai m'en servir, car il plaît au Roi du Ciel de délivrer votre royaume, par une simple Pucelle. — Il en sera ainsi, dit le Roi. »

L'entretien avait duré plus d'une heure ; à son issue Charles VII déclara que cette Pucelle était envoyée par Dieu pour l'aider à recouvrer son royaume et qu'il y avait lieu de l'interroger plus au long. Il commanda que Jeanne fût logée dans le château du Coudray, pour y attendre ses ordres.

Sortie victorieuse de cette rude épreuve, Jeanne se trouva sous la garde de la dame Bellier dont le mari était lieutenant du sire de Gaucourt, bailli d'Orléans et conseiller du Roi. Elle ne savait comment témoigner sa gratitude à ses chères

Saintes qui ne l'avaient pas un instant abandonnée, et de plus en plus, son âme s'affinait à leur contact, vivant en quelque sorte de leur vie et tombant dans la désolation lorsqu'elles s'éclipsaient pour bientôt revenir.

Le soir même, le Conseil royal avait été réuni et Charles VII y devint cette fois le défenseur de Jeanne, mais il ne put encore rallier à son sentiment toutes les dissidences qui se faisaient l'écho de craintes puériles et de vanités blessées. « Sommes-nous donc tombés si bas, disait-on, qu'il ne nous reste d'autre ressource qu'une paysanne à qui conviendraient mieux une quenouille et un fuseau? Et qui donc parmi nos vieux capitaines expérimentés, voudra se ranger au commandement de cette pastourelle? Nous allons devenir la risée de nos ennemis et faut-il compromettre la majesté royale dans une aventure ridicule? Aurons-nous donc si longtemps combattu pour ne pas laisser le sceptre de France tomber en quenouille, afin de mettre une fille de paysan à la tête de nos armées? »

C'était la sagesse même qui aurait tenu ce langage, si Jeanne n'avait pas été tout simplement l'Envoyée de Dieu et le Roi, ne se laissant plus troubler par ces considérations, fit adopter son avis, d'après lequel une Commission d'hommes de science et d'expérience, serait chargée de s'entretenir avec Jeanne et d'examiner avec le plus grand soin ses réponses et ses dires.

Dans la tour du Coudray où se trouvait son logis, Jeanne recevait fréquemment des seigneurs de la Cour, chez qui la curiosité s'aiguisait chaque jour davantage; chacun voulait la voir, l'entendre et s'émerveillait de sa simplicité, de sa douceur et aussi de sa réserve profonde devant des questions indiscrètes qui se renouvelaient trop souvent, à son gré. La défiance si naturelle que devait inspirer tout d'abord, l'étrangeté de ses démarches, se tournait progressivement dans l'opinion, en bienveillance et en faveur marquée, mais à cette faveur, elle n'ajoutait de prix que dans la mesure où elle y pouvait trouver un appui pour faire abréger les délais dont s'impatientait son ardeur. Elle répétait au Roi, dans ses entretiens avec lui, qu'elle ne durerait guère plus d'un an et qu'il fallait se hâter de l'employer suivant la volonté de Dieu. Mais Charles VII toujours troublé à la pensée de donner le commandement d'une armée à une jeune paysanne, même après les témoignages extraordinaires qu'il en avait reçus, multipliait les consultations, les enquêtes et les interrogatoires, pour éclairer et rassurer sa conscience quand l'heure serait venue des irrévocables décisions.

La Commission désignée par lui, après de longs entretiens avec Jeanne, au cours desquels celle-ci avait provoqué l'étonnement et l'admiration, par la précision et la profondeur de ses réponses, n'avait rien trouvé en elle qui ne fût conforme à la foi et à la discipline de l'Eglise. Les Franciscains envoyés à Domremy en avaient rapporté les informations les plus favorables. Il semble que rien n'aurait dû retarder la mise en œuvre du secours surnaturel que Dieu envoyait au Roi de France, d'autant plus qu'un appel de détresse se faisait entendre du côté d'Orléans, mais une fois encore (et qui pourrait la blâmer ?) la prudence humaine l'emporta et il fut décidé que Jeanne accompagnerait le Roi à Poitiers, où se trouvait la fraction du Parlement échappée au massacre qui avait suivi la surprise de Paris par les Bourguignons, en 1418.

Ce n'était pas cependant qu'en Charles VII, se fussent le moins du monde altérées sa foi en la Mission de Jeanne et sa confiance dans le succès des moyens qu'elle préconisait sur le conseil de ses Voix, mais il s'agissait en l'espèce, d'une décision si grave, et Jeanne avait conquis à Chinon, les esprits et les cœurs avec une telle autorité, que le monarque jugea nécessaire de la produire devant son Parlement, certain d'avance du succès qui l'y attendait. A cette assemblée de juristes qui composaient le Conseil suprême du royaume, le roi se proposait de joindre la fraction de l'Université de Paris qui s'était réfugiée à Poitiers, tandis que l'autre partie et la moindre, transfuge de la véritable cause nationale, était restée dans la capitale, à la solde des Anglais. Nous verrons d'ailleurs quelle importance mensongère se donna cette fraction bruyante et antinationale dans le procès de Rouen, où Cauchon ne fut guère que son porte-parole et l'homme à tout faire de ce clan de mauvais Français.

La Mission de Jeanne soulevait les problèmes les plus graves des choses divines et humaines et mettait en cause l'intervention directe du Ciel dans le gouvernement des Etats. Il était donc nécessaire que le Conseil suprême qui devait se prononcer en dernier ressort, réunît les plus indiscutables

compétences dans les sciences humaines et divines et que, par
une disposition providentielle, il fit connaître d'avance le
jugement sur la Mission surnaturelle de Jeanne, promulgué
par l'Eglise de France et par les juristes restés fidèles à leur
patrie. C'était la mise à néant, anticipée, de la future comédie
judiciaire de Rouen.

Ce fut vers le 19 mars que les docteurs réunis à Chinon,
avaient fait connaître à Charles VII leur avis favorable à la
Mission de Jeanne. La Semaine Sainte qui s'ouvrait le lendemain, suspendait toute délibération quelconque pour laisser à
chacun la liberté entière de se préparer au devoir pascal. Jeanne
dut en être informée officieusement, sans qu'il fût question du
recours à Poitiers; Bertrand de Poulengy et Jean de Metz qui
avaient attendu l'issue de ces délibérations, vinrent prendre
congé d'elle. Ils se rendaient en pélerinage au célèbre sanctuaire national du Puy-en-Velay, qui célébrait son année
jubilaire (1); ils devaient y rencontrer Isabelle Romée, la mère
de Jeanne et comptaient bien se trouver de retour avant l'ouverture des opérations de guerre, que laissaient prévoir les
circonstances. Il est à supposer qu'ils partirent chargés des
tendresses filiales de Jeanne et que par eux, elle fit savoir à ses
frères qu'elle les recevrait avec joie à Chinon et que leur place
était à côté de leur sœur à l'heure où allaient se dérouler de si
graves événements.

Pendant les dix-huit jours qu'elle passa au donjon du Coudray, Jeanne eut avec Charles VII nombre d'entretiens au cours
desquels s'était établie entre eux une sorte de haute familiarité
qui donnait au Roi une connaissance approfondie du vrai
caractère de la Mission de Jeanne, en dehors des interrogations
réservées aux Docteurs. En beaucoup de détails, elle était
restée la jeune fille de village, parée des vertus de sa condition:
simplicité, droiture, naïveté même, dans sa finesse rustique;
mais lorsque l'entretien s'élevait aux grandes choses que signifiait sa présence à Chinon, dans sa parole et dans son regard
c'était une transformation qui tenait du prodige et qui aurait
pu laisser croire que l'atmosphère de la Cour lui était familière
dès son enfance et qu'elle n'ignorait rien de ce qui intéressait

(1) Notre-Dame-du-Puy-en-Velay célébrait son année jubilaire chaque fois
que le Vendredi-Saint tombait le 25 Mars, fête de l'Annonciation, ce qui se
produisit en 1429. L'affluence des pélerins fut énorme pendant tout ce jubilé.

à l'extérieur et à l'intérieur, le gouvernement royal, ni de ce qui regardait la science des combats.

Un jour que Jeanne était en conférence avec le Roi, un jeune seigneur qu'elle ne connaissait pas, s'approcha de Charles VII et reçut de lui le plus cordial accueil : « C'est le duc d'Alençon, dit le Roi ». Jeanne fit une révérence accentuée : « Vous, dit-elle, soyez le très bien venu. Plus il y aura du *sang royal de France* ensemble, mieux cela vaudra. » Le duc,

Jeanne d'Arc arrive à Chinon.

prisonnier des Anglais depuis la bataille de Verneuil, venait de reconquérir sa liberté par la promesse d'une énorme rançon. Lorsqu'il avait appris ce que la voix publique disait de l'arrivée de Jeanne à Chinon, il était accouru, et dès le premier instant il fut subjugué par une attirance de mutuelle sympathie qui ne se démentit jamais. Il fut le plus fidèle compagnon d'armes de Jeanne qui avait promis à sa mère et à sa femme, qui résidaient à Saint-Florent-les-Saumur, de le ramener sain et sauf. Son « beau duc », comme elle l'appelait, resta fidèle à cette amitié si touchante et dans l'enquête qui prépara la réhabilitation de

Jeanne, vingt-cinq ans après le bûcher de Rouen, nul ne rendit un plus éclatant témoignage que lui aux vertus surhumaines de la Pucelle qu'il avait vue à Chinon pour la première fois. Le duc d'Alençon fut témoin d'un épisode que les chroniqueurs de ce temps rapportent ainsi : Un jour, la Pucelle demanda au Roi de lui faire un présent. Cette prière fut aussitôt agréée et Jeanne ne demanda rien moins que le royaume de France. Le Roi, étonné, fit le cadeau après un instant de réflexion. Jeanne l'accepta et s'en fit faire par les quatre secrétaires du Roi une charte dont il fut donné lecture solennelle. Le Roi en était un peu ébahi et Jeanne en le montrant à l'assistance, tint ce propos. « Voilà le plus pauvre chevalier de son royaume ». Puis, au bout d'un instant, obéissant à un ordre de Dieu, elle investit le roi Charles, du royaume de France, et de tout cela elle fit dresser un acte solennel. » (1).

Cet épisode n'est que le commentaire de ces paroles que Jeanne avait adressées à Baudricourt lorsqu'elle l'aborda pour la première fois : « Mon Seigneur veut que le Dauphin devienne Roi et tienne ce royaume en commende ». Au fond, la Mission de Jeanne d'Arc n'avait pas d'autre raison que celle-là ; à défaut de cette raison, elle reste incompréhensible. Si Dieu a voulu faire pour la France un miracle qu'il n'a renouvelé pour aucune autre nation, c'est parce que, dans un dessein dont nous avons le bénéfice, mais non le secret, il avait appris à Jeanne qu'il était le vrai monarque de la France et que Charles VII n'était que son vassal, investi de la royauté par son souverain le Roi du Ciel. Le vassal oublia vite ses devoirs envers son suzerain et ses successeurs ne se souvinrent plus qu'ils tenaient leur royaume « en commende ». Ils auraient fait probablement grande économie pour la France et de ruines et de sang, s'ils avaient eu la mémoire du cœur plus fidèle.

Cependant, le lundi de Pâques, 28 mars 1429, la Cour quittait Chinon pour se rendre à Poitiers, selon l'avis du Conseil du Roi. C'était une nouvelle épreuve qui se préparait pour Jeanne, mais grâce au réconfort de ses Voix, elle n'en prenait point grave souci et lorsqu'elle apprit quel était le but de ce voyage : « Au nom de Dieu, s'écria-t-elle, je sais que j'aurai beaucoup à faire dans cette ville, mais Notre-Seigneur m'aidera. Allons-y donc de par Dieu ! »

(1) Bibliothèque de l'Ecole des Chartes, t. XLVI, p. 649.

CHAPITRE VII

Poitiers, Tours et Blois

Nouvelles épreuves. — Assemblée de Poitiers. — Documents perdus. — L'hôtel de la Rose et ses visiteurs. — Le jugement de l'Eglise de France. — Jeanne chef d'armée. — L'épée de Fierbois. — La maison militaire de Jeanne. — Son étendard. — L'armée de Blois. — Conversion de Dunois. — Sommation aux Anglais. — Le marche sainte. — Les deux routes d'Orléans. — Déception de Jeanne. — Le ravitaillement. — Entrée triomphale.

S'il fallait en croire les uns et les autres qui écrivent sur Jeanne d'Arc, des articles de journaux et même des livres, on se représenterait la Libératrice de la patrie, comme une forte et robuste paysanne, d'allures garçonnières, surgie un beau jour de son obscur village, toute enflammée de patriotisme. Chemin faisant, son ardeur se serait communiquée comme une traînée de flammes, à Baudricourt et aux braves gens de Vaucouleurs. Elle serait arrivée à Chinon portée par l'enthousiasme populaire bientôt partagé par le Roi et par son armée, et puis on aurait foncé de compagnie sur les Anglais, et nettoyé le sol de la France, de l'invasion ennemie. Alexandre Dumas, lui-même, qui écrivit une charmante histoire de Jeanne d'Arc, d'ailleurs trop ignorée, avait pris la peine de se documenter autrement que ces fantaisistes et, pour une fois, le romancier avait cédé la place à l'historien.

En réalité, Jeanne se heurtait à chaque pas à des obstacles qui seraient restés insurmontables à tout autre qu'elle et il faut rendre cette justice à Charles VII, que sa prudence exagéra sagement la suspicion si naturelle qui devait accueillir une jeune paysanne qui prétendait faire la leçon aux capitaines les plus expérimentés, et aux diplomates les plus entendus.

Ce fut à Poitiers le recommencement des informations de Chinon. Le Roi n'avait pas voulu que Jeanne fut hébergée dans sa propre demeure, et il l'avait confiée à maître Jean Rabateau, magistrat éminent qui devint plus tard président à la Cour de Paris et dont la femme jouissait de la plus haute réputation de sagesse et de piété. Jeanne passa trois semaines sous leur toit et les laissa à son départ, dans la plus profonde admiration de ses vertus, après avoir reçu d'eux un accueil tout familial, dont le caractère affectueux lui remémorait les joies du foyer désormais finies pour elle.

La Commission de Poitiers, chargée d'examiner à titre définitif, la Mission dont Jeanne se disait chargée par Dieu, ne se composait pas seulement du Parlement et des membres de l'Université réfugiés dans cette ville. Charles VII avait voulu qu'elle fut largement ouverte aux seigneurs et gentils-hommes présents, et comme il est probable que la Commission de Chinon avait suivi la Cour dans son déplacement, on peut dire que ce tribunal solennel représentait une sorte d'Assemblée nationale qui fut présidée par le grand chancelier Régnault de Chartres.

Charles VII exposa d'abord à cette Assemblée les raisons pour lesquelles il confiait à ses délibérations la décision à prendre dans les graves conjonctures de l'heure présente, et il fut convenu que lorsque Jeanne serait convoquée, on se réunirait à l'hôtel même de Messire Jean Rabateau, appelé l'Hôtel de la Rose.

Dès la première séance, Jeanne émerveilla juristes et docteurs, par la sagesse et la profondeur de ses réponses. Elle narra en toute simplicité qu'elle était envoyée à Charles VII par Notre-Seigneur qui lui avait donné pour Conseil, saint Michel et les saintes Catherine et Marguerite, qu'elle devait mener le Dauphin à Reims pour y être sacré et qu'en témoignage de sa Mission, elle ferait lever le siège d'Orléans.

Comme on lui objectait l'impossibilité de tout cela, elle répondit : « Puisque vous en avez reconnu vous-même l'impossibilité, venez avec moi et vous me le verrez accomplir. — Mais, fut-il ajouté, si Dieu veut délivrer la France de ses calamités, il n'a pas besoin d'hommes d'armes. — Au nom de Dieu, répliqua Jeanne, les hommes d'armes combattront et Dieu leur donnera la victoire. »

Les interrogatoires continuèrent ainsi pendant treize jours; de toutes les questions et réponses, il était tenu procès-verbal minutieux que l'on relisait à Jeanne à la fin de chaque séance, et auquel elle se reportait sans cesse pendant le procès de Rouen, par ces mots: « Ceci est écrit au registre de Poitiers ». Nul n'a jamais su ce qu'était devenu ce document de premier ordre dont la disparition opportune servait tant de bas calculs et tant d'inavouables rancunes. Nul doute que La Trémoille et Regnault de Chartres n'aient trempé de connivence dans cette ténébreuse machination.

La plupart de ceux qui composèrent cette Assemblée étaient encore en vie vingt ans plus tard; lorsque furent recueillis par les enquêteurs officiels, les témoignages tendant à la réhabilitation judiciaire de Jeanne d'Arc. Leur concordance fut unanime, et chacun de ces témoins rendit un hommage éclatant aux vertus de Jeanne et au caractère surnaturel de sa Mission. L'un d'eux agrémenta même sa déposition de plusieurs traits de malicieux enjouement que Jeanne lui avait décochés et dont il ne lui gardait point rancune. C'était un dominicain originaire de Limoges et qui manifestait dans son langage un accent d'une saveur originelle, sur lequel Jeanne le plaisanta. « Quel langage parlent donc vos Voix, avait demandé le docteur Seguin. — Meilleur que le vôtre, répondit Jeanne. » Et comme son interlocuteur, sans doute vexé, insistait en ces termes: « Croyez-vous en Dieu? — Mieux que vous, avait-elle répliqué ».

Mais ce ne fut pas seulement la Mission de Jeanne, qui fut l'objet d'un examen approfondi par l'Assemblée de

Bannière de Jeanne d'Arc.
Fac-similé conservé à Notre-Dame de Paris
Dessiné par E. Eude.

Poitiers. Si Jeanne avait reçu de Dieu cette Mission, en était-elle restée digne par la pureté de ses mœurs et par l'intégrité de sa personne ? La reine Yolande d'Aragon avait reçu mission du Roi de procéder discrètement à une enquête, de concert avec plusieurs nobles dames ; de l'avis unanime, Jeanne avait été proclamée digne de ce glorieux surnom de *la Pucelle* que lui avait octroyé la voix populaire, dès ses premières manifestations à Domremy et à Vaucouleurs (1).

Il était naturel que les femmes s'empressassent autour d'elle, par un sentiment très légitime de fierté pour leur sexe, d'admiration et aussi de curiosité. Nobles dames et bourgeoises se succédaient à l'Hôtel de la Rose et à toutes, Jeanne réservait l'accueil le plus souriant, et comme on lui demandait un jour pourquoi elle n'avait pas gardé les vêtements de sa condition, dérogation alors jugée par l'opinion avec grande sévérité, elle fit la même réponse qu'à la Commission royale de Chinon. Si elle avait pris l'équipement d'un homme d'armes, c'était sur l'ordre de ses Voix, et d'ailleurs eut-il été convenable qu'elle se mêlât aux soldats en costume de femme ? Puisqu'elle devait faire la guerre, elle devait être équipée en guerre ; c'était encore la meilleure sauvegarde de sa vertu. A ces arguments péremptoires s'ajoutait le témoignage admiratif de dame Jean Rabateau qui disait n'avoir jamais connu jeune fille douée de semblables vertus. Ainsi l'opinion publique confirmait d'avance le jugement que se préparait à rendre l'Assemblée de Poitiers, et qui fut d'abord transmis au Roi en ces termes : « Tout ce que nous avons vu de cette Pucelle, tout ce que nous avons appris d'elle, nous montre qu'elle est bonne chrétienne et vraie catholique ; nous la tenons pour telle et pour excellente personne. Etant donné la nécessité du royaume, nous croyons que Votre Majesté peut s'aider de Jeanne la Pucelle, qui déclare venir vers elle de par le Roi du Ciel. »

Tel est le verdict rendu par l'Eglise de France sur la Mission de Jeanne d'Arc. Il fut consigné longuement au registre des délibérations de l'Assemblée, qui disparut si étrangement, confié sans doute à Regnault de Chartres qui en avait présidé les travaux. Ce qui nous en est resté suffit pour

(1) La même enquête se renouvela au procès de Rouen, et fut faite par la duchesse de Bedfort, qui était d'origine française et sœur du duc de Bourgogne.

flétrir le brigandage judiciaire de Rouen, et démasquer la forfaiture de ces prétendus justiciers, bien plus préoccupés de rendre un service au roi d'Angleterre, que d'instruire honnêtement une cause déjà jugée par des compétences dont ils ne pouvaient récuser ni méconnaître la supériorité.

Les grandes épreuves éliminatoires de Jeanne étaient terminées, mais d'autres allaient suivre qui lui feraient bien oublier les angoisses des premières.

Dès qu'il avait eu connaissance de l'avis formulé par l'assemblée de Poitiers, Charles VII s'était hâté d'envoyer à

Notre-Dame de Bermont.

Blois la reine Yolande d'Aragon, dont l'énergie et l'esprit pratique s'emploieraient à presser l'organisation des secours en vivres et hommes d'armes, destinés au ravitaillement d'Orléans ; aussitôt son arrivée, elle s'était mise en rapport avec les assiégés. D'autre part, il fallait se hâter d'employer Jeanne selon les indications données par elle, c'est pourquoi Charles VII lui conféra, le 20 avril, le titre et les prérogatives de chef d'armée et lui composa une sorte de maison militaire provisoire qu'il mit sous les ordres de Jean d'Aulon, loyal et vaillant soldat, considéré comme l'honneur de la chevalerie française.

Lorsqu'il rentra dans Chinon, acclamé par le peuple, Jeanne chevauchait gracieuse et fière auprès de lui, suivie de son page Louis de Coutes qui portait en guise de fanion de commandement, un panonceau de couleur blanche sur lequel figurait une colombe, tenant en son bec une banderole chargée de cette devise : « De par le Roi du Ciel ».

Les quatre jours qui s'écoulèrent depuis le départ de Poitiers jusqu'à son arrivée à Blois (20-24 avril), furent remplis pour Jeanne, d'une sorte d'agitation que justifie le détail de leur emploi. Il fallait constituer définitivement ce que nous appellerions aujourd'hui, l'état-major de Jeanne, nouveau général d'armée, organiser son écurie, composer son escorte et la revêtir d'une armure ajustée à sa taille. La prévoyance du Roi ne s'était pas trouvée en défaut, et Colas de Montbazon, le célèbre armurier de Tours, mandé par lui, l'attendait à Chinon au retour de Poitiers. Charles VII lui donna sur-le-champ des ordres, et comme Jeanne l'entendit parler de l'épée qui lui serait destinée : « Gentil prince, dit-elle, ne vous inquiétez pas de mon épée, le Roi du Ciel y a pourvu lui-même ». Elle expliqua que non loin de l'autel de Sainte-Catherine-de-Fierbois, on trouverait une épée marquée de cinq croix et dont l'existence lui avait été révélée. Un armurier se hâta d'aller chercher cette arme dont personne, à Sainte-Catherine-de-Fierbois, n'avait entendu parler. La lettre que Jeanne avait dictée à ce sujet, donnait une telle précision de détails, qu'on trouva en effet, après avoir creusé le sol, un coffre à peu près vermoulu, contenant plusieurs épées rouillées, parmi lesquelles on reconnut promptement celle que Jeanne avait désignée. Les chapelains de la basilique voulurent la fourbir eux-mêmes ; ils la firent revêtir d'un précieux fourreau en drap d'or, les dames de Tours en offrirent un autre de velours vermeil. Jeanne n'était plus à Chinon lorsque revint l'armurier avec l'épée mystérieuse ; elle lui fut apportée à Tours et reçue par elle en grande dévotion, et comme ni le fourreau d'or, ni le fourreau de velours, n'étaient d'un usage pratique pour les combats à venir, ce fut une solide gaîne de cuir qui les remplaça pour toutes les éventualités de guerre.

Colas de Monbazon avait mis une telle célérité à exécuter les ordres du Roi, pour lesquels il avait reçu environ 1.000 francs, qu'en moins de trois jours, il avait armé Jeanne de pied en cap, d'une élégante et solide armure de fer articulé qui ne pesait pas moins de soixante livres. Ce moyen de défense à peu près invulnérable, tant que le combattant restait

à cheval, l'immobilisait et le livrait sans défense à la dague
des coutiliers s'il était désarçonné ; Jeanne devait en faire
l'expérience sous les murs de Compiègne, mais pendant près
d'une année, elle ne quitta guère cet équipement de combat
et maintes fois elle dormit à la belle étoile dans sa robe de fer,
sans même délacer son casque, prête à faire face à l'ennemi en
cas de surprise nocturne.

Une écurie composée de chevaux blancs et de chevaux
noirs, une compagnie d'hommes d'armes, pour son escorte,
plusieurs gentilshommes, secrétaires et deux pages, complétèrent la maison militaire de Jeanne à qui le Roi conféra le
titre de comte. Bertrand de Poulengy et Jean de Metz, revenus
du Puy-en-Velay, avaient obtenu la faveur, bien méritée,
d'entrer dans la compagnie d'escorte. Ils apportaient des nouvelles de Domremy qui émurent profondément le cœur de
Jeanne. Isabelle Romée mandait à sa fille qu'elle lui pardon-
nait de tout cœur les alarmes qu'elle lui avait causées et lui
recommandait de donner toute sa confiance au Frère Paquerel,
religieux Augustin, rencontré par elle à Notre-Dame-du-Puy
et qui venait d'arriver à Tours avec les deux hommes d'armes
de Vaucouleurs. Jeanne l'avait accueilli avec le plus profond
respect et sur l'heure, le nomma son aumônier ; elle ne devait
plus s'en séparer que sous les murs de Compiègne.

Éléonore de Paul, femme du conseiller du Roi, Jehan
Dupuy, avait l'honneur de recevoir dans son hôtel à Tours, la
nouvelle guerrière et de présider aux derniers détails de son
équipement. Cette faveur lui venait sans doute de la reine
Marie d'Anjou auprès de qui elle exerçait depuis dix ans les
fonctions de dame d'honneur. Jehan Dupuy, seigneur de la
Roche-Saint-Quentin, joignait à ses fonctions de conseiller du
Roi, celles de trésorier de la Reine Yolande d'Aragon, que
Jeanne devait rejoindre à Blois deux jours après (1). L'histoire
a gardé discrètement le détail des relations de Jeanne avec les
deux Reines qui faisaient l'édification de la Cour de France,
mais sa présence à Tours dans l'hôtel d'Éléonore de Paul,
témoigne de la sollicitude affectueuse des deux princesses pour
la petite paysanne de Domremy.

(1) L'hôtel de Jehan Dupuy, connu à Tours sous le nom de Maison de Tristan
l'Hermite, est situé rue Briçonnet, qui portait autrefois le nom de rue des
Trois-Pucelles.

De toutes les pièces de l'équipement de Jeanne, il en est une pour laquelle elle professait une sollicitude exceptionnelle. Son rang de chef d'armée lui donnait droit à un étendard dont elle pouvait à son gré déterminer la forme et la couleur. Elle fit remplacer le panonceau blanc qu'elle avait pris à Poitiers, par un étendard solide dont un peintre tourangeau, Henri Polnoir, peignit sur son ordre les deux faces, d'après les indications qu'elle avait reçues de ses Voix. Elle aimait, disait-elle, quarante fois mieux son étendard que son épée et le tenait toujours à la main, quand elle fonçait sur l'ennemi. Cet étendard disparut dans la catastrophe de Compiègne (1).

Le 24 avril, de grand matin, plusieurs gentilshommes, parmi lesquels Gilles de Rais (2) et Ambroise de Loré arrivèrent à Tours, avec ordre d'escorter Jeanne jusqu'à Blois où tout réclamait sa présence. Le voyage fut bref et elle eut la joie de trouver, à son arrivée, ses deux frères Jean et Pierre qui avaient répondu à son appel et qu'un ordre du Roi incorporait en qualité d'hommes d'armes, dans sa compagnie d'escorte. Pouvait-elle être mieux gardée que par eux et ses deux compagnons de route de Vaucouleurs à Chinon ? Ce furent des effusions difficiles à décrire, où parmi les exclamations de joie, il lui parlé de tout ce que son cœur aimant avait laissé dans le cher et lointain Domremy.

Le lendemain 25 avril, fête de saint Marc, Jeanne se rendit à la Collégiale de Saint-Sauveur et à l'issue de la cérémonie du matin, elle fit bénir solennellement son étendard qu'elle pressa sur son cœur en pleurant, avec promesse de le porter sans défaillance partout où le Roi du Ciel l'aurait ordonné. Deux jours plus tard, la bannière flottait pour la première fois comme guidon de commandement : l'armée de secours marchait vers la ville assiégée pour une première opération de guerre qui devait être une pénible déception pour Jeanne, prélude d'autres plus graves dans leur cause et dans leurs conséquences.

La Reine Yolande d'Aragon avait accompli à Blois des prodiges d'activité. Le convoi de vivres qu'attendait Orléans,

---

(1) Un fac-simile reconstitué aussi fidèlement que possible, sur les dessins de M. Eude, se trouve à Notre-Dame de Paris.

(2) Gilles de Rais termina mal une carrière bien commencée. Ses crimes lui valurent une fin tragique. Il est resté légendaire sous le nom de Barbe-Bleue.

était prêt à se mettre en route et de toutes parts affluaient les contingents destinés à former l'armée de secours. Les rues étroites de la ville présentaient une animation tout à fait extraordinaire : gentilshommes bannerets à la tête de leurs hommes d'armes, chevaliers et écuyers pauvres, avec des équipements de fortune ; débris des troupes si souvent vaincues et cherchant un capitaine assez pourvu pour payer leur solde ; gens des communes et paysans armés de piques et de guisarmes ; longues files de chariots chargés de vivres, troupeaux de bœufs parqués en plein air. Dans cette cohue impossible à débrouiller, en apparence, circulaient des récits qui mettaient en liesse grossière les vieux soudards Armagnacs. On parlait d'une Pucelle venue de Lorraine, pour prendre le commandement de l'armée et de groupe en groupe, c'étaient des quolibets, des plaisanteries, des interpellations, des rires qui ne présageaient point pour Jeanne une prise de commandement facile ; mais elle n'en avait souci,

Entrée de Jeanne d'Arc à Orléans.

sachant bien qu'elle conduirait tout ce monde à Orléans quand l'heure en serait venue.

Elle ordonna à son aumônier, Frère Paquerel, de se procurer une bannière portant l'image de Jésus crucifié, de la planter en terre à proximité des cantonnements et de rassembler autour, des prêtres pour chanter hymnes et cantiques. Attirés par la nouveauté du spectacle, les soldats vinrent, d'abord isolément, puis en groupes ; Jeanne les exhorta à se repentir de leurs fautes et déclara qu'elle n'accepterait point de pécheurs endurcis dans l'armée. Frère Paquerel leur prêcha avec tant de force la nécessité de mettre ordre à leur conscience, que les chapelains groupés autour de la bannière, devenus confesseurs, ne surent bientôt plus auquel entendre. La Hire lui-même, le vieux routier qui prétendait que si Dieu le Père se faisait homme d'armes il deviendrait pillard et qui passait pour le plus grand jureur de l'armée, donna l'exemple d'une humble confession, comme il venait de donner en public l'exemple de la plus parfaite discipline. Devant un groupe nombreux de gentilshommes mal disposés à l'égard de Jeanne, il s'était avancé fièrement vers la jeune Lorraine et lui avait dit à haute voix : « Je jure de vous suivre, Jeanne, moi et toute ma compagnie, partout où voudrez nous mener ». Cette profession publique d'obéissance et de respect, jointe au succès de la mission si heureusement prêchée par le Frère Paquerel, avait vaincu toutes les résistances : Jeanne tenait bien son armée dans sa main, et il fut décidé qu'on se mettrait en route le mercredi 27 avril.

Avant d'ordonner le départ, elle choisit dans son escorte deux messagers, Guyenne et Ambleville, et les chargea de porter aux chefs Anglais, sous Orléans, la sommation suivante qu'elle avait dictée à Poitiers, sous l'inspiration de ses Voix, le 22 mars, mardi de la Semaine Sainte.

† Jhésus-Maria !

Roi d'Angleterre et vous, duc de Bedford qui vous dites régent du royaume de France ; vous, Guillaume de la Poule, comte de Sulford (Suffolk) ; Jean, sire de Talbot et vous Thomas, sire d'Escales, qui vous dites lieutenant du dit duc de Bedfort, faites raison au Roi du Ciel de son sang royal, rendez à la Pucelle qui est envoyée ici de par Dieu, le Roi du Ciel, les clefs de toutes les bonnes villes que vous avez prises et violées en France. Elle est venue ici de par Dieu pour réclamer les droits du sang royal. Elle est toute prête à faire la paix, si vous voulez lui faire raison, c'est-à-dire si vous abandonnez le territoire de la France, en nous indemnisant des maux que vous nous avez causés. Et vous tous, archers, gentils compagnons de guerre et autres, qui êtes devant la ville d'Orléans, allez vous-en dans votre pays, de par Dieu ; et si ainsi ne faites, attendez les nouvelles de la Pucelle qui vous ira voir bientôt à votre grand dommage. Roi d'Angleterre, si vous ne faites ainsi, je suis chef de guerre et, en quelque lieu que j'atteigne vos gens en France, je ferai qu'ils s'en aillent, qu'ils le veuillent ou non, et s'ils ne veulent obéir, je les ferai tous tuer. Je suis envoyée ici de par Dieu, le Roi du Ciel, corps pour corps, pour vous jeter hors de toute la France. Et si vos gens veulent obéir, je les prendrai à merci. Et n'allez pas vous imaginer que vous tiendrez jamais le royaume de France de Dieu, le Roi du Ciel, fils de sainte Marie. Celui qui le tiendra c'est le Roi Charles, vrai héritier, car telle est la volonté de Dieu, le Roi du Ciel, qui a été révélée au Roi de France par la Pucelle, et il entrera à Paris en bonne compagnie. Si vous ne voulez croire les nouvelles que Dieu vous envoie par la Pucelle, en quelque lieu que nous vous trouvions, nous frapperons de bons horions et nous ferons un si grand tumulte, que depuis mille ans il n'y en aura pas eu de si grand en France. Et croyez fermement que le Roi du Ciel enverra plus de force à la Pucelle que vous ne pourrez en rassembler contre elle et ses vaillants hommes de guerre, et l'on verra bien aux horions, qui a meilleur droit du Dieu du Ciel, ou de vous. Vous, duc de Bedfort, la Pucelle vous prie et vous supplie que vous ne vous fassiez détruire. Si vous lui faites raison, vous pourrez venir encore en sa compagnie, là où les Français feront le plus beau fait d'armes qui ait jamais été accompli pour la chrétienté (1). Répondez si vous voulez faire la paix en la cité d'Orléans, et si vous ne faites ainsi, qu'il vous souvienne qu'il vous adviendra bientôt de grands dommages.

Écrit ce mardi de la Semaine Sainte.

De par la Pucelle.

Cette lettre mit les chefs Anglais en fureur. Contre le droit des gens, ils retinrent Guyenne, l'un des deux messagers, se promettant de le livrer au bûcher et renvoyèrent Ambleville en le chargeant de force injures et menaces pour la Pucelle.

Le grand conseil de Charles VII avait décidé de faire passer un convoi de vivres à Orléans et de renforcer légèrement la garnison. Le 27 avril tout était prêt et l'on se mit en marche par la rive gauche de la Loire. La colonne s'allongeait à perte de vue sur la route de Sologne, précédée par des religieux groupés autour d'une bannière portant l'image de la Croix et chantant des hymnes. On aurait dit une procession, seulement, les fidèles qui la suivaient, portaient des lances en guise de cierges. Le premier soir on cantonna en pleine campagne et quand, au lever du jour, Jeanne remonta à cheval pour le départ, un de ses pages remarqua qu'elle paraissait toute meurtrie pour avoir bivouaqué dans son armure à l'humidité de la nuit.

Dans l'après-midi du second jour, on atteignit Olivet, d'où Jeanne put apercevoir, dans le lointain, le haut relief des murailles et des tours d'Orléans. Son cœur battit à cette vue, d'ailleurs sans aucune crainte à la pensée des prochains combats, mais elle comprit alors l'ignorance dans laquelle on

(1) Jeanne d'Arc aurait rêvé l'alliance de France et d'Angleterre, pour une nouvelle croisade, rendue nécessaire par les progrès des Turcs en Orient, qui aboutirent vingt-quatre ans plus tard, à la prise de Constantinople par Mahomet II.

l'avait systématiquement laissée sur le choix de la route qu'avait prise le convoi dont elle couvrait la marche.

Orléans pouvait être ravitaillé par les deux rives de la Loire. Il semble que la route par la rive gauche et la plaine de la Sologne, offrît moins de difficultés stratégiques et c'était justement par celle-là que le convoi venait de parvenir en vue de la ville assiégée. On avait passé la Loire sur le pont de Blois; le chemin s'écartait sensiblement du cours du fleuve, traversait le Loiret à Olivet et laissant à bonne distance les bastilles anglaises de la rive gauche, aboutissait au fleuve en face de Chécy, à une lieue en amont d'Orléans. Surgissait alors un premier obstacle, mais il était énorme. Il fallait décharger le convoi et le transborder sur des bateaux plats livrés ensuite au courant du fleuve qui portait vers la rive droite, et le plus souvent, permettait d'atterrir sans trop de peine sous la protection des canons orléanais.

Le succès de cette délicate entreprise restait subordonné à plusieurs aléas redoutables. Il fallait supposer que l'ennemi ne troublerait pas l'opération si compliquée du transbordement, ensuite que le vent eût permis de faire remonter les chalands en convenable quantité, que la hauteur des eaux fût suffisante pour éviter l'échouage sur les bancs de sable, enfin que les canonniers des bastilles anglaises n'inquiétassent pas les bateaux qui défilaient à leur portée.

Jeanne, sur le conseil de ses Voix, avait préconisé la route de la rive droite. Par celle-ci, le convoi ne pouvait éviter une marche de flanc à portée de l'ennemi et courait même le risque de trouver en outre, sur son chemin, une armée de secours que Falstaff amenait, disait-on, de Paris, sous les murs d'Orléans. Pour entrer dans la ville, force était de passer à bonne portée entre deux bastilles ou d'emprunter une sorte de passage d'une demi-lieue, laissé par les Anglais entre les bastilles de Saint-Loup et de Paris et qui n'était qu'un piège tendu à la confiance des convois de ravitaillement assez imprudents pour s'y engager.

Ce n'était point que Jeanne ignorât un détail de ces difficultés, mais ses Voix lui avaient dit que la route par la rive droite ne serait pas interceptée, et lorsque la direction de l'armée, défilant par le pont de Blois, lui révéla qu'on passait outre à son avis, elle dut dissimuler sa douleur jusqu'au moment où elle se trouva en présence du batard d'Orléans, le vaillant Dunois, sorti de la ville à sa rencontre. Après quelques paroles de bienvenue, elle lui demanda à voix haute, si c'était par son ordre que l'armée avait pris la route de la rive gauche: « Oui, répondit Dunois, et de plus sages que moi sont du même avis. — Le conseil de mon Seigneur est plus sage que le vôtre, répliqua Jeanne. Vous avez cru me tromper et c'est vous-même qui vous trompez, car je vous amène meilleur secours qu'il n'en est jamais venu à général, ou ville, c'est celui du Roi du Ciel. »

Dunois qui voyait Jeanne pour la première fois, resta très ému de cette apostrophe, et d'ailleurs son émotion se compliquait d'un grave embarras. Les eaux de la Loire étaient fort basses et le vent qui soufflait de l'Est immobilisait sous les murs d'Orléans, la flottille qui aurait dû remonter vers Chécy. La situation était donc assez critique, mais à peine Jeanne avait-elle dit à Dunois qu'elle amenait le secours du Roi du Ciel, que le vent tourna subitement à l'Ouest; les chalands virent leurs voiles se gonfler, le flot remonta et bientôt toute la flottille se trouva à portée du convoi rangé en face de l'île aux Bourdons et couvert, à bonne distance, par une fraction de l'armée qui lui avait servi d'escorte.

Il fallait se garder sur les deux rives de la Loire pendant la nuit qui allait suivre et Jeanne, choisissant le poste le plus périlleux, après avoir pourvu à la sécurité du convoi concentré sur la rive gauche, traversa la Loire à la tête de 800 hommes destinés à renforcer la garnison d'Orléans, et établit son quartier général au château de Reuilly, d'où elle surveillait les bastilles anglaises de la rive droite.

Au lever du jour commença le transbordement du convoi que l'on pressait activement. Jeanne aurait voulu que l'on fonçât sur un parti Anglais qui se montrait vers Saint-Jean-le-Blanc, mais on la retint à grand peine. Il était urgent de terminer l'embarquement des vivres, et puis le conseil royal avait formellement prescrit de n'engager aucune action. Une fois Orléans ravitaillé, les deux mille hommes d'escorte qui restaient, devaient revenir à Blois, s'y renforcer, prendre un autre convoi et regagner Orléans, pour engager l'action définitive. Jeanne comptait bien ne pas se séparer de ses troupes, mais elle dut céder aux instances de Dunois et des Orléanais.

qui brûlaient d'impatience d'acclamer leur future libératrice, mais elle exigea que le retour à Blois conservât le même caractère religieux qu'au départ et donna rendez-vous à ses soldats sous les bastilles anglaises de la rive droite.

La flottille du convoi, suivant le fil de l'eau et favorisée par une fausse attaque des Orléanais sur la bastille de Saint-Loup, qui paralysa l'artillerie du fort, aborda sans incident à la porte de Bourgogne, et le jour même, vendredi 29 avril à 8 heures du soir, après avoir fièrement passé devant cette bastille qui fumait encore à la suite du combat qu'elle avait soutenu, Jeanne entrait à Orléans. Armée de toutes pièces, escortée par Dunois et par une foule de gentilshommes, elle s'avançait comme submergée par une multitude en délire; des torches faisaient dans la nuit de grandes traînées de lumière. Après les angoisses du siège, c'était l'aurore de la délivrance et l'écho des acclamations populaires portait, pour la première fois, jusqu'aux bastilles anglaises, la terreur du nom de la Pucelle d'Orléans.

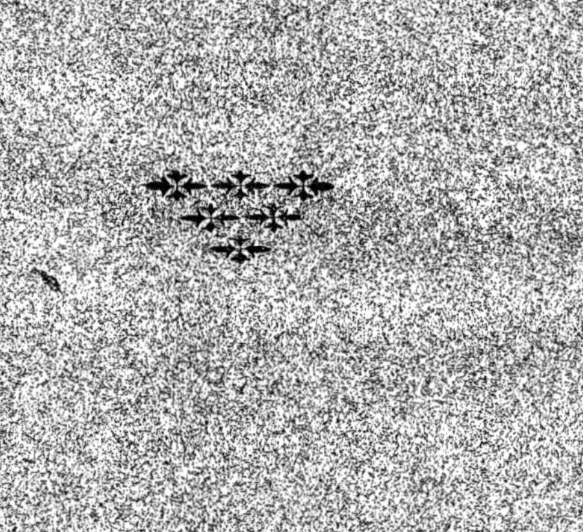

CHAPITRE VIII

Orléans

Orléans. — Ses faubourgs. — Son armement. — Les Tourelles. — Investissement complet. — Sommation verbale aux Anglais. — L'armée de secours entre sans coup férir. — La double attaque de Saint-Loup. — La stratégie de Jeanne. — Prise de la bastille des Augustins. — Jeanne grièvement blessée devant les Tourelles. — Mort de Glasdale. — Chûte des Tourelles. — La délivrance. — Un prisonnier récalcitrant.

Jusqu'ici, les divers épisodes de l'histoire de Jeanne, depuis son départ de Domremy, n'étaient que la préface, la préparation du signe éclatant auquel elle se reportait sans cesse et qui n'était autre que la délivrance d'Orléans, jugée d'ailleurs à ce moment humainement impossible. Les dernières espérances s'étaient évanouies depuis la fatale journée des Harengs (12 février 1429). Orléans ne combattait plus que pour retarder l'heure de sa chûte inévitable.

La conquête de cette ville ouvrait à l'Anglais un accès facile sur les provinces méridionales restées fidèles et lui permettait de réduire promptement les dernières résistances de Charles VII ; aussi Salisbury était venu en personne mettre le siège devant cette ville, dès le 12 octobre 1428. L'attaque avait commencé par le Portereau, faubourg situé sur la rive gauche et qui porte aujourd'hui le nom de Saint-Marceau. Il importait surtout aux assiégeants de s'emparer de la tête du pont par lequel les secours envoyés du Midi auraient pu parvenir à la ville assiégée.

L'enceinte proprement dite d'Orléans occupait à peine le quart de la ville actuelle ; mais de populeux faubourgs, les plus beaux du royaume, se prolongeaient dans tous les sens. Sur la rive droite seule, vingt-deux églises s'élevaient en dehors des remparts. L'épaisseur des murailles variait de 2 à 3 mètres et la hauteur de 7 à 10 mètres. Le fossé qui les couvrait atteignait 6 mètres en profondeur et 13 mètres en largeur. Près de quarante tours à trois étages, de 30 mètres de circonférence, fortifiaient les courtines et cinq portes puissamment défendues reliaient la ville à ses faubourgs. Plus de 100 pièces de canon armaient les tours et le rempart.

Le pont qui joua un si grand rôle dans la défense et dans l'attaque d'Orléans se trouvait quelque peu au-dessus du pont actuel, construit vers 1760. Sa largeur dépassait 25 mètres. Des échoppes de petits marchands s'adossaient aux parapets et deux forteresses le couvraient du côté de la Sologne. La première se trouvait à la sixième arche et portait le nom de Saint-Antoine. Un retranchement de fascines et de sacs de terre, alors appelé *boulevard*, l'appuyait au midi. C'était le boulevard de Belle-Croix. A la dix-huitième arche, se dressaient deux fortes tours, reliées par une courtine percée d'une porte. Un pont-levis séparait cet ouvrage de la dix-neuvième arche qui s'appuyait sur la rive gauche. Là se livra le combat le plus acharné du siège ; cette forteresse n'était autre que la célèbre bastille des Tourelles dont la chûte détermina la retraite des Anglais dans la matinée du 8 mai 1429.

L'accès du pont par la rive gauche était couvert par un solide boulevard et un fossé large de près de 30 mètres, au delà duquel s'étendait le populeux faubourg des Augustins. Dès la première attaque, le 12 octobre 1428, les Orléanais avaient sacrifié et incendié ce faubourg, sur les ruines duquel Salisbury établit fortement ses troupes. Sans aucun retard, les Anglais s'étaient prémunis contre les attaques possibles du côté de la Sologne. Les ruines du faubourg des Augustins leur fournissaient des matériaux en abondance ; bastille, boulevard, double fossé, ils n'oublièrent rien et ne tardèrent pas à reprendre leurs opérations contre la tête du pont que les Orléanais défendirent avec acharnement : les femmes faisaient pleuvoir sur l'ennemi, huile bouillante, graisse fondue, cendres brûlantes ; quelques-unes même, mêlées aux hommes d'armes, rivalisaient avec eux de vigueur et de vaillance.

Mais il fallut abandonner le boulevard sous la menace d'une galerie souterraine que les Anglais avait creusée clan-

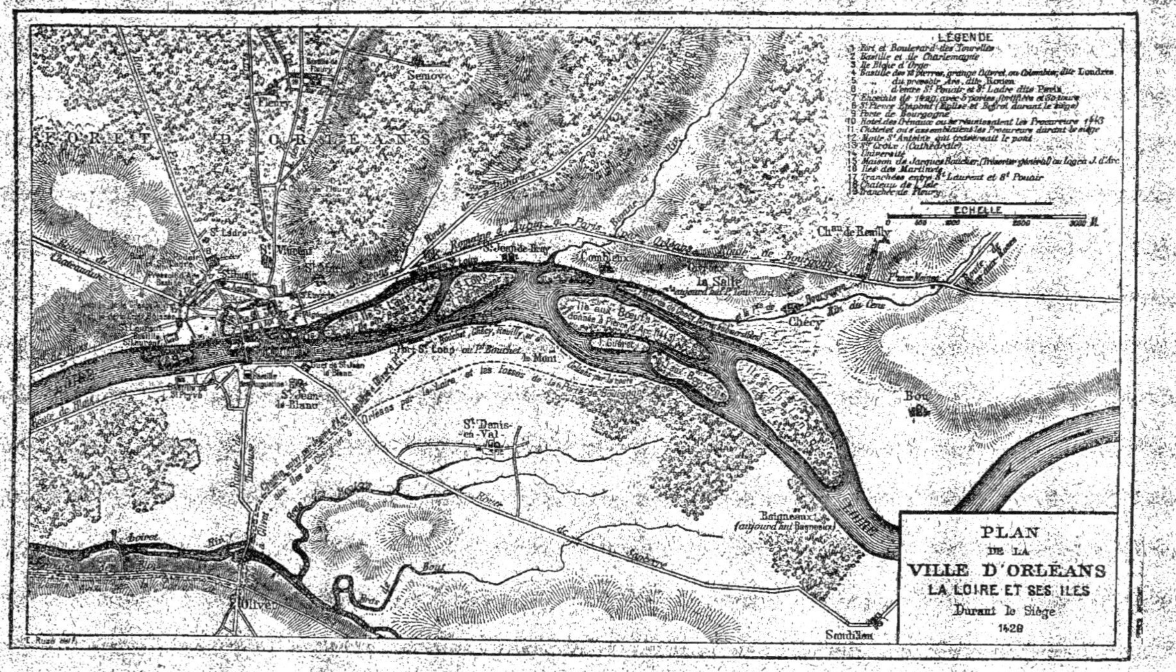

PLAN
DE LA
VILLE D'ORLÉANS
LA LOIRE ET SES ILES
Durant le Siège
1428

LÉGENDE
1 Fort et Boulevard des Tourelles
2 Bastille et île Charlemagne
3 Ile Bloue d'Orge
4 Bastille des 12 Pierres, grange Octeret, ou Colombier, dite Londres
5 du pressoir Ars, dite Rouen
6 d'entre St Pouair et St Ladre dite Paris
7 Enceinte de 1428, avec 5 portes fortifiées et 60 tours
8 St Pierre Empont (Eglise et Beffroi durant le siège)
9 Porte de Bourgogne
10 Hôtel des Orénaux où se réunissaient les Procureurs 1443
11 Châtelet où s'assemblaient les Procureurs durant le siège
12 Motte St Antoine qui traversait le pont
13 Ste Croix (Cathédrale)
14 Université
15 Maison de Jacques Boucher (Trésorier général ou Logis J. d'Arc)
16 Iles des Martines
17 Tranchées entre St Laurent et St Pouair
18 Château de l'Isle
19 Tranchée de Fleury

ECHELLE
0   500   1000   2000   3000 M.

FORÊT D'ORLÉANS
Semoy
Chau de Reuilly
Combleux
La Salle
Checy
Bou
St Loup ou Pt Bouchet
le Mont
J. Gobert
St Jean-le-Blanc
St Denis-en-Val
Baigneaux (aujourd'hui Bagneaux)
Olivet
Sandillon
LOIRE

destinement et qui cheminait déjà jusqu'au bord du fleuve.

Le 24 octobre, la bastille des Tourelles devint intenable sous le feu de l'ennemi ; les Orléanais se retirèrent vers le boulevard de Belle-Croix et rompirent derrière eux plusieurs arches du pont. Dès lors, les Anglais, solidement établis aux Tourelles, devaient fatalement un jour ou l'autre s'emparer de ce qui restait du pont du côté d'Orléans.

Les mois de novembre et de décembre 1428, furent employés par l'assiégeant à se fortifier sur la rive gauche. Outre la bastille des Augustins et celle des Tourelles qui étaient presque contiguës, les Anglais élevèrent à une demi-lieue en aval du fleuve, la bastille de Saint-Pryvé ; en face, au milieu de la Loire, le boulevard de l'île Charlemagne ; en amont, la bastille de Saint-Jean-le-Blanc, dont l'artillerie commandait le cours du fleuve et gênait singulièrement le passage des bateaux.

Dans les premiers jours de l'année 1429, les Anglais, jugeant l'investissement complet sur la rive gauche, entreprirent leurs travaux de circonvallation sur la rive droite. Mais les Orléanais n'avaient pas attendu ce moment pour détruire leurs superbes faubourgs qui auraient favorisé les approches de l'ennemi ; ils les avaient rasés jusqu'au sol et les habitants, concentrés dans la ville, en avaient doublé la population. Au bout de sept mois de siège, une puissante ligne de bastilles, reliées par de profondes tranchées, enserrait Orléans de toutes parts. Il y en avait quatre sur la rive gauche et neuf sur la rive droite.

Tout cela ne s'était pas fait sans avoir provoqué une foule de sorties et de combats, où les assiégés avaient eu souvent l'avantage, mais il est reconnu que toute place investie doit succomber si elle ne peut compter sur une diversion de l'extérieur. Or, le dernier espoir d'une diversion de cette nature s'était évanoui depuis la journée des Harengs.

Ce n'est pas toutefois qu'Orléans n'eût été plusieurs fois partiellement ravitaillé : des convois arrivaient par la Sologne et trouvaient des barques toutes prêtes au port du Bousquet ou de Saint-Loup, à une lieue en amont de la ville ; les bateaux se laissaient aller au courant du fleuve qui les portait sur la rive droite à la Tour-Neuve. Généralement, une sortie des assiégés favorisait l'entrée du convoi.

Du côté de la Beauce, entre la bastille de Paris qui occupait l'emplacement actuel de la Visitation et la bastille de Saint-Loup qui surveillait le cours supérieur de la Loire, un espace de plus d'une demi-lieue resta longtemps ouvert et favorisa les entrées et les sorties des hommes d'armes. C'est ainsi que la petite armée battue à Rouvray, le 12 février 1429, put se réfugier à Orléans. Comme les vivres s'y faisaient rares, elle n'y resta pas, mais sous la conduite de Clermont, elle se retira le 18 février sur Blois et Chinon, où elle forma le noyau de la future armée de la Pucelle.

Bien que les Anglais fussent au nombre de 10.000 autour d'Orléans et que les assiégés ne pussent mettre en ligne pas plus de 3.000 combattants, les vivres manquaient à la défense plus que les hommes. Après cinq mois de siège, les ressources s'étaient épuisées dans un vaste rayon autour d'Orléans. Les denrées n'arrivaient plus que difficilement et en petite quantité aux assiégés qui, dans un moment de désespoir, avaient fait offrir au duc de Bourgogne, allié impénitent des Anglais, de prendre possession de leur ville. Après tout, malgré ses incartades, le duc était de sang français ; mais Bedford fit entendre qu'il n'accepterait pas ce compromis. Il avait juré de prendre Orléans et il n'en voulait laisser à personne ni la gloire, ni le profit.

Jeanne, reçue en triomphe à Orléans, dans la soirée du 29 avril 1429, fut logée en l'hôtel de Jacques Boucher, trésorier du duc d'Orléans, alors prisonnier en Angleterre. Cet hôtel était situé non loin de la porte Renard, à proximité de l'église Saint-Paul. Son premier soin fut de réclamer aux Anglais le héraut Guyenne par lequel sa lettre leur avait été portée et qui était resté détenu contre le droit des gens. Dunois fit savoir aussi aux assiégeants que la vie des nombreux prisonniers que les Orléanais avaient faits pendant le siège, répondait de la sécurité du parlementaire.

Guyenne ne fut mis en liberté qu'après le siège, et lui aussi, fut chargé de dire à Jeanne, que les Anglais lui préparaient un bûcher.

Jeanne ne voulait rien entreprendre de décisif avant le retour de la petite armée qui était revenue à Blois chercher un second convoi pour Orléans et rallier les contingents qui arrivaient de toutes parts. En attendant, le samedi 30 avril, elle voulut elle-même sommer les Anglais de retourner chez eux. La place la plus commode pour cette sommation était le pont où assiégeants et assiégés occupaient, à portée de la voix : les Anglais, la bastille des Tourelles : les Orléanais, le boulevard de Belle-Croix. Jeanne parla à Glasdale et à ses soldats qui occupaient les Tourelles, mais il lui fut répondu par un torrent d'invectives, d'outrages et de menaces dont elle fut profondément affectée.

Le lendemain qui était dimanche, 1er mai, la Pucelle sortit par les rues de la ville où le peuple se pressait en foule, plein d'admiration pour son aisance et sa bonne grâce à cheval. Elle chevauchait et maniait ses armes aussi bien que le plus habile écuyer. Dans l'après-midi, par la route de Blois, elle s'avança jusqu'à la Croix-Morin, d'où elle pouvait se faire entendre des Anglais qui occupaient les bastilles de Saint-Laurent et de Londres et renouvela les sommations qu'elle avait faites à la garnison des Tourelles. Les mêmes quolibets et les mêmes outrages que la veille ne lui furent pas épargnés.

La journée du 2 mai fut employée par Jeanne à faire une complète reconnaissance des ouvrages offensifs et défensifs que les assiégeants avaient élevés sur la rive droite de la Loire, pour intercepter les communications avec la Beauce. L'ensemble en était formidable et ne présentait guère aucun point faible. La trouée qui avait longtemps existé au nord-est, entre les bastilles de Paris et de Saint-Loup, venait d'être récemment fermée par des travaux de siège dont on retrouve encore la trace non loin de Fleury-aux-Choux.

Jeanne avait l'intuition, le coup d'œil militaire qui fait les grands capitaines. La bastille de Saint-Laurent qui interceptait le cours inférieur de la Loire et la route de Blois, était la véritable clef des positions ennemies autour d'Orléans ; aussi les Anglais en avaient-ils fait une place d'armes formidable qui communiquait avec la rive gauche par le boulevard de l'île Charlemagne. C'est là que Jeanne voulait frapper le premier coup qui eut été certainement décisif ; mais on verra que Dunois et les autres chefs ne furent pas de cet avis. Déjà, pour la seconde fois, son intuition était en opposition avec les hommes du métier de la guerre et c'est elle qui avait raison.

Le mardi 3 mai était la solennité de l'Invention de la Sainte-Croix, fête patronale de la cathédrale d'Orléans ; Jeanne

assista à la procession où l'on portait la relique de la Vraie
Croix. Dans la journée, les garnisons de Montargis, Gien,
Château-Renard et Châteaudun, forcèrent le blocus de la ville
assiégée. Vers le soir on apprit que le second convoi de Blois à
Orléans arrivait par la Beauce, avec le maréchal de Sainte-
Sévère et Gilles de Rais,
et que dans la matinée du
lendemain il serait en vue
d'Orléans. Les heures
décisives allaient sonner,
et déjà passait sur la ville
assiégée un souffle d'en-
thousiasme, avant-cou-
reur des grandes choses
qui devaient consacrer la
gloire de la Pucelle d'Orléans.

Dès la première heure,
le 4 mai, veille de l'As-
cension, Jeanne sortait
d'Orléans à la tête de 500
hommes d'armes, pour
aller au-devant de l'armée
et du convoi qu'on atten-
dait par la route de Blois
et à qui elle avait promis
l'entrée à Orléans sans
coup férir. C'est ce qui
arriva. Les Anglais, con-
tre toute attente, n'osèrent
disputer le passage, ni
même sortir de leurs bas-

Jeanne d'Arc à l'assaut des Tourelles.
(Fresque de Lenepveu, au Panthéon).

tilles et les Orléanais accueillirent avec des transports d'enthousiasme le retour de la Pucelle, le convoi et les renforts qui
leur apportaient plus que l'espérance d'une délivrance
inespérée.

Les capitaines français voulurent mettre à profit ce jour
même cet enthousiasme et dans l'après-midi, sans prévenir
Jeanne qui dormait dans son hôtel, fatiguée de la sortie du
matin, Dunois, à la tête d'une forte troupe de gens du peuple

et d'hommes d'armes, assaillit avec vigueur la bastille de Saint-Loup, sur la rive droite de la Loire en amont d'Orléans. L'habitation de Jeanne se trouvait du côté opposé à la sortie; aussi tout d'abord n'entendit-elle rien de cette prise d'armes.

Cependant l'attaque de Saint-Loup n'avait pas réussi et les assaillants se retiraient déjà en désordre, lorsque Jeanne s'éveille en sursaut, appelle ses gens dont il n'était resté auprès d'elle que son page; elle le gourmande, le presse : « Va quérir mon cheval. En nom Dieu, les gens de la ville ont affaire devant une bastille et il y en a de blessés. » On l'arme à la hâte, elle monte à cheval et court sur le pavé d'où elle fait jaillir des étincelles; bien qu'elle ignorât la topographie de la ville, elle va droit son chemin dans le dédale des rues et arrive à Saint-Loup au moment où l'assaut venait d'échouer.

Jeanne, son étendard à la main, rallie les assaillants ébranlés et les ramène à l'attaque. Sa voix électrise les combattants. Telle est l'impétuosité du choc que la défense est brisée; les Anglais hésitent, reculent et se réfugient en désordre vers le clocher de l'ancienne abbaye de Saint-Loup, qui servait de réduit à la garnison. Leurs cadavres jonchent la bastille conquise : on en compte 150; le reste est reçu à merci à la demande de Jeanne : armes, vivres et munitions en abondance deviennent la proie du vainqueur, la bastille est livrée aux flammes. A ce moment les cloches de Sainte-Croix sonnaient l'heure des premières vêpres de l'Ascension.

Talbot avait essayé de porter secours aux défenseurs de la bastille attaquée, mais aussitôt un corps de 600 hommes d'armes était sorti d'Orléans et s'était interposé entre les bastilles de Paris et de Saint-Loup, couvrant le flanc gauche des assaillants et telle était l'énergie et la belle ordonnance de son attitude, que les Anglais se tinrent cois dans leurs retranchements et abandonnèrent la bastille de Saint-Loup à son malheureux sort pendant que toutes les cloches d'Orléans, qui avaient si souvent sonné l'alarme, carillonnaient enfin pour la victoire.

Bien que Charles VII eût investi Jeanne du titre et des prérogatives de général d'armée, les vieux capitaines n'acceptaient que difficilement son ingérence dans les choses militaires; quand ils le pouvaient, ils se réunissaient en conseil à son insu et ne lui faisaient connaître que partiellement leurs résolutions. Ainsi en arriva-t-il le jeudi 5 mai qui était le jour de l'Ascension.

Jeanne aurait voulu, malgré la solennité, ne laisser aucun répit aux ennemis et continuer le brillant succès de la veille par l'attaque de la bastille Saint-Laurent, quartier-général des Anglais, qu'elle se disait sûre d'emporter d'assaut. Elle aurait sans doute réussi et la chute de cette bastille aurait avancé de quelques jours la délivrance d'Orléans, mais les chefs, réunis en conseil, furent d'avis d'abord de respecter la trêve de la fête et ensuite de déblayer la rive gauche pour ouvrir l'accès d'Orléans aux secours et aux renforts qui pouvaient arriver par la Sologne. Cette détermination prouve qu'ils ne s'attendaient pas aux foudroyants succès des jours suivants.

Jeanne exprima son déplaisir de cette résolution, mais elle dut la subir. Dans la matinée du vendredi 6 mai, suivie de 4.000 combattants, elle passe sur la rive gauche pour assaillir à revers, d'abord la bastille de Saint-Jean-le-Blanc; mais les Anglais qui l'occupaient n'attendent pas l'assaut et se replient sur les ouvrages qui défendent la tête du pont. On les poursuit vigoureusement jusqu'à la bastille des Augustins. A ce moment une partie de la garnison de Saint-Pryvé se porte au secours du boulevard qui allait être assailli. La vue de ce renfort jette un commencement de panique parmi les Orléanais dont une partie seulement avait pu à cette heure traverser la Loire. Jeanne est entraînée dans cette retraite. Les Anglais sortent de la bastille des Augustins et se mettent à sa poursuite avec des cris de joie, hurlant des insultes et des provocations. Soudain la Pucelle se retourne et fonce sur eux, son étendard à la main; ses hommes d'armes ressaisis, la suivent et donnent la chasse aux Anglais épouvantés qui fuient vers leurs retranchements. Jeanne plante son étendard sur le bord même du fossé des Augustins; elle est au premier rang des assaillants, maintenant en nombre. Les fossés sont envahis; les échelles se dressent contre l'escarpe et d'un furieux élan les Français couronnent le rempart : la bastille des Augustins est prise et ses défenseurs massacrés. La place regorgeait de vivres et de butin dont le pillage ne pouvait qu'engendrer le désordre. On remet au lendemain l'attaque du boulevard et des Tourelles; les vainqueurs se retranchent comme ils peuvent et la Pucelle consent enfin à se retirer à Orléans pour prendre un peu de repos.

Le lendemain, samedi 7 mai, Jeanne, inquiète d'un retour offensif de l'ennemi, est debout avant l'aube ; elle se confesse, communie en grande dévotion et annonce qu'elle sera blessée avant le soir. Les capitaines, dit la Chronique de la Pucelle, ne sont pas d'avis de continuer le combat, mais les Orléanais, pleins d'enthousiasme, rassemblent canons, couleuvrines, engins de toutes sortes, chargent des chalands et se portent en grand nombre sur la rive gauche à la suite de Jeanne. En même temps, la partie du pont dont ils étaient encore maîtres se couvre de combattants pour assaillir à revers le fort des Tourelles que Jeanne attaquera de front.

La garnison des Tourelles était nombreuse et vaillante, mais les assaillants avaient pour eux le nombre et surtout l'enthousiasme qui fait des merveilles : toutefois la lutte fut longue, meurtrière et acharnée.

La vigueur de l'attaque changea les résolutions des capitaines français restés à Orléans ; leurs hommes d'armes vinrent renforcer les bourgeois de la ville, mais les 500 Anglais qui défendaient le boulevard et la bastille des Tourelles, pris entre deux feux, combattaient avec la fureur du désespoir.

Vers midi, Jeanne fut gravement blessée d'un trait d'arbalète qui lui perça l'épaule de part en part. D'une main ferme, elle arrache le fer elle-même, fait tamponner la blessure pour étancher le sang et n'en continue pas moins à diriger l'assaut. A la tombée de la nuit, lassés de tant d'attaques infructueuses, les chefs français délibérèrent de remettre le combat au lendemain, mais Jeanne protesta qu'elle ne se retirerait pas et que ce jour même la place des Tourelles serait prise.

Pendant que les assaillants reprenaient haleine, Jeanne laisse son étendard planté au bord du fossé, demande son cheval et se retire un instant pour prier. Le vent s'était levé, et au retour de Jeanne, l'étendard se balançait sur sa hampe. Elle le saisit et dit à un gentilhomme qui se trouvait près d'elle : « Donnez-vous garde, quand la queue de mon étendard touchera le boulevard — Jeanne, la queue y touche, répondit le gentilhomme. — Tout est vôtre, entrez-y ! » s'écria la Pucelle. Au même instant, l'assaut reprend avec une ardeur inouïe. Cette fois, le boulevard est conquis. Glasdale et les autres chefs se précipitent sur le pont-levis qui séparait le boulevard de la bastille des Tourelles. La passerelle se rompt sous leurs pieds et les insulteurs de la Pucelle, tombés pêle-mêle dans la Loire, y trouvent la mort misérable que Jeanne leur avait prédite.

L'attaque du côté du pont n'avait été ni moins rude, ni moins heureuse. Il avait fallu jeter des pièces de bois sur les arches rompues, pour aborder les Tourelles et dresser les échelles contre le rempart. Ni la fragilité de ce pont tremblant, ni les difficultés de l'escalade, n'avaient pu arrêter les Orléa-

Gien. — Le Château.

nais électrisés par le succès de la veille et par le vigoureux assaut que Jeanne conduisait sur l'autre rive. A la tombée de la nuit, la bastille des Tourelles était prise. Des 500 chevaliers et écuyers qui la défendaient, réputés parmi les plus vaillants d'Angleterre, 300 étaient morts, le reste fut reçu à merci et à rançon et Jeanne à la tête des vainqueurs, rentre dans la ville par le pont enfin reconquis, au bruit des cloches et de l'enthousiasme populaire dont les acclamations saluent la libératrice d'Orléans.

La blessure de Jeanne, grave et peut-être mortelle par elle-même, ne semblait pas lui causer grande émotion : dès qu'elle fut rentrée en son hôtel, on s'empressa de la désarmer et de panser la double plaie qu'elle avait à l'épaule ; mais ce fut merveille de la voir le lendemain, dimanche 8 mai, monter à cheval au soleil levant.

Cependant le désordre et l'épouvante régnaient parmi les Anglais terrifiés par la rude bataille de la veille et par l'étendue de leurs pertes. Jeanne leur apparaissait comme un être surnaturel à qui rien ne pouvait résister et la seule vue de son étendard les glaçait d'effroi. Leurs chefs tinrent conseil la nuit et reconnurent l'imposibilité d'une plus longue résistance. Trois jours avaient suffi pour anéantir leurs travaux de sept mois. A la gravité de leur défaite, s'ajoutait la honte d'avoir été vaincus par une paysanne qu'ils avaient abreuvée d'outrages, eux, les fiers vainqueurs d'Azincourt, de Verneuil et de Rouvray. Dès la première heure du jour, il apparut que leur démoralisation était complète. Déjà leurs bastilles évacuées, laissant leur artillerie, leurs malades, leurs bagages et leurs vivres, ils se retiraient lentement, la plus grande partie à Meung, les autres à Jargeau. C'était une retraite, presque une déroute, certainement un désastre.

Les capitaines français résolurent tout d'abord de courir sus à l'ennemi et de recueillir les fruits de leur victoire de la veille. Les portes d'Orléans s'ouvrirent : Jeanne, Dunois, la Hire, Gilles de Rais, avec multitude de gens à pied et à cheval, sortirent en bon ordre et présentèrent la bataille aux Anglais dont l'attitude était encore menaçante. Jeanne eut grand peine à refréner l'ardeur des chefs et des soldats, leur disant de les laisser aller pour aujourd'hui, à moins qu'ils ne prissent l'offensive, qu'il ne plaisait pas à *Messire* qu'on les combatte et qu'on les aurait une autre fois. La prédiction devait s'accomplir bientôt à Jargeau et à Patay ; néanmoins quelques hommes d'armes harcelèrent la retraite de l'ennemi, enlevèrent les trainards, des vivres et un matériel de guerre considérable.

Les Anglais avaient eu le temps d'emmener la plupart de leurs prisonniers dont quelques-uns pourtant surent reconquérir leur liberté. Un chevalier français renommé par sa vigueur, essayant avec quelques hommes d'armes de forcer le blocus d'Orléans, avait été blessé et pris avec ses compagnons par Talbot. Lorsque fut donné l'ordre de la retraite, Talbot confia son prisonnier à son chapelain avec ordre de le conduire à Meung. Le chevalier blessé ne pouvait suivre que difficilement la retraite, soutenu par le bras charitable de son guide, aussi la distance de l'arrière-garde anglaise augmentant toujours, il songea que l'occasion devenait favorable et sur une invitation de presser le pas, il répondit qu'il n'en ferait rien et qu'il allait même faire volte-face vers Orléans. Inutile résistance du chapelain si bien pris au piège, qu'il fut contraint de prendre son prisonnier sur ses épaules et de l'apporter jusque dans les lignes françaises.

Dans les rues d'Orléans régnait la plus vive allégresse : les églises étaient assiégées ; dans tous les clochers, la voix des cloches chantait la délivrance ; le peuple mêlé aux hommes d'armes envahissait les bastilles anglaises des deux rives, vides de leurs garnisons, mais regorgeantes d'artillerie, de munitions et de victuailles. Jeanne pouvait à peine se frayer un chemin au milieu de la foule ivre d'enthousiasme. Ses Voix ne l'avaient point trompée, et tel était l'éclat de ce premier signe de sa Mission, que les derniers doutes des moins confiants s'évanouissaient dans les acclamations des vaillants Orléanais. Sa première pensée avait été une ardente prière à ce Dieu de qui elle tenait sa Mission libératrice et sans perdre de temps, dès le lendemain, elle était sur la route de Blois, impatiente de donner le second signe qui devait conduire Charles VII à Reims et à l'onction royale. Elle s'arracha donc aux larmes et aux supplications des Orléanais qui étaient loin d'avoir épuisé leur enthousiasme et leur reconnaissance. Il ne fallait pas laisser aux Anglais enfin vaincus, le temps de reprendre leurs esprits et de se remettre de leur affolement.

CHAPITRE IX

Jargeau=Patay

Après la victoire. — Intrigues de Cour. — Entrevue de Charles VII et de la Pucelle. — Délibérations confuses. — Jeanne fait décider la campagne du Sacre. — Le duc d'Alençon. — Coup de main infructueux sur Jargeau. — La Pucelle reprend l'offensive. — Attaque et prise de Jargeau. — Prisonniers de marque. — Meung et Beaugency. — Arrivée d'Arthur de Richemont. — Patay et Waterloo. — Chevauchée victorieuse. — Désastre des Anglais. — La Pucelle triomphante.

La présence du Roi Charles VII aux combats, sous les murs d'Orléans, eut été plutôt un embarras, mais les éclatantes victoires de Jeanne allaient le mettre au premier rang dans l'expédition, ou plutôt dans la marche projetée sur Reims où le Roi devait être sacré. Il fallait au préalable, nettoyer le cours de la haute et de la basse Loire resté entre les mains des Anglais et faire des préparatifs d'une autre importance que les secours envoyés à Orléans. Il fallait aussi et surtout, paralyser ou du moins neutraliser à la Cour de Charles VII, des influences jalouses, sinon ennemies de la Pucelle et représentées dans le conseil intime du Roi par La Trémoïlle, et dans la direction générale des affaires du royaume, par le chancelier Regnault de Chartres, archevêque de Reims. L'un et l'autre voyaient dans le puissant crédit que les vertus et les victoires de Jeanne lui avaient acquis auprès de Charles VII, une rivalité redoutable à leurs ambitieux desseins.

C'est pourquoi, s'arrachant à l'enthousiasme et aux acclamations des Orléanais, Jeanne se hâtait de revenir vers le Roi pour le presser de mettre à profit les merveilleux événements qui venaient de s'accomplir. Charles VII s'était rendu à Tours, le vendredi 13 mai, pour recevoir dignement la Pucelle victorieuse qui lui reconstituait son royaume. Jeanne l'y avait précédé. Dès qu'elle se trouva en sa présence, sans attendre aucun témoignage d'admiration ou de reconnaissance, elle s'agenouilla devant lui, et embrassant ses genoux : « Gentil Dauphin, lui dit-elle, venez prendre votre sacre à Reims ; je suis fort aiguillonnée que vous y alliez ; n'ayez aucun doute qu'en cette cité vous recevrez votre digne sacre. » La délivrance d'Orléans donnait aux paroles de Jeanne une autorité qui n'était plus ouvertement contestée. Charles VII et sa Cour lui firent un accueil enthousiaste, plein d'admiration pour ses vertus autant que pour ses exploits ; mais la Pucelle avait le pressentiment, plusieurs fois exprimé, que sa carrière serait courte et ses instances décidèrent le Roi à rassembler son Conseil pour délibérer sur ses pressantes requêtes, au sujet de la campagne du sacre.

Les conseillers, plusieurs fois réunis, émirent des avis différents, mais non tous contradictoires. Les uns se rangeaient simplement à l'avis de Jeanne ; d'autres prétendaient que le sacre ne devrait être que l'épilogue d'une campagne victorieuse qui devrait reconquérir le royaume ; d'autres enfin préconisaient une attaque de la Normandie. Devant cette diversité d'opinions, Charles VII pensa qu'il n'était pas indifférent de consulter Jeanne sur les inspirations de ses Voix. Avant même que le Roi lui eût fait part de cette détermination, Jeanne vint à lui et lui dit : « En nom Dieu, je sais ce que vous pensez, ce que vous voulez dire de la Voix que j'ai ouïe touchant votre sacre. Je vous le dirai ; je me suis mise en oraison en ma manière accoutumée et je me complaignais de ce que l'on ne voulait me croire de ce que je disais, et alors la Voix me dit : « Fille de « Dieu, va, va, je serai à ton aide ; va ! » Et quand cette voix me vient, je suis si réjouie, que merveille. »

Dès lors, la campagne du sacre fut résolue et le duc d'Alençon fut chargé du commandement de l'armée. Gendre du duc d'Orléans, alors prisonnier en Angleterre, le duc d'Alençon avait été lui-même pris à la bataille de Verneuil (1424). Il venait à peine de se libérer entièrement de sa lourde rançon et brûlait de tirer une large revanche de sa captivité. Il promit au Roi de ne rien entreprendre sans l'avis de la Pucelle.

Les événements, d'ailleurs, ne justifiaient que trop cette sage détermination. Peu de jours après la levée du siège d'Orléans, Dunois, voulant mettre à profit la présence des contingents des Communes qui n'avaient pas encore rallié leurs cités respectives, avait tenté un coup de main sur Jargeau, où s'était retirée une partie de l'armée anglaise battue à Orléans et qu'il croyait peut-être plus démoralisée qu'elle ne l'était réellement. L'attaque fort vive, avait duré trois heures, mais la ville de Jargeau était trop forte pour être enlevée par surprise. Il fallut battre en retraite, bien que les Anglais eussent éprouvé des pertes sensibles et attendre que la Pucelle vînt elle-même réparer cet échec.

La délivrance d'Orléans n'avait pas ramené une extrême abondance dans la vaillante cité et n'avait pas davantage rempli les coffres de Charles VII, aussi, pour épargner les vivres, bon nombre de combattants s'étaient retirés chez eux dès le lendemain de la levée du siège. L'armée victorieuse était à moitié fondue et les tergiversations des conseillers du Roi menaçaient de la laisser presque entièrement se dissoudre. D'autre part, les Anglais étaient revenus de leur étonnement et se disposaient à la revanche. Bedfort préparait à Paris, une armée de renfort que Falstaf, le vainqueur de la journée des Harengs, allait conduire lui-même au secours des vaincus d'Orléans. Si les instances de Jeanne avaient été écoutées, si les conseillers du Roi avaient su mettre à profit l'enthousiasme des premiers jours après la victoire, des résultats foudroyants étaient probables et rien n'aurait arrêté la marche sur Reims; mais le temps s'était perdu en délibérations. Il fallait bien quelques semaines pour rassembler de nouveau des forces suffisantes : on y employa presque deux mois. La tactique offensive inaugurée par Jeanne, et qui allait si bien au caractère français, déroutait les vieux routiniers par ses inspirations soudaines. La Pucelle ne pouvait rester en place : elle courait partout où se rassemblaient lentement les éléments de son armée : à Tours, à Selles-sur-Cher, à Saint-Aignan, à Romorantin, à Blois. Elle obtint enfin la licence de balayer le cours de la Loire pour compléter sa victoire d'Orléans et ouvrir le chemin à l'armée du sacre.

Le 9 juin elle est à Orléans, sa ville de prédilection, où l'enthousiasme ne s'est pas refroidi, où chaque bourgeois, aguerri par un long siège, est un vaillant soldat et ne demande qu'à marcher sous sa bannière toujours victorieuse. Les dernières et glorieuses journées du siège ont fait oublier les durs travaux et les inquiétudes d'une résistance de sept mois. Déjà la plupart des bastilles élevées par les Anglais, tombaient sous la pioche des démolisseurs, mais la Pucelle ne revenait pas chercher un regain d'acclamations et de triomphe.

Le duc de Suffolk et Jean Poole, échappés aux combats devant Orléans, occupaient fortement la ville de Jargeau qui interceptait le cours supérieur de la Loire. Le samedi 11 juin,

Domrémy. — Vallée de la Meuse.

Jeanne, à la tête de 5 ou 6.000 hommes, sort d'Orléans. Elle amène une nombreuse artillerie pour battre les remparts de Jargeau et, nonobstant l'avis de plusieurs qui redoutaient l'arrivée d'une armée anglaise signalée du côté de Paris : « Ne craignez pas, dit-elle, donnez hardiment l'assaut aux Anglais, Dieu nous conduit. »

Le jour même, les faubourgs furent vigoureusement assaillis et enlevés par l'avant-garde, mais une contre-attaque bien conduite mit le désordre dans les rangs français. Alors Jeanne saisit son étendard, court au premier rang ; elle ramène au combat ses soldats ébranlés et refoule les Anglais dans Jargeau. On se retranche dans les faubourgs conquis et, bien qu'on se gardât fort mal, l'ennemi démoralisé ne tenta aucune attaque. Dans la nuit, les canonniers mirent leurs pièces en batterie pour faire brèche à l'enceinte de la place et au lever du jour, commença un terrible combat d'artillerie à courte portée. Les chefs n'épargnaient pas plus leur vie que les simples soldats. Le duc d'Alençon qui se trouvait à côté de Jeanne, faillit être enlevé par un boulet qui tua un seigneur de sa suite. Enfin, l'adresse des canonniers orléanais eut le dessus et la plus grande tour de Jargeau, habilement battue, s'écroula dans le fossé ; la brèche était praticable et Jeanne entraîna ses soldats à l'assaut.

La lutte fut longue, opiniâtre et sanglante. Les Anglais se défendaient avec la fureur du désespoir, mais l'attaque menée par la Pucelle n'en était que plus ardente. Jeanne, l'étendard à la main, s'était jetée dans le fossé à l'endroit le plus périlleux, sans nul souci des projectiles de toutes sortes qui pleuvaient du rempart. Tandis qu'au pied de l'escarpe elle précède ses soldats à l'assaut, une énorme pierre lancée à deux mains par un Anglais, l'atteignit à la tête et la renversa dans le fossé et ce fut miracle de la voir se relever aussitôt sans aucun mal apparent, criant aux assaillants que les Anglais étaient à bout de forces. Un dernier et furieux élan brise toutes les résistances : le rempart est escaladé, la ville est prise.

Cependant Suffolk, ralliant quelques troupes autour de lui, battait en retraite vers la rive droite, espérant se dérober vers Paris, mais telle fut l'ardeur de la poursuite des vainqueurs qu'il dut bientôt renoncer à ce moyen de salut. Il fut appréhendé lui-même par un gentilhomme français nommé Guillaume Renault et il se rendit à lui après l'avoir armé chevalier sur le pont même de Jargeau.

Avec Suffolk, furent pris son frère, le sire de Poole et nombre de chevaliers et seigneurs propres à payer rançon. Les usages de la guerre faisaient alors d'une victoire, une bonne affaire pour les vainqueurs. Chacun s'équipait à ses frais et recouvrait ses dépenses, si la fortune de la guerre faisait tomber entre ses mains un prisonnier de marque. La guerre de Cent ans qui fut si souvent fatale aux armes françaises, ne le fut pas moins aux richesses de notre pays quand il fallut racheter les prisonniers de Crécy, de Poitiers et d'Azincourt. Les soldats de métier et gens des Communes ne trouvaient guère quartier, car le vainqueur ne tenait pas à s'embarrasser de prisonniers de qui il n'attendait nul profit.

A la prise de Jargeau, il s'éleva des contestations au sujet des nombreux seigneurs et chevaliers anglais pris dans le combat. Le différend ne tarda pas à s'envenimer et, pour y mettre fin, les plus violents se mirent à supprimer l'objet du litige. Déjà plusieurs prisonniers avaient été massacrés, lorsque les chefs de l'armée intervinrent et arrachèrent à la mort les survivants. On fit embarquer sur la Loire, Suffolk et les principaux d'entre eux, pour leur assurer la vie sauve.

Le lundi 13 juin, Jeanne était de retour à Orléans. De cette armée anglaise qu'elle avait chassée des bastilles autour de la ville, une partie notable venait d'être anéantie à Jargeau. Restait le gros de troupes que Talbot avait ramené sur Meung et Beaugency. D'autre part, Bedfort envoyait à la hâte tous les renforts qu'il avait pu rassembler, et Falstaf était déjà parvenu à

Jeanne d'Arc venant au secours de la France.

Etampes avec 5.000 hommes, prêt à se jeter du côté qui réclamerait le plus sa présence; mais la nouvelle de la chute de Jargeau le détermina à se porter au secours de Meung et de Beaugency sur qui allait tomber l'armée de la Pucelle, et il se dirigea vers Janville.

Jeanne avait donné deux jours de repos aux troupes qui avaient si vaillamment combattu à Jargeau. Elle avait renouvelé les munitions, reçu quelques contingents nouveaux, ravitaillé à fond sa petite armée, et le mercredi 17 juin, dans la matinée, elle marchait sur Meung et Beaugency. Les Voix lui annonçaient une grande victoire et elle chevauchait rayonnante d'une ardeur et d'un enthousiasme que partageaient ses soldats. On savait qu'elle venait de par Dieu et les merveilles récemment accomplies à Orléans et à Jargeau lui donnaient une autorité en quelque sorte surnaturelle, aussi bien sur les Anglais que sur les siens.

Meung et Beaugency, avec leurs ponts fortifiés, laissaient au pouvoir des Anglais deux passages d'une importance extrême; rien n'était plus pressant que de les leur enlever et de les refouler sur Paris avant l'arrivée des renforts annoncés, pour nettoyer définitivement le cours de la Loire.

Dans l'après-midi du 15 juin, l'armée française arriva sous les murailles de Meung. Le pont n'était pas sous la protection immédiate des remparts de la ville, aussi les Anglais en avaient couvert les deux têtes par des ouvrages de campagne, du côté de la Sologne comme du côté de la Beauce. L'attaque fut prompte et vive et l'assaut eut un plein succès, mais Jeanne avait hâte surtout d'arriver à Beaugency où elle espérait trouver Talbot. Elle laisse au pont de Meung une forte garnison pour contenir les Anglais encore maîtres de la ville; on se cantonne pour la nuit et au lever du jour, la marche reprend sur Beaugency. Deux heures après, l'armée française entrait dans cette place. Talbot n'y était plus, il était parti au-devant de Falstaf qui s'était arrêté à Janville depuis quatre jours, attendant lui-même des renforts promis par le Régent.

Cependant la garnison anglaise de Beaugency s'était concentrée dans le château et dans les ouvrages qui défendaient le pont. Sur-le-champ, Jeanne fait ses dispositions d'attaque, établit ses batteries et commence à bombarder la vieille forteresse. La nuit suspend le combat, mais on fait bonne garde de crainte que les Anglais ne profitent des ténèbres pour évacuer leur position bien compromise.

Le vendredi 17 juin, Jeanne apprend que Talbot et Falstaf, à la tête de l'armée anglaise de secours, sont signalés dans le voisinage. Laissant un fort détachement devant le château de Beaugency, elle se porte au devant de l'ennemi.

Les deux chefs anglais n'étaient pas d'accord sur l'emploi de cette armée de secours. La prudence de Falstaf aurait voulu la disséminer dans les places fortes encore au pouvoir du roi d'Angleterre et user la fougue française dans une guerre de sièges, en attendant que Bedfort pût rassembler une véritable armée. Talbot, au contraire, humilié à Orléans, brûlait de prendre une revanche victorieuse de ses revers, et préconisait l'offensive immédiate à laquelle Falstaf dut se résigner.

Jeanne d'Arc au (xvie siècle).

Jeanne avait mis son armée en bataille sur une colline, à égale distance entre Meung et Beaugency. Elle avait pris conseil de ses Voix qui lui avaient promis grande victoire, mais seulement pour le jour suivant, samedi 18 juin. Aussi, ce fut en vain que les Anglais vinrent la provoquer. Elle retint son armée dans ses lignes qui couvraient le siège de Beaugency et laissa les Anglais se diriger sur Meung où ils entrèrent dans la soirée et commencèrent aussitôt l'attaque du détachement français qui gardait le pont conquis la veille. Jeanne revint sur Beaugency.

Des renforts étaient arrivés, sur lesquels on ne comptait pas. Le connétable de Richemont, frère du duc de Bretagne, avait amené 400 lances et 800 archers. Charles VII, profondément et justement d'ailleurs, irrité contre lui, avait défendu qu'on le reçut dans son armée et son ressentiment que sa détresse aurait dû corriger, habilement entretenu par la Trémoille, n'admettait aucune transaction. Jeanne pensa, malgré le duc d'Alençon, qu'il serait peu sage de dédaigner à cette heure si grave, un secours de cette importance, d'ailleurs c'était du sang de France ; elle estimait avec raison que les divisions avaient assez duré et elle pouvait espérer que son influence vaincrait les ressentiments du Roi. Richemont fut accueilli dans l'armée française et Jeanne le chargea de l'attaque de Beaugency du côté de la Sologne, se réservant pour elle le côté de la Beauce.

Vers minuit, Richard Guétin, bailli d'Évreux, qui commandait en l'absence de Talbot, proposa de capituler. Jeanne qui n'était pas sans inquiétude sur ce qui se passait à Meung, se hâta d'accueillir ses propositions. Les 500 Anglais sortirent au point du jour du château de Beaugency et des tranchées qui couvraient le pont. Ils emmenaient leurs chevaux, leurs bagages et pendant dix jours ils ne devaient prendre part à aucune action de guerre.

Cette date du 18 juin, qui marque le point culminant de la vie militaire de Jeanne, devait se retrouver, moins de quatre siècles après, dans une des plus sombres journées de notre histoire et mettre aux prises, une fois encore, les armées de France et d'Angleterre. Waterloo fut le grand coup de vent dont parle Victor Hugo, qui cassa les deux ailes à l'aigle de Napoléon et le bouscula jusqu'au rocher de Sainte-Hélène. La victoire de Patay porta à la domination des Anglais en France un coup dont elle ne se releva plus et si, dans l'Année terrible, notre dernière armée succomba dans ces champs illustrés par la victoire de la Pucelle, l'héroïsme des vaincus de 1870 ne ternit pas les lauriers que Jeanne moissonna sur ce sol prédestiné.

Talbot et Falstaf avaient appris, dans la nuit, la capitulation de Beaugency ; d'autre part, leur attaque du pont de Meung avait été repoussée. Ils jugèrent que leur situation devenait difficile, d'autant plus que Jeanne accourait à la tête de son armée et menaçait de les acculer à la Loire, sans aucune issue.

Ils prirent sur-le-champ la résolution de battre en retraite vers Paris avant que les chemins leur en fussent fermés. Dans leur précipitation, ils abandonnèrent dans la ville de Meung, armes, vivres, munitions ; mais déjà l'avant-garde française, entraînée par le connétable de Richemont, La Hire et Xaintrailles, était sur leur pas.

Le plateau qui s'étend entre la rive droite de la Loire et le bourg de Patay se compose d'une série d'ondulations de terrain, alors en grande partie couvertes de bois. La vue ne pouvait s'étendre au loin et rien n'était plus facile que d'organiser des embuscades, opération de guerre dans laquelle les Anglais étaient passés-maîtres, aussi la prudence tempéra

Vue de Patay.

d'abord l'ardeur de l'avant-garde française qui finit par perdre le contact de l'ennemi. Le corps de bataille conduit par Jeanne et le duc d'Alençon ne tarda pas à la rejoindre, et comme plusieurs proposaient de faire halte, Jeanne inspirée par ses Voix, protesta contre tout retard : « En nom Dieu ! s'écria-t-elle, il faut combattre, et fussent-ils pendus aux nues, nous les aurons. Je suis sûre de la victoire. Le gentil Roi aura aujourd'hui la plus belle victoire qu'il eut jamais, et m'a dit mon Conseil qu'ils sont tous nôtres. »

L'avant-garde forte de 1.500 chevaux repartit, fouillant la contrée jusqu'à cinq lieues de Beaugency. Enfin, elle se heurta à l'arrière-garde anglaise qui cheminait non loin, vers Patay et Janville. Un cerf effrayé par le bruit des chevaux, s'était jeté parmi les Anglais et avait, de leur part, provoqué des cris qui avaient révélé leur présence.

« Avez-vous des éperons ? dit Jeanne au duc d'Alençon.

— Comment ! se récria celui-ci, nous faudrait-il fuir ou reculer ? — Nenni ! en nom Dieu, allez sur eux, car ils s'enfuiront ou ne tiendront pas : ils seront déconfits sans presque pas de perte de nos gens, et pour ce, faut-il vos éperons pour les poursuivre. » En effet, la lutte ne fut pas longue. Le premier choc enfonça les Anglais et ce ne fut plus qu'une poursuite de gens en déroute.

A l'arrière-garde anglaise conduite par Talbot, marchaient les meilleurs soldats de l'armée. Elle couvrait la retraite du corps de bataille commandé par Falstaf qui se faisait précéder par l'artillerie, les bagages et un lourd convoi. Devant l'imminence de l'attaque, Talbot arrêta la marche de sa troupe, composée de gens à pied. Il pensait donner le temps au corps de bataille de serrer sur son avant-garde et de prendre une position défensive à l'abri de fortes haies qui formaient une palissade naturelle. Cette tactique avait bien réussi à Azincourt, mais l'impétuosité du premier choc de l'avant-garde française renversa ses plans. Les archers anglais n'avaient pas eu le temps de planter en terre leurs pieux aiguisés par les deux bouts et dont une pointe oblique menaçait le poitrail des chevaux. Déjà les chevaliers français étaient au milieu d'eux frappant d'estoc et de taille.

Pendant ce premier engagement, le corps de bataille anglais se hâtait avec précipitation vers la position qu'il comptait défendre et où son avant-garde se trouvait déjà fortement établie ; mais celle-ci, trompée par l'allure que Falstaf avait fait prendre à sa cavalerie, crut que le corps de bataille était en déroute, et sans attendre davantage, elle prit la fuite dans le plus grand désordre vers Janville.

Dès lors, ce ne fut plus qu'un massacre ; l'arrière-garde anglaise était anéantie, le reste n'offrit presque aucune résistance. Les choses s'étaient ainsi passées à Poitiers, à Crécy, à Azincourt, à Verneuil, mais la Pucelle avait fait changer la victoire de côté. Le butin fut immense : Talbot, lord Seales, Rameston, Hungerford, étaient parmi les prisonniers. Deux mille morts jonchaient le champ de bataille ; le reste fuyait à l'aventure avec Falstaf. Janville ferma ses portes à cette déroute et ramassa bon nombre de fuyards anglais ; les autres forteresses de la Beauce furent évacuées avec précipitation et Falstaf s'enfuit jusqu'à Corbeil. Jeanne ramena ses troupes victorieuses à Meung, puis à Orléans où elle rentra en triomphe au son des cloches, dans une sorte de délire populaire dont les acclamations faisaient remonter à Dieu la reconnaissance pour la récente délivrance de la ville et pour la gloire moissonnée aux champs de Patay.

Ainsi, en moins de deux mois, la puissance anglaise était frappée à mort ; deux armées de Bedfort avaient été détruites ; les capitaines anglais familiarisés avec la victoire, étaient prisonniers ou en fuite, la France allait briser les derniers liens de la servitude qui l'oppressait, et pour cette merveilleuse série d'exploits et de victoires il avait suffi d'une fillette venue des Marches de Lorraine à l'appel de Dieu, soldat et général improvisé, se jouant dans la stratégie et la tactique comme l'homme de guerre le plus expérimenté, déconcertant l'ennemi par la hardiesse et la rapidité de ses manœuvres et donnant des leçons d'art militaire aux meilleurs généraux de l'avenir. Jeanne avait puisé cette science à une école supérieure à l'humanité ; aussi disait-elle plus tard aux juges de Rouen : « Il y a plus de science dans les livres de Jésus-Christ que dans les vôtres. »

Une seule page de nos annales militaires peut entrer en comparaison avec cette merveilleuse et si brève campagne de Jeanne d'Arc : c'est la foudroyante offensive du général Bonaparte à l'armée d'Italie, qui, de victoire en victoire, au pas de charge, conduisit son armée déguenillée, des bords du Var aux champs de Rivoli et ne l'arrêta que sur la route de Vienne ; mais c'était le plus grand capitaine des temps anciens et modernes, tandis que Jeanne n'avait pour elle que les conseils de ses Voix et l'inexpérience de ses dix-sept ans.

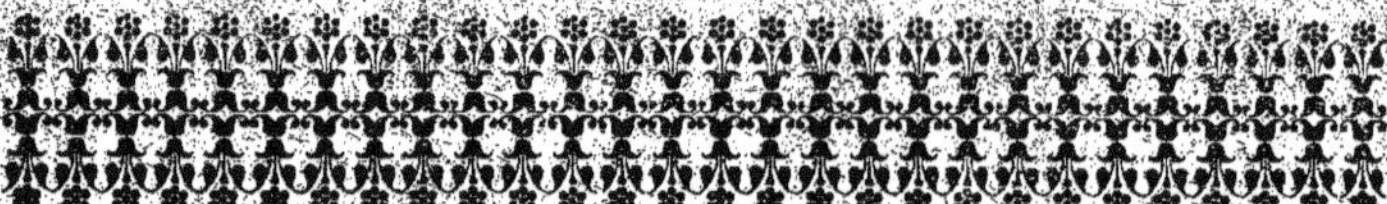

CHAPITRE X

La Campagne du Sacre. — Reims

Charles VII refuse de venir à Orléans. — La Trémoïlle contre Richemont. — Son triomphe. — L'armée du Sacre. — Plan de campagne. — Habileté des Auxerrois. — Troyes se prépare à la résistance. — Frère Richard. — Détresse de l'armée. — Délibération désastreuse. — Irruption de Jeanne au Conseil. — Préparatifs d'attaque. — Capitulation de Troyes. — Réception enthousiaste à Châlons. — Reims ouvre ses portes. — Le Sacre. — Ses lacunes. — La gratitude du Roi. — Politique cauteleuse de Philippe le Bon. — La Mission de Jeanne n'est pas finie.

La victoire de Patay avait fini de rompre le charme mystérieux qui semblait jusqu'ici monopoliser la victoire en faveur des armées anglaises et Jeanne était rentrée en triomphe à Orléans, précédée et suivie des trophées de ses derniers combats. Elle espérait que Charles VII se déciderait enfin à venir féliciter lui-même les héroïques défenseurs de la cité et à remercier avec eux, dans leur cathédrale, le Dieu des armées pour leur miraculeuse délivrance. Il n'en fut rien. Les instances des Orléanais ne purent vaincre l'obstination de La Trémoïlle. Les rancunes inexpiables du premier ministre contre le connétable Arthur de Richemont, lui faisaient redouter dans l'esprit du Roi, un revirement fomenté par les émotions de la réception triomphale qui l'y attendait et à la faveur desquelles Richemont aurait pu tout obtenir de l'indulgence royale. D'ailleurs, les services éclatants que le Connétable venait de rendre à Beaugency et à Patay, justifiaient d'avance la plus large amnistie et Jeanne s'employait avec ardeur à dissiper les malentendus et à désarmer les compétitions qui venaient de coûter si cher à la France profondément déchirée.

Charles VII resta inflexible. En vain Richemont multiplia-t-il auprès de lui les témoignages de repentir et les protestations de fidélité; en vain offrit-il de se jeter aux pieds de La Trémoille, suppliant son ancien protégé d'oublier leurs querelles, au nom de la France; il dut quitter l'armée avec son contingent qu'il mena guerroyer contre l'Anglais en Normandie.

Jeanne n'avait pas mieux réussi et sa douleur, à la suite

Châlons-sur-Marne (XVIᵉ siècle).

de cet échec, avait été profonde. Elle était venue rejoindre Charles VII au château de Sully, résidence de La Trémoille et avait inutilement tout mis en œuvre pour retenir à l'armée qui allait marcher sur Reims, le Connétable et ses troupes aguerries. Elle pleura devant le Roi mais en vain au cours de la revue qu'il avait enfin accepté de passer, des troupes victorieuses à Patay et de celles qui affluaient de toutes parts à Chateauneuf-sur-Loire et qui allaient former la belle armée du Sacre.

Dès que Charles VII eût donné son assentiment à la marche sur Reims, la Pucelle hâta les derniers préparatifs de la mise en route. L'armée comptait environ 12.000 hommes aguerris, disciplinés et pleins d'une ardeur depuis longtemps inconnue. Elle fut dirigée sans retard sur Orléans où elle devait compléter vivres et armement pour l'entrée en campagne; sa concentration s'effectua dans un camp retranché sous les murs de Gien.

Jeanne avait tracé le plan des opérations; il consistait à remonter la vallée de l'Yonne, soumettre en passant les places fortes échelonnées sur la rivière, gagner la vallée de la Seine, s'emparer de Troyes et de Châlons, et ouvrir les portes de Reims. Au retour par la vallée de l'Aisne et de la Marne, on sommerait Château-Thierry, Soissons, Senlis, Compiègne, postes avancés de la défense de Paris et bientôt on paraîtrait sous les murs de la capitale du royaume, avec une armée capable de briser toutes les résistances. Cette stratégie merveilleusement comprise, coupait définitivement les communications de la Bourgogne avec Paris, centre de la domination anglaise, nettoyait en quelque sorte, la Champagne, et prenait à revers nombre de places fortes toutes prêtes à se tourner du côté de Charles VII, dès qu'il aurait fait preuve d'une puissance capable de faire des conquêtes et de les conserver.

D'après les premières résolutions, la Reine Marie d'Anjou qui professait pour Jeanne une amitié profonde, devait suivre le mouvement de l'armée et participer à la solennité du Sacre, mais La Trémoille exagéra devant Charles VII les dangers de la route et surtout les dépenses qu'allait occasionner un déplacement complet de la Cour. Les insignes et ornements du Sacre se trouvaient à Saint-Denis, occupé par les Anglais, et d'ailleurs était-il sage d'escompter le succès absolu de la marche aventureuse qui commençait?

Comme toujours, l'indécision de Charles VII aboutit à un moyen terme. La Reine dut repartir pour Bourges, et comme l'impatience de Jeanne n'avait pu tenir devant ces tergiversations et qu'avec le duc d'Alençon, elle avait déjà mis l'armée en mouvement, le Roi se résigna à la suivre. Le mercredi 29 juin au soir, il la rejoignit sur la route d'Auxerre où l'on arriva deux jours plus tard, après avoir reçu la soumission de Cravant, de Coulanges-la-Vineuse et de Saint-Fargeau.

Jeanne aurait voulu prendre d'assaut sur-le-champ, la cité bourguignonne, mais les Auxerrois d'abord épouvantés par l'apparition inattendue de l'armée française, s'étaient vite ressaisis, protestant d'une fidélité conditionnelle et ils avaient déclaré qu'ils suivraient l'exemple que leur donneraient Troyes, Châlons et Reims. De telles prétentions ne méritaient qu'une attaque de vive force, mais les Auxerrois qui connaissaient bien La Trémoille, avaient pris soin, au préalable, d'acheter ses faveurs au prix de 2.000 écus. Auxerre ferma donc ses portes devant l'armée royale qui avait espéré un instant y prendre quelque repos et s'y ravitailler.

Saint-Florentin, Brienon, Saint-Phal, firent leur soumission au passage de l'armée qui se renforçait chaque jour. Le

Troyes. — Vue générale (XVIIe siècle).

4 juillet Charles VII écrivit aux gens de Reims pour leur annoncer sa venue prochaine et la cérémonie du Sacre; Jeanne qui avait déjà invité par lettre, le duc de Bourgogne à cette solennité, joignit un message à la sommation que le Roi adressait aussi à la ville de Troyes, de lui ouvrir ses portes. Sommation et message parvenus à destination, excitèrent d'abord la risée des échevins de Troyes, pleins de confiance dans la solidité de leurs remparts et dans leur garnison anglaise forte de 600 hommes. Ils mandèrent à ceux de Châlons et de Reims, leur détermination à la résistance et lorsque se présenta l'armée française, un détachement considérable lui disputa les approches de leur cité. Jeanne, toujours à l'avant-garde, fonça sur ces imprudents et les pourchassa vivement jusque sous le canon de la place. Elle aurait voulu pousser l'attaque à fond, mais la diplomatie des Conseillers du Roi, se prétendait capable de prendre les villes fortes sans effusion de sang. On ouvrit des négociations laborieuses dont les lenteurs

calculées, servaient surtout les intérêts des ennemis de Charles VII.

Sur ces entrefaites se présenta à Jeanne un religieux Cordelier, nommé frère Richard, célèbre et ardent orateur populaire, dont le zèle dépassait de beaucoup l'équilibre moral. D'aventure, il se trouvait à Troyes et il vint au campement de la Pucelle, pour l'exorciser. Jeanne accueillit l'exorciste par une plaisanterie et l'entretint ensuite longuement. Frère Richard revint à Troyes et commença à y prêcher la soumission à Charles VII, avec plus de succès auprès du peuple qu'auprès des échevins qui n'ignoraient pas dans quelle détresse se trouvait l'armée de France. Il y avait déjà cinq jours que celle-ci piétinait sous les murs de Troyes, épuisant ses dernières ressources.

Le Conseil du Roi délibérait sur cette inextricable situation ; l'armée n'était point munie d'une artillerie suffisante pour réduire la place : il n'y avait plus de vivres et comme il fallait revenir à Gien, à 30 lieues en arrière, pour s'en procurer, on était d'avis de se replier sur cette place. Il était d'ailleurs également désastreux de battre en retraite et de continuer l'offensive sur Reims. Soudain Jeanne fait irruption dans le Conseil où elle aurait dû être convoquée ; elle préconise l'offensive, l'attaque immédiate : « Demain, dit-elle au Roi, vous serez maître de la ville. ».

C'était le 9 juillet 1429. Jeanne sortie du Conseil, monte à cheval et concentre ses troupes. Elle fait construire des épaulements et les arme de toute l'artillerie dont elle peut disposer. Chacun se prête avec ardeur à ces préparatifs d'attaque et le lendemain au point du jour, elle est à la tête d'une colonne d'assaut munie de fascines pour combler les fossés. Les Troyens épouvantés ont compris le danger : leurs portes s'ouvrent devant l'évêque et les échevins qui demandent à capituler. La garnison anglaise eut le droit de se retirer, mais sans emmener ses prisonniers dont Charles VII paya la rançon et ce fut grand étonnement autour du Roi de voir avec quelle promptitude, Jeanne avait dénoué la situation critique de la veille, et grande allégresse dans l'armée et dans la ville, de fraterniser en des effusions d'amitié dont la tradition était perdue depuis si longtemps.

Le mardi 12 juillet, l'armée se remit en marche, Jeanne

chevauchait à l'avant-garde et au nom du Roi du Ciel, elle sommait les villes et châteaux échelonnés sur son passage, d'ouvrir leurs portes à Charles VII, sans jamais essuyer de refus. On arriva ainsi le jeudi 14 juillet, en vue de Châlons. L'évêque, les notables et les magistrats attendaient le Roi en dehors des remparts et lui offrirent les clefs de leur ville. Jeanne eut la joie d'y trouver une députation, envoyée par Domremy pour lui apporter les félicitations de ses concitoyens. Parmi ces délégués se trouvaient Jean Morel, son parrain et Gérardin d'Epinal, l'ancien Bourguignon, sans doute converti à la cause de Charles VII. Leur attendrissement fut à son comble lorsqu'elle s'avança vers eux, les mains tendues, le visage souriant, toute au bonheur de cette vision de la terre

Philippe le Bon, duc de Bourgogne

natale, à cette heure radieuse où allait s'affirmer dans les splendeurs du sacre, la mission surnaturelle qui l'avait conduite des bords de la Meuse au seuil de la basilique de Reims. Comme Gérardin lui demandait si elle ne craignait rien dans les batailles. « Je ne redoute que la trahison », avait-elle répondu.

Partie de Châlons le vendredi 15 juillet, l'armée royale atteignit le jour même la forteresse de Sept-Saulx que la garnison anglaise avait évacuée à son approche. Dès le lendemain matin, une nombreuse députation de Rémois apportait au Roi les clefs de leur ville et lui demandait pour le passé, une amnistie qui ne leur fut point refusée. Regnault de Chartres, pressé de se mettre enfin en possession de son archevêché, prit les devants avec la délégation pour préparer l'entrée du Roi et dans la soirée du lendemain, toutes les cloches de Reims se mettaient en branle pour saluer l'armée royale qui franchissait les portes de la vieille cité de saint Remy.

C'est à Reims que saint Remy avait baptisé Clovis et avec lui la nation franque, et depuis Pépin le Bref c'est à Reims que les rois de France venaient chercher leur véritable investiture par le sacre. Hincmar qui fut un des successeurs de saint Remy, raconte que lors du baptême de Clovis, comme le clerc qui était chargé du saint chrême ne pouvait approcher à cause de la foule, on vit une colombe blanche lui apporter une autre fiole pleine d'une huile parfumée qui servit dès lors au sacre des Rois. La sainte ampoule dura autant que la monarchie française. Elle fut une des victimes de la Terreur et on en retrouva, dit-on, quelques parcelles qui servirent au sacre de Charles X en 1825. Depuis lors, la tradition du sacre fut rompue, bien que Napoléon III ait eu en 1854 la pensée de se faire sacrer par Pie IX à Notre-Dame de Paris.

La liturgie de l'Eglise avait créé pour cette cérémonie un rite solennel et émouvant, analogue aux consécrations sacerdotales et pontificales, et les admonestations que l'archevêque de Reims adressait au monarque, à genoux devant lui, sont restées comme la plus haute inspiration des devoirs de la royauté, considérée dans son vrai caractère de paternité populaire.

Il fut heureux pour Charles VII de n'avoir en face de lui, comme roi d'Angleterre, qu'un enfant de sept ans, Henri VI. Nul doute que si Henri V n'était prématurément descendu au tombeau, il aurait pris les devants et serait allé demander le sacre à la basilique de Reims, et donner ainsi une consécration au brigandage politique du traité de Troyes qui lui attribuait la couronne au détriment du véritable héritier, selon la loi salique, Charles VII. D'autre part, si Jeanne n'avait été envoyée de par Dieu pour prendre le Roi par la main, l'amener elle-même à Reims, et lui conquérir au passage la province de Champagne, nulle puissance humaine n'était alors capable de lui en frayer le chemin, et le duc de Bedford aurait pu attendre tranquillement la majorité de son royal pupille et neveu, pour le faire sacrer roi de France.

Jamais sacre royal ne s'était présenté en semblables con-

Orléans — La Tour-Neuve (xv⁰ siècle).

jonctures. Habituellement, le Roi venait à Reims pour y être sacré un dimanche, en présence des princes du sang, des pairs et des grands dignitaires du royaume. Habituellement la reine participait aussi à la consécration. L'épée, les habillements, le sceptre, la main de justice et la couronne, emblèmes significatifs de la dignité et de la puissance royale, étaient bénits solennellement, et remis au monarque qui devenait, selon l'expression de saint Louis, le sergent de Jésus-Christ. C'était la première fois qu'un roi de France avait dû s'ouvrir par force le chemin de Reims, aussi les lacunes ne manquaient pas dans les éléments du sacre. Les ornements royaux étaient conservés dans la basilique de Saint-Denis, alors aux mains des Anglais. Il fallut y suppléer à la hâte, ce qui fut si heureusement fait, que rien ne dénota l'improvisation. Les princes du sang manquaient ; manquaient également trois pairs ecclésiastiques et plusieurs grands dignitaires du royaume. Le temps pressait, on combla les lacunes du cérémonial, et le dimanche 17 juillet 1429, Charles VII arrivé la veille dans la cité de Reims, reçut dans la basilique de Notre-Dame l'onction qui faisait les rois de France.

Le ciel était radieux. Vers huit heures du matin, Regnault de Chartres, archevêque consécrateur, se rendait en grande pompe devant le portail de l'église de Saint-Remy, pour y recevoir, des mains de l'Abbé de cette collégiale, la sainte Ampoule, et la portait en procession à la basilique de Notre-Dame, escorté par les seigneurs de Rais, de Boussac, de Saint-Sévère, de Grayville et de Culan qui entrèrent à cheval dans la cathédrale, leurs bannières à la main, et ne mirent pied à terre qu'à l'entrée du chœur.

Le duc d'Alençon, les comtes de Clermont et de Vendôme, André et Guy de Laval, le sire de La Trémoille, représentaient les pairs laïques; les pairs ecclésiastiques absents furent suppléés par les évêques de Séez, d'Orléans et un autre prélat. La fonction de connétable était dévolue au sire d'Albret.

Lorsque le duc d'Alençon eut armé le Roi chevalier et que Charles VII apparut, la couronne sur la tête et le sceptre en main, les trompettes éclatèrent et une immense acclamation retentit sous les voûtes de la basilique : « Noël! Noël! » Il n'y avait pas tout à fait cinq mois que Jeanne était partie de Vaucouleurs et encore avait-on perdu deux mois en longueurs inutiles!

Le cérémonial n'avait pas prévu la place que Jeanne devait occuper dans le cortège royal et dans la solennité du sacre. Elle prit tout simplement celle qui lui revenait de droit. Pendant toute la cérémonie elle se tint à côté du Roi, ayant à la main cet étendard qui avait flotté sur la bastille des Tourelles et qui aux champs de Patay avait été le guidon de la victoire. Ainsi la royauté française, après neuf siècles, se retrempait dans le miracle qui, à son origine, avait conduit Clovis au baptistère de saint Remy; et Jeanne avait raison de dire plus tard à ses juges qui lui reprochaient d'avoir porté son étendard près de l'autel pendant le sacre : « Il avait été à la peine, il était bien juste qu'il fût à l'honneur. »

Lorsque le sacre fut terminé, Jeanne se prosterna devant le Roi et lui embrassa les genoux, pleurant à chaudes larmes, et son émotion gagnait tous les assistants : « Gentil roi, lui

disait-elle, à cette heure est exécuté le plaisir de Dieu qui voulait que vous vinssiez à Reims recevoir votre digne sacre, en
montrant que vous êtes vrai Roi, et celui à qui le royaume doit
appartenir. »

Le point culminant de la Mission de Jeanne était atteint ;
il ne pouvait plus y avoir
équivoque sur le véritable
Roi de France, et les prétentions anglaises, soutenues encore par tant d'ambitieux et d'égarés et par
quelques mauvais Fran-
çais, recevaient le coup
mortel. Orléans était dé-
livré, les hérauts de la
royauté avaient proclamé
à Reims la consécration
du Roi Charles VII : res-
tait encore « à bouter entièrement les Anglais hors
de France ».

Jeanne avait eu déjà
deux de ses frères dans son
entourage, il lui en restait
un : elle eut la joie de voir
à Reims son père et son
cousin Durant Laxart.
Cette fois, bien que le
rêve de Jacques d'Arc qui
lui avait montré Jeanne
en costume de guerre, se
fût réalisé, il ne fut point

Sacre de Charles VII.
(Fresque de Lenepveu, au Panthéon.)

question de la noyer, comme à Domremy ; sa famille lui avait
depuis longtemps pardonné sa fuite de la maison paternelle. Il
était d'ailleurs difficile de garder rigueur à un succès qui ne
pouvait être que miraculeux.

Déjà à Châlons, Jeanne avait été complimentée par un
groupe d'habitants de Domremy. Il est probable que son père
se trouvait parmi eux et qu'il suivit jusqu'à Reims l'armée
que commandait sa fille. Là, il avait pris gîte à l'auberge de

l'*Ane rayé*, une des meilleures de la ville : selon la tradition, Jeanne était hébergée en face du portail de la cathédrale.

Jacques d'Arc resta à Reims jusqu'en septembre ; la ville se chargea de le défrayer pendant son séjour et lui fit, au départ, présent d'un beau cheval : le trésor royal lui avait déjà octroyé 60 livres tournois.

Jeanne n'avait nulle ambition, ni pour elle, ni pour sa famille. Après le sacre, Charles VII ne pouvait rien lui refuser ; sa pensée remonta avec ses plus chers souvenirs à ce village de Domremy qu'elle ne devait plus revoir et elle demanda au Roi toute exemption de tailles et d'impôts pour les villages de Domremy et de Greux, réunis alors en une seule paroisse. Naturellement sa requête trouva bon accueil et un édit royal rendu à Château-Thierry, le 31 juillet 1429, conféra la perpétuelle immunité de charges au village natal de la Pucelle.

Deux rois de France, Charles IX et Henri III, oublieux ou ignorants, aliénèrent la maison de Jeanne d'Arc ; Domremy passa dans l'apanage des ducs de Lorraine et perdit son privilège. Greux le conservait encore lorsque le mariage de Louis XV rattacha la Lorraine à la terre française. Domremy adressa requête sur requête au Roi pour rentrer en possession de l'immunité perdue. Il faut dire, à la honte de ce siècle et de ce régime qui se précipitait aux catastrophes, que le conseil du roi Louis XVI supprima l'exemption d'impôts des deux villages, ce qui n'empêcha point la faillite financière qui devait déchaîner la Révolution et dresser l'échafaud du malheureux roi. Ainsi la royauté anéantissait elle-même la seule récompense humaine que la Pucelle eût jamais sollicitée.

Jeanne resta à Reims quatre ou cinq jours après le sacre. Elle était heureuse de se retrouver avec une partie de sa famille et se prêtait de bonne grâce à l'enthousiasme populaire qui ne pouvait se lasser de la voir et de l'acclamer ; mais ce temps ne fut pas entièrement consacré aux effusions familiales et au légitime empressement des Rémois. Le duc de Bourgogne, toujours cauteleux dans sa politique qui consistait à user et affaiblir les rois de France et d'Angleterre pour les dominer de son arbitrage, tout en prêtant la main aux Anglais, n'avait pas vu sans inquiétude cette marche triomphale qui avait abouti au sacre royal. Sa qualité de prince du sang lui faisait un devoir de sa présence à l'auguste cérémonie. Il ne vint pas, et lorsque Charles VII recevait l'onction qui le consacrait roi de France, Philippe le Bon était à Paris auprès de Bedford, discutant avec lui les moyens de reconquérir les provinces et le prestige perdus. Entretemps, il faisait prêter aux bourgeois de Paris le serment de rester fidèles à la royauté d'Henri VI d'Angleterre. Trop bien secondé par La Trémoille et Regnault de Chartres, il continuait néanmoins de négocier, de traîner les choses en longueur, et dans ce but, il avait même envoyé une délégation à Reims. Jeanne eut un entretien avec ses délégués, et bien qu'elle eût horreur de la duplicité qu'elle pressentait en ces avances, elle ne voulait négliger aucune occasion de rétablir la concorde et la paix entre Armagnacs et Bourguignons dont les haines duraient depuis trop longtemps, au grand dommage de la patrie commune, et elle profita de cette ambassade pour envoyer au duc de Bourgogne la lettre suivante :

† Jhésus, Maria !

Haut et redouté prince, duc de Bourgogne, Jehanne la Pucelle vous requiert de par le Roi du Ciel, mon droiturier et souverain Seigneur, que le Roi de France et vous, fassiez bonne paix ferme, qui dure longuement. Pardonnez l'un à l'autre de bon cœur, entièrement, ainsi que doivent faire loyaux chrétiens, et s'il vous plaît de guerroyer, allez sur les Sarrasins.

Prince de Bourgogne, je vous prie, supplie et requiers tant humblement que requérir vous puis, que vous ne guerroyiez plus au saint royaume de France et faites retirer incontinent et brièvement vos gens qui sont en aucune place et forteresses dudit saint royaume. De la part du gentil Roi de France, il est prêt de faire la paix avec vous, sauf son honneur, cela ne tient qu'à vous.

Et je vous fais savoir de par le Roi du Ciel, mon droiturier et souverain Seigneur, pour votre bien et pour votre honneur et sur vos vies, que vous ne gagnerez point bataille à l'encontre des loyaux Français, et que tous ceux qui font la guerre au dit saint royaume de France font la guerre au Roi Jhésus, Roi du Ciel et de tout le monde, mon droiturier et souverain Seigneur. Et je vous prie et vous requiers à jointes mains, que vous ne fassiez nulle bataille, ni ne guerroyiez contre nous, vous, vos gens ou sujets, et croyez sûrement que, quelque nombre de gens que vous ameniez contre nous, ils n'y gagneront rien et ce sera grand'pitié de la grand'bataille et du sang qui y sera répandu de ceux qui y viendront contre nous.

Et il y a trois semaines que je vous avais écrit et envoyé bonnes lettres par un héraut, que vous fussiez au sacre du Roi, qui, aujourd'hui dimanche, xviie jour de ce présent mois de juillet, se fait en la cité de Reims ; dont je n'ai point eu de réponse ni ouï oncques depuis nouvelles dudit héraut.

A Dieu vous recommande, et qu'il soit garde de vous, s'il lui plaît, et prie Dieu qu'il y mette bonne paix.

Ecrit audit lieu de Reims, ledit xviie jour de juillet.

Il est à remarquer que si Jeanne avait convoqué en temps opportun le duc de Bourgogne a la cérémonie du Sacre, le ton de cette lettre contraste vigoureusement avec les sommations envoyées aux Anglais. Philippe le Bon est du sang de France ; Jeanne ne le menace pas, elle le supplie au nom du Roi du Ciel. C'est tout autre chose quand elle écrit à Bedfort, mais le duc de Bourgogne n'avait pas l'âme assez haute pour sortir de ses misérables intrigues et il n'ignorait pas que Charles VII n'était pas de taille à les déjouer.

Il a été souvent dit et écrit qu'après le Sacre, Jeanne avait supplié Charles VII de lui permettre de se retirer, sa Mission étant accomplie. Rien n'autorise pareille assertion ; jamais tel propos n'a été tenu. Jeanne, a-t-on dit, marcha de succès en succès, tant qu'elle resta dans les limites de sa Mission. La période des revers commença dès qu'elle en fut sortie ; elle ne fut plus dès lors qu'un chef de guerre quelconque, sujette aux caprices de la fortune des batailles, jusqu'à l'heure fatale où des circonstances encore inexpliquées la firent tomber entre les mains d'implacables ennemis.

La Mission de Jeanne ne finissait pas à Reims. Sa dernière phase se fit attendre vingt ans ; mais il est vraisemblable que les horreurs de la période dite des Écorcheurs, qui s'écoula entre le drame de Rouen et la bataille de Castillon (1453) où périt Talbot, auraient été épargnées à la France, si Jeanne n'avait pas été mise dans l'impossibilité matérielle de poursuivre les brillants exploits qui, par Orléans et Patay, avaient conduit Charles VII à Reims.

Jeanne quitte Domremy pour obéir à ses Voix. Dès lors, ce Conseil extraordinaire de saint Michel et des deux Saintes l'assiste et la gouverne dans ses entreprises ; mais la malice et les passions humaines se sont mises souvent en travers des desseins providentiels ; c'est l'histoire de tous les temps. Les Anglais ne pouvaient être mis hors de France qu'à la pointe de l'épée et la France devait s'aider si elle voulait compter sur l'aide du Ciel qui ne lui avait pas manqué jusque-là. Il fallait à Jeanne une armée qu'elle pût conduire sans entraves. Cette armée lui fut refusée et toute la bienveillance, toute la gratitude de Charles VII ne purent empêcher qu'elle ne fût traversée dans tous ses desseins et qu'elle ne fût surveillée de près comme une suspecte. Si elle s'était arrogé le droit de poursuivre une Mission qu'elle n'avait plus, ses Voix l'auraient abandonnée. Or jamais les communications du Ciel ne lui furent plus fréquentes que dans la période des revers ; dans la prison de Rouen, elles étaient devenues une sorte de présence continuelle. Il est vrai que saint Michel apparaissait plus rarement, mais l'ère des batailles était close, et pour préparer Jeanne au martyre, sainte Catherine et sainte Marguerite semblaient désignées plutôt encore que l'angélique guerrier du Paradis.

—Jeanne comptait bien marcher sur Paris et enlever la capitale en revenant de Reims. Elle en avait parlé plusieurs fois : la délivrance d'Orléans n'était qu'un prélude, le signe tangible de sa Mission et au cours de son procès, elle revient souvent sur l'expulsion totale des Anglais qu'elle espérait bien accomplir, mais dont elle ne devait voir que la première phase. A un point de vue plus élevé, c'est une loi providentielle que le sacrifice est le principal élément de toute résurrection, pour les peuples comme pour les individus. On a peine, d'ailleurs, à se représenter Jeanne vieillissant à Domremy, ou attendant à la Cour de France que les infirmités de l'âge fassent tomber de ses mains sa vaillante épée et sa bannière victorieuse, lorsque depuis longtemps les Voix du Ciel seraient rentrées dans le silence. Son cruel supplice, sa jeunesse en face du bûcher, ont fait d'elle la plus noble et la plus touchante incarnation de la jeunesse et de la vaillance offertes en holocauste pour la patrie aux heures les plus sombres de son histoire, et nulle gloire humaine n'eut un piédestal comparable à l'échafaud de plâtre et de bois sur lequel Jeanne fut liée au poteau du supplice.

CHAPITRE XI

La campagne après le Sacre. — L'attaque de Paris

Trahison occulte. — Encore des diplomates. — Temps perdu. — Echauffourée de Bray-sur-Seine. — L'armée de Bedfort. — Charles VII se ressaisit. — Désastreux armistice. — Escarmouches de Montépilloy. — Soumission de Senlis et de Compiègne. — Jeanne entre à Saint-Denis. — Trève de quatre mois. — Dupes et complices. — Résistance de Charles VII. — Préparatifs d'attaque. — Paris au xv° siècle. — La Porte Saint-Honoré. — Le combat du 8 septembre. — Jeanne blessée. — Echec de l'armée française. — A Saint-Denis. — Retraite sur la Loire.

En moins de cinq mois, Jeanne venait de changer de fond en comble l'orientation des destinées de la France. Elle avait pris en quelque sorte, par la main, le Roi de Bourges et avait fait de ce prince timide, indécis, presque indigent, le vrai monarque de France, consacré par l'onction royale de Reims. Le succès de la campagne du Sacre, répercuté par de multiples échos dans les places fortes rebelles ou simplement hésitantes, lui préparait de nombreuses et faciles conquêtes. L'armée bien en main, nombreuse, aguerrie, vigoureusement entraînée ne demandait qu'à poursuivre la campagne et avec Jeanne elle réclamait la marche sur Paris. Charles VII, au lendemain de son Sacre, forçant les portes de sa capitale, n'avait plus qu'un geste à faire pour refouler les Anglais dans leur île et sceller la réconciliation de tous les bons Français, en imposant son amitié au cauteleux duc de Bourgogne. L'événement donna de cruels démentis à des espérances si bien fondées.

Dans le Conseil du Roi, les ennemis irréductibles de Jeanne gagnaient du terrain. Leur influence néfaste désagrégeait sourdement le bloc des chefs de guerre qui jusque-là s'étaient loya-

lement massés autour de la Pucelle, enthousiasmés par sa
vaillance et par sa maîtrise dans la préparation et la conduite
des combats. On leur faisait entendre que leur valeur et leurs
services méritaient mieux que la part qu'on leur attribuait
dans l'heureuse issue des derniers événements et que Jeanne
attirait trop exclusivement sur elle les acclamations du
peuple et les faveurs du Roi. Du moment qu'elle affectait
de ne parler jamais qu'au nom du Roi du Ciel, comment
discuter ses exigences fondées sur une intervention, en vérité,
trop fréquente et trop directe de ce Roi du Ciel, dans la con-

Vue générale de Provins.

duite des choses de la guerre et du gouvernement de l'État?
Voilà bien tous les éléments de la trahison occulte que
Jeanne redoutait uniquement au monde, et sans l'influence de
laquelle resteraient inexplicables les événements qui vont suivre
et qui vont paralyser les énergies de son activité! Jeanne voulait
poursuivre le succès par l'offensive à outrance, si justifiée
dans la prompte capitulation de Troyes et mettre à profit la
plus belle armée qui depuis longtemps eut été rassemblée sous
les bannières de France, mais ce redoutable instrument de
guerre fut brisé entre ses mains et ce bel exploit de la tortueuse
politique de La Trémoille, retarda d'un quart de siècle la libération du sol de la patrie.

Charles VII avait comblé de privilèges son entourage le
jour même de son Sacre; La Trémoille, Dunois, Gilles de Raïs,
le sire de Laval et peu après, la Hire, recevaient des honneurs et

des titres. En apparence, la faveur dont jouissait la Pucelle, ne pouvait s'élever plus haut; en réalité, allait commencer pour elle l'éclipse progressive de son influence. Insensiblement, elle était écartée du Conseil. Elle ignora probablement l'ambassade que le duc de Bourgogne avait envoyée à Reims, le lendemain du Sacre pour féliciter Charles VII et proposer de vagues négociations, dans le seul but de ralentir d'abord et d'arrêter ensuite, la vigoureuse offensive que Jeanne menait à la tête de ses hommes d'armes. Il fallait gagner du temps et laisser croire à la diplomatie de Charles VII qu'elle pourrait conquérir Paris sans employer la force et La Trémoille, toujours de connivence secrète avec Philippe le Bon, appuyait de son influence haineuse et peu désintéressée, ces fourberies hypocrites auxquelles se laissait prendre l'incurable irrésolution de Charles VII.

On perdit quatre jours à Reims, après le Sacre. Le vendredi 22 juillet, le Roi était à Saint-Marcoul où lui furent apportées les clefs de la cité de Laon. Puis ce fut une halte de quelques jours à Vailly où parvint à Charles VII la soumission de Crépy-en-Brie, de Soissons, de Provins et de Coulommiers. Encore du temps perdu à Soissons, jusqu'au 29 juillet. Une entrevue secrète à La Fère entre les ministres du Roi et ceux de Philippe le Bon, avait abouti à un armistice verbal de quinze jours. Dans l'intervalle, la place de Château-Thierry investie et menacée d'un assaut, s'était empressée d'ouvrir ses portes.

L'armée se trouvait sur le chemin direct de Paris, mais on feignait de craindre à Melun une résistance prolongée et par Montmirail et Provins, on gagna la rive droite de la Seine, à deux ou trois marches de la capitale. Charles VII semblait ne vouloir plus combattre et tandis que sur un faux bruit de l'approche de l'armée anglaise, il rangeait fièrement son armée en bataille, sur la Motte de Nangis, il négociait avec les habitants de Bray pour obtenir libre passage sur la rive gauche de la Seine. Le 4 août dans la matinée, l'armée française impuissante et humiliée sans avoir combattu, prenait sa direction de retraite vers la Loire. Il est vrai que le duc de Bourgogne se prêtait à l'ouverture des pourparlers à Arras et qu'il s'engageait, cautionné par La Trémoille, à ouvrir dans quinze jours devant Charles VII, les portes de Paris!

Jeanne, les larmes aux yeux et le duc d'Alençon atterré, conduisaient l'avant-garde vers le pont de Bray et déjà la tête de colonne s'engageait dans l'étroit défilé, lorsqu'un parti de cavalerie anglaise surgissant tout-à-coup, se précipite sur elle avec impétuosité, la bouscule par la soudaineté du choc, renverse les premiers rangs et continue la charge à travers les rues étroites de Bray. La surprise avait été vive ; elle fut promptement contenue et repoussée, mais elle avait suffi pour changer la fortune de la France.

La présence de l'ennemi sur la rive gauche de la Seine révelée par cette échauffourée, bouleversa le plan de retraite de l'armée française. Il ne pouvait plus être question de

Soissons — La Cathédrale.

se dérober et ce fut avec une joie profonde que sur la décision d'un Conseil de guerre immédiatement réuni, Jeanne tourna l'avant-garde vers Provins et Coulommiers ; c'était revenir sur Paris.

Bedfort s'était employé avec ardeur et succès à reconstituer l'armée anglaise si malmenée par Jeanne à Orléans, à Jargeau et à Patay. Peu scrupuleux sur le choix des moyens, il avait accaparé et incorporé au mépris de tout droit, un rassemblement de 4.000 hommes levé en Angleterre pour une croisade contre les Hussites qui ravageaient la Bohème et dont la solde était faite par le Saint-Siège. Le cardinal de Winchester son frère, chargé de ce recrutement, s'était laissé forcer la main, sans grande résistance et ce contingent renforcé par les garnisons anglaises de Normandie, avait porté à 8.000 hommes l'armée dont le Régent pouvait disposer.

— Il y avait des traîtres dans le Conseil de Charles VII et Bedfort était informé jour par jour de toutes ses décisions. Il connaissait la détermination désastreuse de retraite vers la Loire et se préparait à la harceler par tous les moyens, heureux de paraître vainqueur sans avoir combattu. La malencontreuse attaque du pont de Bray, par un chef d'avant-garde ignorant ses projets, faillit les ruiner complètement. L'armée française s'était ressaisie et sa belle ordonnance offensive tournée maintenant vers Paris, inspirait au Régent les plus vives inquiétudes. Sans doute, les trois semaines perdues depuis le Sacre en mouvements inutiles, avaient donné à ceux de Paris, le temps de préparer la résistance, mais la bannière et l'armure blanche de Jeanne avaient accompli tant de prodiges depuis peu, qu'on pouvait tout espérer ou tout craindre, selon que l'on marchait avec ou contre elle.

Le répit dolosif de quinze jours que le duc de Bourgogne avait demandé pour ouvrir à Charles VII les portes de Paris, expirait le 12 août. Ce n'était qu'un leurre, mais il fut pris au sérieux par le Roi; seulement, à l'expiration de cette trève, les portes de Paris restèrent fermées, le duc de Bourgogne s'éclipsa, et Bedfort avec son armée, se trouvait en présence de celle de Charles VII.

Il faut rendre cette justice au Roi, qu'il s'était lui aussi pour le moment, à peu près ressaisi. Son indolence coutumière, fustigée en quelque sorte par les événements imprévus de Bray, avait fait place à une ardeur belliqueuse qui comblait d'allégresse la Pucelle et la plupart des chefs de l'armée. La Trémoille lui-même avait cru devoir donner de sa personne aux escarmouches devant Montépilloy. Renversé de cheval, il allait être massacré par les coutiliers anglais, lorsque Jeanne le secourut, bien mal à propos peut-être pour la France et pour elle.

Bedfort avait quitté Paris le 4 août et dirigé son armée par la vallée de la Seine, vers Melun et Montereau. Il ne voulait pas hasarder le sort de la capitale dans un combat dont l'issue malheureuse, plus que jamais possible, aurait anéanti la domination anglaise sur le sol français. Il se borna exclusivement à manœuvrer pour couvrir Paris, observant l'armée du Roi et comptant avec raison sur les influences occultes dont il disposait auprès de Charles VII.

Jeanne employait activement la suspension d'armes pour rattacher à la couronne de France, tout le pays que traversait son armée dans ses évolutions. Elle était revenue jusqu'à Château-Thierry. Le 10 août, reprenant le chemin de Paris, on était à La Ferté-Milon, le 11, à Crépy-en-Valois où Charles VII reçut une insolente sommation de Bedfort. Le 12, l'armée campait sur les hauteurs de Dammartin d'où Jeanne aperçut pour la première fois les tours et les clochers de Paris. C'était le jour où le duc de Bourgogne aurait dû en ouvrir les

Château-Thierry.

portes, mais l'armée anglaise solidement retranchée près de Mitry et inexpugnable dans ses positions, en couvrait les approches. On escarmoucha toute la journée et le soir, comme d'un commun accord, chaque armée se donna du champ par un mouvement de recul inexplicable.

Le 13, Charles VII fit savoir à Compiègne que si les clefs ne lui en étaient pas apportées le lendemain, il prendrait la ville d'assaut deux jours après. Compiègne n'attendit pas la réalisation de la menace.

Le 15 août, les deux armées se trouvaient en présence, non loin de Senlis. Dans le camp français, la Messe fut célébrée en plein air. Jeanne, le duc d'Alençon et le comte de Clermont communièrent sur le front de leurs troupes. Celles-ci furent disposées en trois corps sur les hauteurs de Montépilloy. En face, les Anglais occupaient le village de Notre-Dame-de-la

Victoire et selon leur tactique coutumière ils s'étaient couverts par de formidables retranchements, espérant toujours que la fougue française renouvellerait les attaques téméraires qui lui avaient coûté si cher à Crécy, Poitiers et Azincourt.

Nulle provocation ne put les déterminer à quitter leurs abris pour combattre en rase campagne et d'autre part, Jeanne était trop prudente pour courir à un désastre presque certain en essayant de forcer des lignes si redoutables. Elle vint elle-même heurter les barrières du camp anglais, de la hampe de son étendard et reporta en arrière ses troupes pour laisser du champ aux Anglais; tout fut inutile. La journée se passa encore en escarmouches et en combats singuliers, comme en champ clos, et le Roi lui-même ne fut qu'à grand'peine empêché d'y prendre part. Le soir, il y avait bien 300 morts de chaque côté.

Dans la nuit, Bedfort leva son camp et replia son armée vers la Normandie. Il lui suffisait pour l'heure d'avoir démontré à ses soldats qu'ils pouvaient affronter la présence de Jeanne sans courir à un désastre certain et puis il savait que le duc de Bourgogne allait recommencer ses machinations diplomatiques avec ses complices dans l'entourage du Roi.

En attendant, on enleva Senlis et Charles VII fit à Compiègne une entrée triomphale avec la Pucelle et les principaux chefs de son armée. Cette fois, il ne voulait pas aller plus avant. On attendait les diplomates bourguignons qui n'arrivèrent que le 23 août et cinq jours plus tard fut signé l'inexplicable armistice qui devait se prolonger jusqu'au 25 décembre tout en laissant au duc de Bourgogne complète latitude pour défendre Paris et les autres places riveraines de la Seine.

Jeanne n'avait pas attendu la conclusion de la néfaste convention du 28 août, destinée surtout à paralyser son action et à mettre en lumière l'inutilité de son secours. Elle sentait que l'inaction ne tarderait pas à dissoudre la belle armée qui marchait encore à sa suite et à laisser le champ libre aux politiciens dont son ardeur batailleuse troublait les combinaisons.

Paris avait toujours été le suprême objectif de sa pensée et, à ses yeux, le couronnement de sa Mission. De par le Sacre de Reims, Charles VII était le Roi, mais encore fallait-il reconstituer entièrement son apanage royal et surtout lui rendre sa capitale. Déjà le 5 août, écrivant aux habitants de

Reims pour leur recommander la fidélité au Roi et la bonne
garde de leur cité, elle avait daté sa lettre de « près d'un logis
aux champs, sur le chemin de Paris ».

Bedford, après les escarmouches de Montépilloy, s'était
replié sur la Normandie pour tenir tête au connétable de
Richemont et à La Hire qui menaçaient Rouen. Il laissait à
Paris une garnison de 2.000 hommes d'armes sous le commandement de Villiers de l'Isle-Adam, le plus vaillant et le meilleur des chefs bourguignons. Il flattait ainsi habilement
l'amour-propre de Philippe le Bon et l'intéressait directement

Senlis. — Vue générale.

à la défense de Paris que celui-ci ne pouvait abandonner sans
une sorte de forfaiture, et d'ailleurs la politique cauteleuse du
duc de Bourgogne s'accommodait au mieux de cette mission.

Le vendredi 23 août 1429, Jeanne dit au duc d'Alençon :
« Beau Duc, faites appareiller vos gens et rassembler vos capitaines, je veux aller voir Paris plus près que je ne l'ai vu. »
Le duc qui était toujours partisan de l'offensive, rassembla
quelques troupes, et avec Jeanne descendit vers Paris.

Il fallait une fois encore triompher des incertitudes de
Charles VII, trop livré aux influences de La Trémoille et de
Regnault de Chartres. S'obstinant à négocier, toujours dupe
des fallacieuses avances de Philippe le Bon, en rêve il se
voyait déjà entrant à Paris sans coup férir et terminant l'interminable guerre par le protocole d'un traité au lieu de faire
appel au droit de l'épée, qui par l'intervention de Jeanne,

l'avait jusqu'à ce jour autrement mieux servi que ses courtisans diplomates.

Deux mois auparavant, pour décider le Roi à marcher sur Reims, Jeanne avait heureusement employé tactique semblable ; elle était partie en avant. Il avait bien fallu que Charles VII suivît et il n'avait pas eu à s'en repentir. Cette fois, l'irritation fut grande au sein du Conseil, tout entier à ses négociations que menaçait l'offensive hardie de la Pucelle. Le Roi lui-même manifesta quelque humeur et ne parut nullement empressé à seconder l'initiative de Jeanne ; faute irréparable qui allait donner aux habitants de Paris le temps de multiplier leurs moyens de défense et préparer l'échec qui devait s'ensuivre.

En attendant, la Pucelle et le duc d'Alençon, avec les quelques troupes qu'ils amenaient, étaient arrivés à Saint-Denis, le lundi 26 août. Si le Roi les avait immédiatement suivis avec le reste de l'armée, il est probable que Paris aurait été enlevé d'assaut. Ce n'était pas d'ailleurs que la cause française y comptât une majorité de partisans comme à Troyes et à Reims. Nulle part la domination anglo-bourguignonne n'était mieux assise. Le Parlement et l'Université tenaient pour les Anglais, et Bedfort avait habilement répandu le bruit que le Roi Charles VII se ferait avant tout l'exécuteur des Parisiens et que Paris expierait l'assassinat du duc d'Orléans par une complète destruction. L'approche de l'armée royale avait déterminé une effervescence considérable. Avec une activité fébrile, on renforçait les boulevards, on élevait des barricades, on disposait les engins de guerre dans les tours et sur les courtines de la rive droite de la Seine.

A l'époque de Jeanne d'Arc, Paris se développait inégalement de chaque côté du fleuve. La rive gauche en était encore à l'enceinte de Philippe-Auguste qui s'étendait en arc de cercle, à peu près du pont des Arts au pont Sully, laissant sur la droite l'abbaye de Saint-Germain-des-Prés, et atteignait son rayon le plus étendu vers l'Ecole de médecine actuelle. Elle était percée de huit portes. La cité et l'île Saint-Louis étaient couvertes par les tours qui commandaient le cours de la Seine sur la rive gauche, la porte Tournelle en amont, et la Tour de Nesle, en aval du fleuve.

L'enceinte de la rive droite, beaucoup plus étendue, avait

été construite sous Charles V et Charles VI. Elle avait la
forme d'un hexagone irrégulier amorcé au fleuve, depuis le
pont des Saints-Pères jusqu'au pont d'Austerlitz, et atteignait
son plus grand développement à la hauteur de la porte Saint-

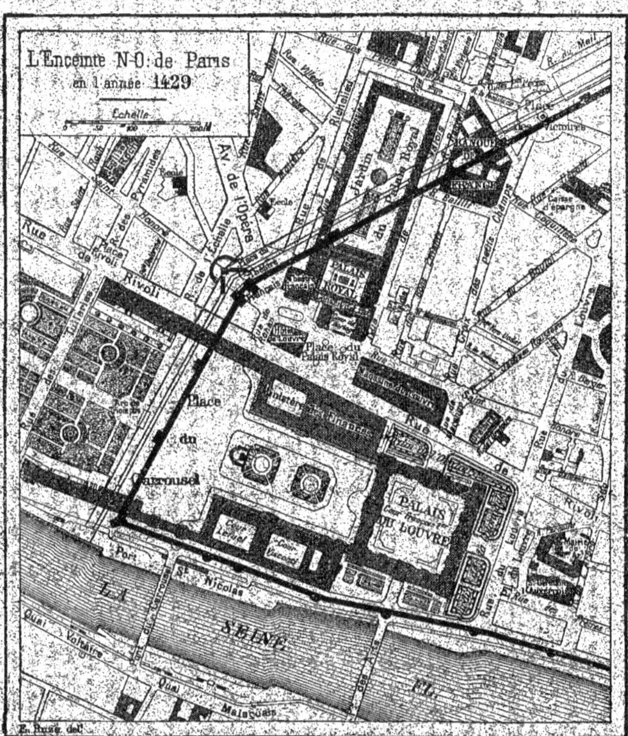

Enceinte de Paris en 1429.

Martin. Cette enceinte se composait de deux fossés parallèles,
séparés par un mur en pyramide dont le faîte se terminait en
dos d'âne. Le premier fossé était à sec, mais le second était
plein d'eau et de vase à une profondeur de deux mètres. Le
mur d'enceinte, haut de sept mètres environ, se composait
d'une courtine crénelée, flanquée de tours carrées distantes de

200 mètres et percée de plusieurs portes fortifiées, avec pont-levis sur les douves. Une banquette destinée aux archers courait le long du mur intérieur et çà et là se disposaient des plates-formes pour l'artillerie.

La porte Saint-Honoré, une vraie citadelle, faisait communiquer la chaussée Saint-Honoré et la chaussée du Roule, aujourd'hui la rue du Faubourg Saint-Honoré. Cette porte occupait le terre-plein actuel de la place du Théâtre-Français. Elle s'ouvrait sur un pont à cinq arches, coupé par un pont-levis et couvert au milieu par un solide boulevard. Tout ce système de défense semblait modelé sur les fortifications du pont d'Orléans, d'après les règles du génie militaire de l'époque.

Jeanne et le duc d'Alençon s'étaient cantonnés à Saint-Denis en attendant que Charles VII se décidât à les rejoindre avec le reste de ses troupes. Des détachements avaient été poussés jusqu'à Aubervilliers, Montmartre et la Chapelle-Saint-Denis. Pour tenir les troupes en haleine et aussi pour reconnaître les abords de la place, Jeanne engageait chaque jour des escarmouches avec les Anglo-Bourguignons de Paris; le plus souvent, c'est des hauteurs de Montmartre qu'elle étudiait les dehors de l'enceinte. D'ailleurs, elle fut assez mal servie dans ces reconnaissances et il est étrange qu'elle ait ignoré que le second fossé n'était pas à sec comme le premier. D'aucuns prétendent qu'il se tramait déjà autour d'elle quelque chose d'analogue à la trahison et il est d'ailleurs certain qu'il y eut dans l'attaque de Paris des mauvaises volontés, sinon des défaillances dont le mobile est demeuré ténébreux.

Cependant Charles VII ne paraissait pas; le duc d'Alençon court à Senlis, le jeudi 1er septembre et supplie le Roi de se hâter. Charles VII lui déclare qu'il va se mettre en route; le 5 septembre il n'avait pas encore bougé, lorsque le duc d'Alençon revient désespéré et cette fois réussit à ramener le Roi et le reste de l'armée sur Saint-Denis. Il était peut-être trop tard, car les Anglo-Bourguignons avaient mis à profit les hésitations royales et hérissé d'obstacles nouveaux les approches de la porte Saint-Honoré.

Dès son arrivée à Saint-Denis, le duc d'Alençon avait envoyé aux Parisiens un message qui était, à proprement parler, une sommation comme celle que Jeanne signifiait habituelle-

ment : « Au nom du Roi du Ciel ». C'était aussi une réponse
aux exagérations mensongères des Anglais qui attribuaient
à Charles VII des inspirations de vengeance qu'il n'eut jamais.
On promettait à Paris une large amnistie et le respect des
biens et des personnes. Les Parisiens virent dans ces avances
une preuve d'impuissance et ne firent aucune réponse. Parmi
eux, la cause de la France comptait certainement de nombreux
fidèles, mais les Anglais faisaient périr dans les plus cruels
supplices ceux qui tentaient un soulèvement et la terreur affer-
missait leur domination. Il semble bien que l'on compta plus
que de raison sur une diversion intérieure que devaient faire

Paris. — La porte Saint-Honoré (XVIIᵉ siècle).

les partisans de Charles VII, tandis que la garnison serait
occupée à repousser l'attaque des remparts.

Le Roi arriva à Saint-Denis le mercredi 7 septembre
et l'armée se trouvant au complet, on décida que l'attaque
aurait lieu le lendemain. Pour tenir les troupes en haleine,
Jeanne livra un combat d'avant-garde près d'un moulin
à vent qui se trouvait à mi-voie, entre la porte Saint-Denis et
le village de La Chapelle, vers la ferme de Saint-Lazare. Elle
avait mis à profit les douze jours qu'elle venait de passer à
Saint-Denis, en véritable chef de guerre qui n'abandonne rien
au hasard. Par son ordre, on avait rassemblé une quantité
énorme de bourrées à trois liens pour combler les fossés ;
4.000 claies avaient été préparées et on avait réquisitionné ou
fabriqué 660 échelles de rempart ; mais jusqu'à la dernière
heure, on laissa volontairement, ce semble, ignorer à Jeanne
l'inondation du second fossé ; d'autre part, il est remarquable

que ses Voix ne lui avaient donné aucune inspiration pour cette attaque et qu'elles ne se manifestèrent que le lendemain de l'assaut pour lui conseiller de le reprendre.

Dès le mercredi soir, Jeanne avait massé les troupes au village de la Chapelle, sous la colline de Montmartre : leur effectif ne dépassait guère 8.000 hommes, ce qui était peu pour attaquer une place telle que Paris, défendue par une nombreuse et vaillante garnison ; mais la Pucelle, jusqu'à ce jour victorieuse, valait à elle seule une armée.

Le jeudi 8 septembre était la solennité de la Nativité de la sainte Vierge. Les troupes assistèrent de bonne heure aux offices religieux, et vers huit heures, elles s'ébranlèrent vers la porte Saint-Honoré, choisie comme point d'attaque.

Tous les assaillants ne marchaient pas dans la même résolution. Les uns avec Jeanne et le duc d'Alençon, se proposaient une attaque à fond, un assaut décisif qui livrerait le jour même Paris au Roi de France. Les autres et non des moins considérables (1), voulaient ne faire qu'une « passe d'armes ». D'ailleurs plusieurs de ceux-ci auraient été terriblement embarrassés si Jeanne avait emporté Paris d'assaut. C'eût été l'apothéose de la Pucelle, la fin de la guerre, la confusion de la plupart des conseillers du Roi qui avaient poussé à la néfaste convention du 28 août. Qui pourra jamais dire dans quelle mesure ces misérables considérations contribuèrent à l'insuccès de la journée ?

L'armée française se partagea en trois corps pour l'attaque. A 300 ou 400 mètres de l'enceinte, se trouvait une butte, nommée Marché-aux-Pourceaux ou butte des Moulins, dont le percement de l'avenue de l'Opéra fit disparaître naguère les derniers vestiges. Son relief offrait un merveilleux emplacement pour l'artillerie. Jeanne se hâta d'en profiter et bientôt deux batteries firent pleuvoir leurs projectiles sur le boulevard de la porte Saint-Honoré et sur la partie de l'enceinte qui s'étendait jusqu'à la porte Montmartre.

A la tête de la colonne d'attaque de gauche, Jeanne se porta vers la courtine qui occupait l'emplacement actuel d'une ligne partant de la place du Théâtre-Français et aboutissant à

(1) René, duc de Bar, les comtes de Clermont et de Vendôme, le sire d'Albret, Regnault de Chartres, l'évêque de Séez, La Trémoille, Dunois, Christophe d'Harcourt, le sires de Trèves et de Gaucourt, etc.

la place des Victoires. Une tour carrée dominait cette courtine à 200 mètres de la porte Saint-Honoré ; ce fut le centre d'attaque de la colonne conduite par la Pucelle.

Le comte de Saint-Vallier assaillait la barrière et le boulevard de la porte Saint-Honoré et une réserve considérable était massée sous les ordres des ducs d'Alençon et de Bourbon, défilée de l'artillerie de la place par la butte des Moulins. Elle était chargée de renforcer l'attaque en temps opportun, mais surtout de surveiller un mouvement tournant de l'ennemi qui aurait pu se produire par la porte Saint-Denis.

Le signal de l'attaque fut donné vers midi : l'artillerie faisait rage de chaque côté, mais telle fut l'ardeur des assaillants qu'après un rude combat de quelques heures, le boulevard qui défendait la porte Saint-Honoré fut emporté et le feu mis aux barrières.

La défense extérieure de Paris avait été vivement refoulée dans la place et le pont-levis relevé arrê-

La Basilique de Saint-Denis.

tait sur la chaussée la colonne du sire de Saint-Vallier ; mais il y avait eu quelque désordre parmi les fuyards anglo-bourguignons et les partisans de Charles VII en avaient profité pour semer l'alarme dans la ville, criant que la Pucelle avait forcé les remparts. Malheureusement les choses n'étaient pas aussi avancées et la panique ne tarda pas à se calmer.

Jeanne avait compris que l'assaut ne pouvait être plus longtemps différé. Elle se jette dans le premier fossé avec le duc d'Alençon et une troupe d'hommes déterminés, le traverse et monte sur le mur en dos d'âne pour mesurer l'étendue du second, mais quelle est sa surprise en le voyant plein d'eau ! Elle va et vient, sondant de sa lance la profondeur de l'eau et de la vase et criant qu'on apportât claies et fascines dont il y avait grande provision, pour combler le fossé. Mais ses ordres ne sont pas entendus ; en vain elle s'impatiente et se courrouce, c'est à peine si quelques fagots lui parviennent et surnagent comme des épaves dans l'eau dormante du fossé. La situation devenait critique, d'autant que déjà des bruits circulent, déclarant le fossé infranchissable et l'on n'était pas à 20 mètres des remparts dont les créneaux vomissaient toutes sortes de projectiles, lorsque tout à coup Jeanne chancelle et tombe : un trait d'arbalète venait de lui traverser la jambe de part en part. On s'empresse autour d'elle pour la ramener en arrière, mais elle proteste qu'elle ne cédera pas la place ; elle continue ses appels pour la préparation de l'assaut ; sa chute et sa blessure servent de prétexte à ceux qui ne voulaient pas pousser l'attaque à fond. Il était nuit noire lorsque le duc d'Alençon put l'arracher, malgré ses protestations, à ce sol ensanglanté. Les troupes furent ramenées à la Chapelle, mais Jeanne se promettait bien de recommencer l'assaut dès le lendemain matin.

Dans la nuit, le baron de Montmorency et 60 gentilshommes, attachés jusque-là à la fortune des Anglais, sortirent de Paris et vinrent se joindre aux troupes de Jeanne, ce qui semble indiquer que l'échec n'était pas considéré comme sérieux. Les Voix lui disaient que la ville serait prise ce jour-là et tout se préparait pour recommencer la lutte. La Pucelle, malgré sa blessure, moins grave que la première reçue à l'assaut des Tourelles, était à cheval dès le point du jour. Elle donnait ses ordres pour l'attaque, lorsque le duc de Bar et le comte de Clermont viennent de la part du Roi donner l'ordre de suspendre les hostilités et de se replier sur Saint-Denis. Charles VII n'avait pas paru la veille sur le lieu du combat. Il ne savait ce qui s'y était passé que par des rapports tels que dut en faire La Trémoille qui n'avait pas engagé ses troupes ; d'autre part, le duc de Bourgogne avait fait presser le Roi de mettre fin à la lutte, lui faisant espérer une fois encore la prochaine ouverture pacifique des portes de Paris. L'ordre était formel et Jeanne, l'âme navrée, dut se résigner et renoncer à cette conquête qu'un nouvel effort allait lui livrer. C'en était fait des jours heureux ; la période des revers venait de s'ouvrir et ne devait plus se clore qu'aux portes de Compiègne, en attendant l'apothéose finale du bûcher.

L'armée revint à Saint-Denis, emmenant son artillerie, mais laissant sur le lieu du combat, échelles, claies et fascines ; les Parisiens en firent des trophées de victoire. Elle avait enlevé ses morts et ses blessés dont le chiffre n'a jamais été exactement connu. Les chroniqueurs anglo-bourguignons le portent à 500. Perceval de Cagny prétend au contraire qu'il n'y eut que quelques blessés. En prenant la moyenne de ces deux opinions, étant donné l'acharnement de cette lutte presqu'à bout portant, on ne doit pas être loin de la vérité.

Rien n'indique d'une manière absolue l'endroit où Jeanne blessée, rougit de son sang le sol de Paris qu'elle ne devait pas délivrer. Il est extrêmement probable qu'il faudrait le chercher dans le jardin du Palais-Royal, un peu au-dessus de la galerie d'Orléans et non sur l'emplacement de la porte Saint-Honoré, comme on le croit généralement ; la colonne d'assaut que conduisait la Pucelle avait assailli la tour carrée qui flanquait la courtine à 200 ou 300 mètres de la porte attaquée par le sire de Saint-Vallier ; c'est devant cette tour qu'elle tomba.

Tout espoir n'était pas perdu pour reprendre l'offensive, car le duc d'Alençon avait fait jeter un pont de bateaux sur la Seine, en aval de Saint-Denis et l'attaque qui avait échoué sur la rive droite avait grande chance de réussir sur la rive gauche ; mais Charles VII avait définitivement renoncé à continuer la campagne et pour accentuer sa résolution, dans la nuit du vendredi 9 au samedi 10 septembre, il fit rompre le pont, dernière espérance à laquelle s'attachait l'énergie inlassable de Jeanne. Un article additionnel à la convention du 28 août étendait la trêve aux environs et à la ville de Paris et brisait définitivement l'épée de la Pucelle. La politique tortueuse et jalouse de La Trémoille triomphait de la Mission de Jeanne, mais les contemporains eux-mêmes n'attendirent pas les sévérités de l'histoire pour juger comme il convient les défaillances du Roi et son inconcevable aveuglement. Jeanne était autrement inspirée lorsque, sur le conseil de ses Voix, elle refusait de s'éloigner de Saint-Denis. Il fallut, en quelque sorte, l'en arracher de force, lorsque l'armée morne et mal résignée, se mit en marche vers la Loire, triste épilogue de cette triomphante chevauchée qui avait conquis, presque sans coup férir, le tiers du royaume de France. La honte en retombe tout entière sur ses misérables inspirateurs incapables de s'élever jusqu'à l'intelligence de la merveilleuse stratégie de Jeanne qui, après avoir rejeté les Anglais de la Loire sur la Seine, se disposait à les rejeter sur le littoral et les contraindre à repasser pour toujours dans leur île.

La Pucelle comprit sans doute que sa Mission guerrière touchait à sa fin, et avant de s'arracher de Saint-Denis, elle suspendit en *ex-voto*, dans la Basilique, son baudrier de buffle et son épée dont les annelets, les garnitures et les boucles étaient en or massif ; l'épée de Sainte-Catherine-de-Fierbois avait été brisée par elle à Saint-Denis, sur les épaules d'une ribaude qu'elle chassait hors du camp.

Jeanne, toujours à l'avant-garde, maintenant marchait triste et silencieuse dans l'entourage du Roi ; elle semblait conduire ses propres funérailles. Désormais, ce n'était qu'une épave ballottée dans le sillage de la Cour ; force brisée, puissance inutile, son martyre allait racheter cette France que son épée n'avait pu entièrement reconquérir.

CHAPITRE XII

Le Déclin

Jeanne est à son déclin. La sourde et hypocrite trahison qu'elle redoutait sans pouvoir en saisir des actes positifs, a eu raison de sa belle ardeur offensive qui vient d'accomplir tant de prodiges. Charles VII toujours hypnotisé par l'idée fixe de reconquérir son royaume avec la seule habileté de sa diplomatie toujours dupe et probablement aussi, complice de la fourberie de Philippe le Bon, remet au fourreau l'épée qui l'avait jusque-là si bien servi. Ses sentiments personnels à l'égard de Jeanne sont toujours les mêmes et il affecte de lui témoigner une amitié personnelle et une munificence vraiment royale, hommages inutiles d'une ingratitude naissante et habilement fomentée par les politiciens de son entourage.

Le duc de Bourgogne toujours de connivence avec Bedfort, continue ses hypocrisies diplomatiques. Avant tout, il veut briser le puissant instrument de guerre forgé par l'enthousiasme qui a rassemblé autour de Jeanne toutes les énergies du patriotisme français; aussi l'armée du Sacre va-t-elle se dissoudre. Les places fortes conquises à son passage, réclament des garnisons et le trésor royal ne peut plus longtemps subvenir à l'entretien d'une organisation trop prolongée. Lorsque le Roi de France, encore hier Roi de Bourges, sera rentré dans ses résidences du Berry et de la Touraine, Bedfort et Philippe le Bon, auront beau jeu pour ruiner l'œuvre merveilleuse que Jeanne vient d'accomplir, « de par le Roi du Ciel ».

Les uns après les autres, les chefs ramènent leurs troupes respectives dans leurs foyers : Gilles de Rais regagne son manoir de Champtocé : le duc d'Alençon revient à Saint-Florent dans l'intention de seconder le connétable de Richemont qui guerroye en Normandie. Jeanne dut rester seule avec une maison militaire bien diminuée, car elle n'était plus chef d'une armée qui n'existait plus, mais que lui importaient des honneurs qu'elle n'avait pas demandés, maintenant qu'elle devait se résigner à suivre dans leur triste sillage les débris inutiles de ses troupes qui devaient achever de se dissoudre dans leur retraite vers le Berry ?

Les places fortes conquises dans la campagne du Sacre, une fois pourvues de solides garnisons, Charles VII quitta Saint-Denis et dirigea sur Gien la retraite des quelques troupes qui lui restaient. Il soumit au passage la ville de Lagny-sur-Marne, place de guerre également redoutable pour l'offensive ou la défensive à l'égard de Paris, traversa Provins et cette fois passa sans difficulté sur la rive gauche de la Seine par le pont de Bray. Un crochet vers l'Est porta l'armée sous les murs de Sens où l'on espérait franchir l'Yonne, mais les portes restèrent closes : la faible escorte de Charles VII ne pouvait espérer de les ouvrir par force : tant bien que mal, on passa la rivière à gué et par Montargis, on atteignit Gien le 21 septembre.

Le Roi semblait s'éloigner à regret, saisissant tous les prétextes pour allonger la route, toujours sous l'empire de son idée fixe qui lui promettait une entrée triomphale à Paris sous les auspices du duc de Bourgogne. Il multipliait à son égard les prévenances, presque les sollicitations et lui avait même offert Compiègne en gage de ses dispositions plus que conciliantes, mais cette ville avait si bien protesté, que Philippe le Bon avait dû se contenter de Pont-Sainte-Maxence. Il tenait d'ailleurs admirablement son rôle, promettant beaucoup, exigeant plus encore et ne donnant jamais rien et comme pour ne laisser aucune illusion à Charles VII, il venait d'accepter du Roi d'Angleterre, le titre de lieutenant-général pour la France.

Jeanne était devenue un embarras dont on s'accommodait au mieux et de la meilleure grâce du monde. Sa présence à la

Cour mille fois justifiée par ses exploits, ne pouvait être qu'une gêne pour la déloyauté de ses ennemis, aux aguets pour détruire le peu d'influence qui lui restait et ruiner même sa réputation militaire. Chacune des étapes de la Cour, Gien et Selles-sur-Cher, évoquait en son âme meurtrie, de récents et cruels souvenirs. Elle y avait passé naguère rayonnante d'espérances : c'était maintenant le crépuscule du soir, avant-coureur de la nuit. La rencontre de la Reine Marie d'Anjou

Mehun-sur-Yèvre.

à Selles-sur-Cher, fut comme un pâle rayon de soleil dans cette ombre et elle escorta la souveraine jusqu'à Bourges.

Dans cette résidence royale, elle fut l'hôte de Marguerite La Touroulde, dame de Bouligny, avec qui elle contracta une amitié digne de ces deux âmes d'élite. Jeanne n'avait guère de secrets pour Marguerite et celle-ci heureuse et fière d'avoir à son foyer la jeune fille extraordinaire dont la célébrité était déjà devenue une des gloires de la France, l'entourait des attentions les plus délicates qui confinaient à la vénération. « C'est une bonne jeune fille, disait-elle. Elle s'exprime très simplement sur tout ce qui se présente dans la conversation : toutefois elle est douée d'une manière admirable pour la science militaire. » Les événements ne devaient pas tarder à séparer ces deux amitiés si bien faites pour se comprendre.

Le duc d'Alençon qui espérait reconquérir son duché sur les Anglais, fit demander au Roi de lui donner Jeanne pour prendre le commandement de ses troupes. Charles VII y aurait peut-être consenti, mais son Conseil opposa une résistance irréductible. Il voyait déjà par la pensée, Jeanne et son « beau duc » marchant sur Paris et enlevant la capitale avant d'en avoir demandé la licence et pour dissimuler sa pensée véritable, tandis que Charles VII était en résidence à Mehun-sur-Yèvre, le Conseil s'avisa qu'il était indispensable de réduire les places riveraines de la Loire, encore au pouvoir des Anglais. Ainsi on userait Jeanne à une guerre de sièges où tous les accidents sont possibles et les échecs, le plus souvent irréparables.

Le petit corps expéditionnaire rassemblé à Bourges fut mis sous les ordres du sire d'Albret, frère de La Trémoille et Jeanne lui fut adjointe, comme au duc d'Alençon, lors de la campagne du Sacre, mais les temps étaient encore moins changés que les hommes, elle ne tarda pas à s'en apercevoir.

La place de Saint-Pierre-le-Moutier, assaillie avec vigueur, avait repoussé un premier assaut ; Jeanne était restée presque seule sur le lieu du combat. Sa voix dominait le tumulte comme à l'attaque des Tourelles : « Aux fagots, aux claies, tout le monde, criait-elle. Il faut jeter un pont sur les fossés » et voilà que soudain les fuyards s'arrêtent, reviennent à l'assaut et cette fois, la place est conquise. Entraînés par l'ardeur du combat et par l'ivresse d'un premier succès, ils enfoncent les portes d'une église dont le trésor tente leur cupidité, mais soudain Jeanne est accourue, et l'épée à la main, elle couvre de sa personne, l'accès du parvis de l'autel. Les assaillants confus s'inclinent devant tant d'héroïsme et acclament la vaillante Pucelle qui se multiplie pour arrêter les violences et les désordres consécutifs à un assaut victorieux.

Le succès de Saint-Pierre-le-Moutier causa quelque inquiétude parmi les ennemis de Jeanne, aussi lorsqu'il fut question de réduire la place de La Charité-sur-Loire, ils s'ingénièrent à paralyser son activité et à multiplier les obstacles devant elle. L'entreprise était autrement dure que celle de Saint-Pierre-le-Moutier. Une garnison nombreuse et vaillante commandée par un chef réputé parmi les meilleurs des Bour-

guignons, Perrinet-Grasset, occupait la place d'ailleurs très
forte par elle-même et ce fut pitié de voir Jeanne réduite à solliciter en son nom, à Moulins, à Riom, à Clermont, à Orléans
et à Bourges, des secours et des subsides que lui refusait le
Conseil royal. L'opulence usurière de La Trémoïlle rançonnait
bien le Roi, mais ce n'était pas pour fournir à Jeanne les
moyens d'achever la libération de la France. De morceaux et
de pièces, on avait péniblement reconstitué un faible corps
d'expédition composé de mercenaires sans cohésion, aussi mal
approvisionnés que mal équipés, malgré les sacrifices consentis
par les villes patriotes.

C'est ainsi que l'on se
présenta devant la Charité-
sur-Loire, vers la fin de
novembre, par une tempé-
rature dont les rigueurs
précoces allaient ajouter
encore aux difficultés de
l'entreprise. Le siège dura
trois semaines et à la suite
d'un assaut sanglant et
infructueux, les vivres et
les munitions étant épui-
sés, il fallut battre en
retraite et laisser aux mains des assiégés, la plus grande partie
de la faible artillerie mise en position.

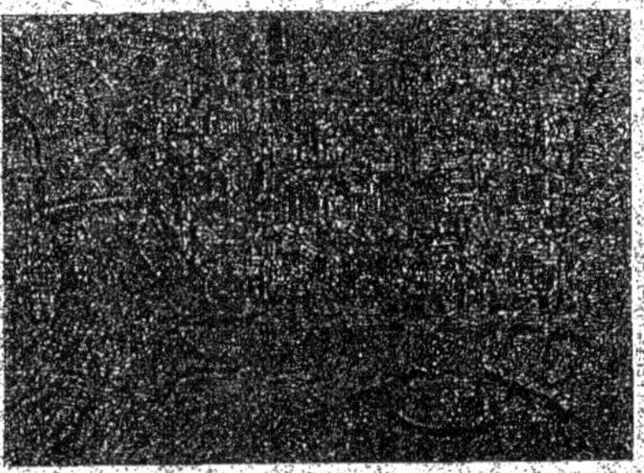

Rouen (1493)

Cette fois Jeanne était vaincue et s'il y eut quelque joie
chez quelques courtisans, Charles VII ne parut pas très affecté
de cet échec ; on a même prétendu, non sans quelque vraisemblance, qu'il y avait partie liée entre La Trémoïlle et Perrinet-
Grasset, mais aucun document positif ne permet de l'affirmer.

Pour favoriser la dislocation de son petit corps d'armée,
Jeanne avait descendu la Loire jusqu'à Jargeau où elle retrouva
une sorte d'illuminée, Catherine de la Rochelle, qui avait
déserté son foyer, son mari et ses enfants pour singer et probablement pour discréditer le rôle de la Pucelle d'Orléans.
Jeanne l'avait déjà rencontrée avant le siège de la Charité où
elle l'avait inutilement invitée à l'accompagner. Cette folle
divaguait en tous lieux sous la tutelle de frère Richard qui
avait fait une autre figure à la campagne du Sacre, mais qui

devait fatalement, un jour ou l'autre, cautionner quiconque rivaliserait avec lui de déséquilibre mental. L'imposture ne fut pas de longue durée et Jeanne se chargea toute seule d'y mettre fin en la démasquant sans pitié, ce qu'aucun des deux illuminés ne lui pardonna.

Ce fut vers cette époque que Charles VII, mû peut-être par un sentiment de remords pour la torture morale qu'il infligeait à Jeanne, voulut affirmer devant tout le pays de France, sa gratitude envers l'Envoyée de Dieu, qui à ce moment lui aurait déjà reconquis tout son royaume, s'il n'avait redouté de tenir trop étroitement son patrimoine royal « en commende ». Un édit daté de Mehun-sur-Yèvre, vers la fin de décembre, conféra à Jeanne et à sa famille, le titre et les privilèges de la noblesse, avec cette clause jusqu'à ce jour inouïe, que ce titre se transmettrait tout aussi bien par la descendance féminine que par la voie masculine.

Sur l'invitation du Roi, Jeanne se rendit à Bourges, le 16 janvier 1430, pour assister à l'entérinement de ses lettres de noblesse, mais sa pensée, toujours orientée vers l'Ile-de-France et vers Paris, ne s'attardait guère à ces hommages publics d'une vaine reconnaissance. Elle semblait percevoir de ce côté, une fermentation belliqueuse dont les symptômes lui étaient révélés par les intelligences plus ou moins secrètes qu'elle avait gardées avec cette province mal reconquise.

La trève désastreuse concédée au duc de Bourgogne n'était guère respectée nulle part ; nombre de Bourguignons pillards se faisaient passer pour Anglais, afin de continuer à leur gré leurs déprédations, souvent par contre, suivies de représailles. La Hire avait enlevé Louviers et le Château-Gaillard à proximité de Rouen. Cette ville elle-même supportait avec impatience le joug de l'étranger ; Sens avait chassé sa garnison anglaise et d'autre part, Bedfort reconquérait plusieurs places perdues pour les Anglais. Ces nouvelles belliqueuses impressionnaient profondément la Cour et servaient à merveille les impatiences de Jeanne. La Trémoïlle para au danger de voir Charles VII ressaisi par cette influence et parvint à amener le Roi et la Cour dans sa magnifique résidence de Sully-sur-Loire. On ne pouvait pas perdre un royaume plus gaiement que ne le perdait le faible monarque. A Sully, c'était comme un enchantement perpétuel de fêtes et de plaisirs toujours renouvelés. Jeanne subissaitcette hospitalité hypocrite dont elle ne voyait que trop les mobiles secrets. Comblée d'honneurs et de prévenances par l'astucieux La Trémoïlle, elle rongeait son frein et plus que jamais, prêtait l'oreille aux bruits du dehors.

Plusieurs fois, elle se libéra de cette odieuse hospitalité, soit pour visiter ses amis d'Orléans où elle avait loué une résidence, soit pour se rendre ici ou là, pour le plus grand intérêt de la cause qu'elle ne perdait jamais de vue.

C'est ainsi que le 16 mars 1430, elle adressait la lettre suivante aux habitants de Reims :

La Charité-sur-Loire.

Très chers et bien aimés, Jeanne la Pucelle qui désirerait bien vous voir, a reçu votre lettre dans laquelle vous lui disiez que vous craigniez d'être assiégés. Vous ne le serez pas, si je peux rencontrer les ennemis d'ici quelque temps. Si je ne les rencontre pas, ils ne viendront pas vous assiéger, si vous fermez vos portes, car je pourrai venir rapidement vers vous. Si les ennemis s'y trouvaient je les ferai chausser leurs éperons avec tant de hâte qu'ils ne sauraient pas où les prendre et dans le cas où ils auraient mis le siège devant la ville, je le leur ferais lever rapidement. Je ne vous écris pas autre chose pour le moment : soyez toujours bons et fidèles. Je prie Dieu qu'il vous ait en sa garde.

Écrit à Sully, le 16 mars.

Je vous ferai bien encore parvenir d'autres nouvelles qui vous combleraient de joie, mais je crains que les lettres ne soient prises en route et que l'on ne voie ces nouvelles.

JEANNE.

Ces nouvelles que Jeanne brûlait d'apprendre aux Rémois et dont la prudence seule prohibait la confidence, étaient en effet d'une importance capitale.

Pour détruire la puissante impression qu'avait produite en France le Sacre de Charles VII, Bedfort n'avait trouvé rien de mieux que d'appeler d'Outre-Manche son royal pupille et neveu, avec l'intention de le faire sacrer sous le nom d'Henri VI, dans la basilique de Saint-Denis et introniser à Notre-Dame de Paris, ce qu'il ne put d'ailleurs réaliser qu'en décembre 1431, mais l'annonce de ces solennités prochaines n'avait point calmé la sourde effervescence qui se manifestait dans Paris, en faveur de Charles VII. Jeanne était informée, dans tous les détails, de cette conspiration pour le droit qu'elle comptait bien soutenir au moment favorable. Elle était en quelque sorte prisonnière à Sully, épiée dans ses moindres démarches, mais elle put avoir avec le Roi un entretien au cours duquel fut longuement examinée la question de rentrer en campagne, de s'emparer de Paris par surprise et de barrer la route de la Champagne à l'armée anglaise qui prétendait, disait-on, faire le siège de Reims

Charles VII s'efforça en vain de détourner Jeanne de ses desseins belliqueux ; il était tout à la paix et toujours la dupe des fallacieuses promesses de Philippe le Bon, cependant qu'une fermentation guerrière se manifestait de toutes parts. Les Anglais avaient essuyé un échec devant Lagny-sur-Marne; d'un autre côté, un parti français s'était emparé de Saint-Denis et n'avait été qu'à grand'peine dépossédé de sa conquête, mais rien n'avait pu empêcher Charles VII de prolonger encore en mars 1430, la trève consentie le 28 août 1429, au duc de Bourgogne.

Dans les derniers jours de mars, Jeanne écœurée quitte brusquement Sully-sur-Loire, sous prétexte d'aller se divertir à la campagne et sans prendre congé de personne, avec une très faible escorte, elle prend le chemin de l'Ile-de-France, passe à la Chapelle-la-Reine, traverse la Seine à Bray sans être reconnue et arrive à Lagny-sur-Marne. C'était un excellent poste d'observation, à une marche de Paris où les événements ne prenaient pas la tournure favorable que Jeanne espérait. Villiers de l'Isle-Adam, gouverneur de la capitale, pour le duc de Bourgogne, avait quelque soupçon du mouvement qui se préparait. L'arrivée de Jeanne à Lagny, confirma ses appréhensions et bientôt il fut maître du secret des conjurés. Cent cinquante Parisiens furent mis sous les verrous, et parmi eux

Jacquet Guillaume qui tenait l'hôtellerie de l'Ours, sans doute le centre de la conjuration. Jeanne le connaissait et fit tout au monde pour le sauver, sans pouvoir y réussir. En moins de huit jours, le procès des conspirateurs patriotes fut instruit et la plupart d'entre eux périrent dans les supplices.

Jeanne ignora quelque temps cette issue tragique et pendant les trois semaines qu'elle passa à Lagny, elle ne détourna pas un seul instant sa pensée de ce Paris, de cette terre promise où elle ne devait pas entrer.

Lagny-sur-Marne (vieille estampe).

Son arrivée à Lagny avait été marquée par un prodige dont on lui fit un grief au tribunal de Rouen. Un enfant venait de mourir sans baptême et autour du petit cadavre qu'on avait transporté dans l'église aux pieds de la statue de Notre-Dame, les jeunes filles de Lagny, en prières, demandaient au Ciel un miracle. Dès qu'elle parut, Jeanne fut entourée, on la presse de se joindre à la jeunesse suppliante et lorsque à genoux, elle s'est mêlée à la prière des jeunes filles, l'enfant semble sortir du sommeil, il soupire, ouvre les yeux et bâille par trois fois. Aussitôt il reçoit le saint Baptême et il s'endort ensuite pour ne plus se réveiller. Jeanne sortit sans bruit de l'église et ce prodige fut certainement resté sans écho, si les juges de Rouen ne l'avaient eux-mêmes sauvé de l'oubli.

Jeanne était bien seule en face de l'ennemi ; autour d'elle, plus d'armée, plus de capitaines ; le Roi l'abandonnait et à la Cour, nul n'osait se déclarer pour elle, mais la mémoire du cœur, moins ingrate dans le peuple et dans les hommes de guerre, avec elle pouvait encore multiplier les merveilles. En quelques jours s'était groupée autour d'elle, une force de 3 ou 400 cavaliers alertes, hardis, entreprenants, noyau d'une armée solide, pour le jour où il serait possible d'en fournir la solde. L'événement ne tarda pas à en donner la preuve. On apprit qu'un aventurier Bourguignon, Franquet d'Arras, qui ravageait l'Isle-de-France à la tête d'une bande de 400 pillards, devait passer dans le voisinage de Lagny. Instruite de sa marche, Jeanne lui tend une embuscade et tombe sur sa bande sans lui laisser le temps de refuser le combat. Ce fut une lutte épique, analogue au combat des Trente. Fidèle à la tactique anglaise, Franquet avait massé sa bande à l'abri des haies touffues capables d'arrêter les cavaliers de Jeanne, dont l'attaque échoua deux fois et ne réussit enfin que lorsque la Pucelle eut fait démolir à coups de canon le carré des archers anglais. Pas un ne put s'échapper et parmi les rares survivants du massacre, Franquet resta prisonnier entre ses mains. Aussitôt elle songea qu'elle pourrait échanger le capitaine Bourguignon contre Jacquet Guillaume, l'hôtelier patriote, dont elle venait d'apprendre l'arrestation à Paris, mais il était déjà trop tard. D'autre part, le bailli de Senlis réclamait Franquet accusé d'une foule de crimes de droit commun. Jeanne hésita longtemps mais elle laissa enfin la justice suivre son cours et Franquet, condamné à mort sur ses aveux, comme pillard, incendiaire et assassin, fut décapité. Dans la lutte contre la bande bourguignonne, Jeanne avait conquis de haute lutte l'épée de Franquet lui-même ; ce fut l'épée du malheur qu'elle portait le 24 mai, devant Compiègne (1).

Profitant de la présence de Jeanne à Lagny-sur-Marne, les habitants de Melun avaient réussi à se débarrasser de leur garnison bourguignonne et avaient appelé à leur secours les capitaines du Roi. Dès que la solennité de Pâques qui l'avait retenue à Lagny, eut été célébrée, Jeanne qui ne perdait aucune occasion de renforcer la petite troupe qu'elle avait déjà

____

(1) Abbé Néret. — *Jeanne d'Arc au diocèse de Bossuet.*

réunie, descendit brusquement vers le sud et vint le 16 avril à
Melun où elle n'était pas attendue. Elle inspecta naturellement les éléments de défense et tandis qu'elle examinait l'état
des fossés, les Saintes se présentèrent inopinément à ses yeux.
Le colloque fut particulièrement poignant. Jeanne reçut l'annonce qu'elle serait prise
avant la Saint-Jean, ce qui
était une confirmation de
ce qu'elle avait souvent
répété sur la brièveté de sa
Mission guerrière. Tout
autre qu'elle aurait fui
avec épouvante loin du
théâtre de la guerre qui lui
promettait un si cruel dénouement : « Il faut, lui
avaient dit ses Voix, qu'il
en soit ainsi, cesse de
t'étonner, prends tout en
patience, Dieu t'aidera. »
Jeanne ne prit conseil que
de son devoir et de son
héroïsme et elle resta.

En fuyant Sully, elle
avait échappé à La Tré-
moille, mais dans la lieu-
tenance royale d'Outre-
Seine où elle se trouvait, le
chancelier Regnault de
Chartres remplaçait avan-
tageusement le favori de
Charles VII et Jeanne ne

Jeanne d'Arc ressuscitant un enfant.
(Portrait de l'église de Lagny.)

gagnait rien au change, comme elle ne tarda pas à s'en apercevoir. L'équivoque de sa situation militaire n'avait point
changé, elle ne tenait toujours du Roi aucune mission ; mais
le Conseil d'Outre-Seine se donnait l'apparence de favoriser
son action, quitte à la désavouer à la première injonction de
la Cour. De son côté, le duc de Bourgogne concentrait vers
Noyon une armée destinée au siège de Compiègne et un corps
de débarquement de 2.000 Anglais venait d'atterrir en Nor-

mandie, escortant le jeune Roi Henri VI qui se rendait enfin à l'appel de son oncle Bedfort.

Le 8 mars 1430 Jeanne avait autour d'elle plus de mille cavaliers d'élite qui éclairaient à grande distance le pays autour de Crépy-en-Valois où elle les avait conduits et multipliaient les plus heureux coups de main. Elle apprit ainsi, que le duc de Bourgogne venait d'investir Choisy-au-Bac, petite place forte sur l'Aisne, à une lieue de son confluent avec l'Oise, et poste avancé de la défense de Compiègne. La mobilité excessive de sa troupe, lui inspira le dessein de tomber à l'improviste sur le camp bourguignon, en dérobant d'abord sa marche dans la forêt de Compiègne et en franchissant l'Aisne au pont d'Attichy. Elle porta rapidement sa colonne de cavalerie vers le Nord et la conduisit à Compiègne où le comte de Vendôme, gouverneur pour le Roi, en prit le commandement, selon qu'il avait été convenu au cours de récentes conférences en cette ville, où l'on

Autel abbatial de Saint-Denis

avait tramé contre elle, à son insu, la plus odieuse machination. Puisqu'elle s'obstinait à reconquérir par le droit de l'épée ce que Charles VII ne voulait devoir qu'à ses diplomates, on briserait entre ses mains cette épée qui faisait encore la terreur de ses ennemis.

Si de telles aberrations ne nous avaient été transmises par

l'histoire la mieux documentée, on voudrait pouvoir les révoquer en doute pour l'honneur des influences qui dominaient à la Cour, mais il faut bien leur laisser toute la responsabilité consciente des événements qui les délivrèrent des
embarras que leur donnait Jeanne et qui retardèrent de vingt
ans la libération complète du sol de la patrie.

Pour réussir la surprise projetée sur le camp bourguignon
devant Choisy-au-Bac, il fallait agir avec autant de promptitude que de discrétion. Au lieu d'emprunter le pont d'Attichy,
la colonne commandée par le comte de Clermont, remonta
jusqu'à Soissons qui refusa d'ouvrir ses portes sous prétexte
que la présence de ce détachement considérable aurait bientôt
épuisé les ressources de la place. Rien n'eût été plus facile que
d'expliquer qu'il ne s'agissait que de traverser la rivière pour
un coup de main sur Choisy. Ni Clermont, ni Regnault de
Chartres, qui l'accompagnaient, n'y songèrent, d'ailleurs à
dessein. Les chefs furent seuls admis dans la place avec Jeanne,
la troupe bivouaqua comme elle put, en dehors des remparts.
Dans la nuit, Clermont et Regnault de Chartres firent sonner
le rassemblement, comme pour parer à une surprise. Lorsque
tout le monde fut à cheval, ils expliquèrent aux troupes que
Soissons fermait obstinément ses portes, qu'il était impossible
de continuer la campagne, ni de songer à se jeter dans Compiègne qui allait être assiégée et qu'il valait mieux porter leurs
armes dans une contrée moins ravagée. Au point du jour, la
plus grande partie de ces troupes était déjà en marche vers le
Sud et lorsque Jeanne arriva au camp, elle ne trouva plus que
quelques compagnies fidèles qui devaient jusqu'au bout s'attacher à sa fortune. Le gouverneur de Soissons ne reçut aucun
blâme et Choisy-au-Bac devait succomber quelques jours
plus tard.

CHAPITRE XII

Compiègne. — La Captivité

Guichard Bournel, gouverneur de Soissons, comparse de la fourberie criminelle qui venait de dissoudre la petite armée de Jeanne, continua ses tristes exploits et peu de temps après, il ouvrit aux Bourguignons la place qu'il avait mission de garder. Vendôme et le Chancelier étaient de leur côté revenus à Compiègne avec Jeanne, escortés par la poignée d'hommes d'armes restés fidèles et sans aucun remords apparent de leur félonie dont ils gardaient le secret.

La révélation brutale des trahisons dont elle se sentait enveloppée, avait un instant terrassé le courage de Jeanne; elle pleura longuement dans son logis de Compiègne et à l'église Saint-Jacques où sa douleur eut pour témoins une foule de braves gens à qui elle adressa ces mots. « Mes chers amis, sachez que l'on m'a vendue et trahie, bientôt je serai livrée à la mort, aussi je vous conjure de prier Dieu pour moi car jamais je n'aurai plus le pouvoir de servir le Roi et le Royaume de France. » Des gémissements et des larmes répondirent à l'angoisse de son âme. Bien que réduite à la seule garnison de la place et à sa poignée de fidèles, elle faillit réussir un heureux coup de main sur Pont-l'Evêque, couper les com-

munications du duc de Bourgogne avec son centre de ravitaillement et sauver la place de Choisy, par un dernier effort,
mais trop faible pour compléter un premier succès, elle dut
lacher prise et ramener sa troupe, d'ailleurs presque intacte à
Compiègne.

Cette patriotique cité trop avertie de l'indifférence que le
Conseil du Roi professait à son égard, n'avait de confiance
qu'en Jeanne, surtout à cette heure où se formait l'orage qui
allait fondre sur elle. Philippe le Bon s'était juré de la prendre

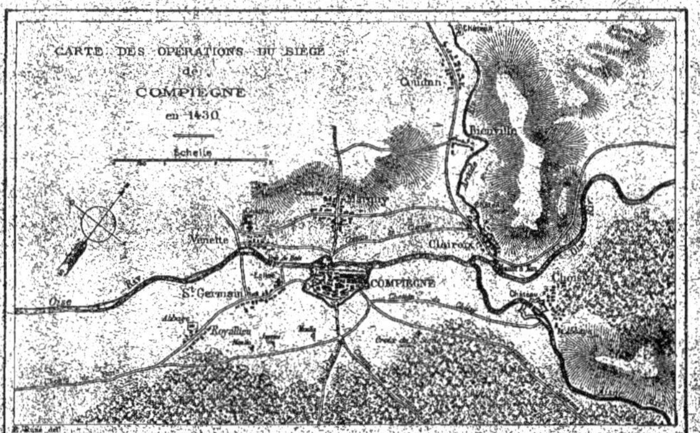

d'assaut et il en avait les moyens; d'ailleurs nulle conquête
ne pouvait être plus profitable à sa cause, car la place de Compiègne couvrait Paris du côté du Nord, comme Orléans couvrait la capitale du côté du Midi. Son système de défense n'était
pas moins redoutable que celui d'Orléans dont les Anglais
n'avaient pu venir à bout après sept mois de siège.

Le 16 mai Jeanne était revenue à Crépy-en-Valois dans la
pensée de renforcer sa petite troupe, prête à courir au premier
appel, au secours de Compiègne dont l'attaque était imminente.
Autour d'elle déjà, se groupaient 400 combattants, lorsque
le 22 mai, elle reçut avis que le duc de Bourgogne venait de
déployer son armée sur la rive droite de l'Oise, et menaçait la
tête fortifiée du pont qui couvrait Compiègne de ce côté. Sur-
le-champ, elle prend ses dispositions pour une marche de nuit.

Elle rassemble ses colonnes de cavalerie et comme on lui faisait observer qu'il était peut-être nécessaire de se garder contre quelque parti bourguignon qui se serait aventuré sur la rive gauche de l'Oise : « Par mon martin, (1) répondit-elle, nous sommes assez. J'irai voir mes bons amis de Compiègne. »

A minuit, la colonne s'ébranla en silence : la forêt de Cuise fut traversée sans encombre et aux premières lueurs du jour, les ponts-levis de Compiègne s'abaissaient devant Jeanne qui conduisait l'avant-garde de sa cavalerie.

Guillaume Flavy, gouverneur de la place, allait écrire ce jour-là une des plus tristes pages de notre histoire nationale et il est bien difficile de laver sa mémoire de la plus nette inculpation de félonie et de trahison. Ses relations de la plus étroite amitié avec Regnault de Chartres, son ami d'enfance et avec La Trémoille dont il n'ignorait pas les sentiments à l'égard de Jeanne, expliquent l'hypocrisie et l'odieux de son rôle et d'ailleurs son caractère ombrageux, hautain et dur, bien que non dénué de fermeté, ne pouvait admettre auprès de lui, pour la défense de Compiègne, la présence de Jeanne et l'ascendant tout puissant qu'elle avait su prendre sur les habitants et sur la garnison de la place. Il ne pouvait ignorer que la coterie politique en faveur à la Cour, lui serait reconnaissante de tout ce qu'il qu'il pourrait tenter pour la débarrasser de la Pucelle.

La puissance défensive de Compiègne était analogue à celle d'Orléans. La place située sur la rive gauche de l'Oise, ceinturée de murailles solides et de fossés larges et profonds habituellement inondés par la rivière, se reliait à la rive droite par un pont de sept arches dont la tête était couverte par une sorte de bastion fortement retranché, petite place d'armes où venaient aboutir deux chaussées établies sur talus à travers les prairies riveraines de l'Oise. Une de ces chaussées d'abord parallèle et ensuite perpendiculaire à la rivière se dirige droit au village de Margny, solidement occupé depuis deux jours par les Bourguignons. Au loin, vers la droite, l'aile gauche de Philippe le Bon tenait Clairoix ; un parti anglais formait à Venette l'extrême aile droite.

(1) Martin a ici le sens de bâton. Jeanne se servait familièrement de cette formule pour donner plus d'autorité à sa parole et faire comprendre à La Hire, entr'autres, qu'il valait mieux parler ainsi que de ponctuer ses dires par des blasphèmes qui lui furent trop longtemps familiers.

Les remparts de Compiègne et la tête du pont étaient puissamment armés d'artillerie et sur la rivière, des bateaux plats protégés par une installation de fortune, recevaient au moment du combat, les meilleurs archers de la garnison et se déplaçaient selon les circonstances.

Les cavaliers de Jeanne, harassés par leur marche de nuit, avaient gagné leurs cantonnements. Au lieu d'aller prendre son repos, la Pucelle avait entendu la Messe et tenu ensuite conférence avec le gouverneur. Guillaume Flavy insista sur la nécessité de surprendre l'ennemi par une attaque immédiate, ajoutant que d'ailleurs la place n'était pas assez fournie de vivres pour retenir indéfiniment un détachement aussi considérable.

Rien ne justifiait absolument cette précipitation, mais du moment qu'il s'agissait de marcher à l'ennemi, Jeanne était toujours prête. Vers midi, elle fait sonner le rassemblement sur la grande place de Compiègne ; elle inspecte minutieusement ses cavaliers, les anime au combat par quelques paroles vibrantes et vers cinq heures et demie, la colonne descend vers la rivière, s'engage sur le pont puis tourne à droite et traverse le pont de bois jeté sur les douves du bastion, larges de vingt-cinq mètres ; en quelques minutes de galop elle est à Margny et sur-le-champ c'est un corps à corps acharné. Les Bourguignons, loin d'être surpris, se trouvaient disposés en bataille et du côté de Clairoix se montraient d'autres masses accourant au combat, tandis que les Anglais de Venette se hâtaient à travers les prairies pour couper la retraite à la vaillante cavalerie de Jeanne. Plus de doute, c'est une trahison : à ce moment, les cloches de Compiègne sonnaient à toute volée sans qu'on ait jamais pu savoir qui en avait donné l'ordre.

Au premier choc, la cavalerie de Jeanne avait refoulé les Bourguignons dans Margny, mais elle avait été promptement ramenée jusqu'à mi-chemin de Compiègne. Un retour offensif n'avait pu, malgré des efforts désespérés, avoir raison des masses toujours grossissantes. Les derniers rangs pris de panique à la vue des Anglais qui allaient couper leur ligne de retraite, au lieu de foncer sur ces nouveaux assaillants et de dégager le terrain, coururent vers le pont de bois et semèrent le désordre parmi les canonniers et les archers postés aux embrasures et sur les banquettes du boulevard. Aussitôt Flavy donna l'ordre de fermer la barrière du pont de bois, feignant de craindre que l'ennemi n'entrât pêle-mêle dans Compiègne, avec les fuyards, comme si la garnison n'était pas en état d'arrêter ces assaillants contraints avant d'atteindre la place, de franchir les défilés étroits des deux ponts. L'artillerie resta muette dans ses embrasures, pas un archer n'envoya un trait sur l'ennemi massé à bonne distance. Les barques de guerre qui circulaient sur l'Oise, se bornèrent à sauver les fantassins surpris par la fermeture de la barrière.

Cependant Jeanne avec la poignée de combattants qui lui restaient luttait désespérément contre les Bourguignons, cédant le terrain pas à pas et essayant inutilement des retours offensifs. Elle était maintenant prise entre deux troupes ennemies : rassemblant son cheval, elle le lance soudain sur la pente du talus et court à travers la prairie vers l'angle formé par l'Oise et la chaussée de Margny. Elle est à peine à vingt-cinq mètres de la barrière, sous le canon français, à courte portée des arbalètes françaises dont une seule décharge aurait brisé les rangs ennemis. Elle agite sa bannière en signe de détresse ; rien ne lui répond. C'est la fin. Un combat corps à corps s'engage. Saisie par la huque de velours qui couvrait sa cuirasse, elle est désarçonnée. En vain on lui crie de se rendre : « J'ai donné ma foi à d'autre que vous, cria-t-elle, et je lui tiendrai mon serment. » Il fallut en quelque sorte la garrotter pour en avoir raison. Avec elle restaient prisonniers, frère Paquerel, son écuyer d'Aulon et son frère Pierrelot, qui ne la quittait jamais.

Jeanne fut entraînée à Margny sans que nul effort fut tenté pour la dégager et telle fut la rigueur de la consigne du silence imposé par Guillaume de Flavy, qu'à peu près nul document contemporain émané de Compiègne, ne dit plus un mot de la Pucelle du jour où elle succomba sous les murs de la place.

Le succès des Bourguignons dépassait tellement leurs espérances, malgré leur collusion probable avec Flavy, que la nouvelle de la prise de Jeanne leur causa d'abord une sorte de stupeur et puis, un vrai délire d'enthousiasme. Philippe le Bon qui occupait Coudun à une lieue de Compiègne, s'empressa d'accourir pour féliciter son lieutenant Jean de Luxembourg à qui Jeanne appartenait en tant que prisonnière. Il voulut même s'entretenir avec la Pucelle, mais rien n'a jamais transpiré de ce colloque où il dut sans doute entendre de dures vérités.

Jeanne avait subi tout d'abord un traitement analogue à celui de la dégradation ; tout son armement lui avait été arraché et sous les outrages dont l'accablait la soldatesque, elle était restée impassible, résolue à ne pas donner à l'ennemi le spectacle d'un instant de faiblesse, mais lorsque le duc de

Jeanne d'Arc dépose ses armes à Saint-Denys

Bourgogne s'étant retiré, elle se trouva seule dans un cachot du château de Margny, elle ploya sous le faix de ses angoisses et de sa douleur et le flot de ses larmes coula longtemps. Dans cet abandon universel dont elle sentait grandir autour d'elle l'ingratitude et l'indifférence, il lui restait heureusement la familiarité surhumaine de ses Voix et ce réconfort devint une consolation à peu près quotidienne jusqu'au bûcher de Rouen : si elle devait comparaître devant des juges, elle se promit que nulle promesse et nulle menace ne lui arracheraient les secrets qu'elle ensevelissait au fond de son âme.

D'après les usages du temps, la situation personnelle de Jeanne était bien simple. Saisie de vive force dans un combat, elle devait pour se racheter, payer rançon à son vainqueur. Moins de deux heures après sa prise, un parlementaire français aurait dû se présenter à Margny et s'informer des exigences de l'ennemi à ce sujet. Elle était noble, elle avait le titre de comte et le rang de chef d'armée et partant, un personnage très considérable au point de vue militaire, mais nul ne se présenta et ce criminel abandon de Jeanne ne pouvait qu'encourager les pires audaces de ses ennemis.

Les Anglais furent prompts à prendre position juridique pour exploiter à leur profit sa captivité. Il fallait à tout prix trouver un motif ou un prétexte légal pour couper court à toute proposition de rançon en sa faveur. Moins de trois jours après la catastrophe de Compiègne, c'était un fait accompli.

Une seule juridiction pouvait légalement mettre Jeanne dans un régime d'exception aux lois et coutumes du temps, c'était l'ouverture d'un procès en matière de foi. La folie de cette prétention n'empêcha pas l'Université de Paris, à l'instigation de Louis de Luxembourg, évêque de Thérouanne et chancelier de France pour les Anglais, de faire décerner contre elle le 26 mai, un mandat de comparution devant le grand Inquisiteur de France, alors absent de Paris. Aucun commencement d'accusation, ni de preuve, ne venait à l'appui de cette citation, mais il suffisait, pour l'instant, d'ouvrir l'instance judiciaire : on aviserait plus tard aux moyens de la documenter.

On avait d'abord pensé à se débarrasser sommairement de Jeanne, par la noyade ou l'assassinat, sans aucune forme juridique, mais ce meurtre clandestin ne pouvait que nuire à la cause du Roi d'Angleterre. Jeanne se disait envoyée par Dieu pour chasser l'Anglais hors de France et contre toute prévision humaine, des succès inouïs avaient confirmé ses dires. Si Dieu intervenait ainsi directement en faveur de Charles VII, le Roi d'Angleterre n'avait plus qu'à repasser le détroit et à se confiner sans espoir de retour, dans ses Etats d'Outre-Manche.

Il n'était pas naturel en effet, qu'une paysanne de dix-sept ans eut accompli, par elle-même, les faits prodigieux qui avaient brisé l'essor de la fortune des batailles si longtemps favorable à l'Angleterre. Tout cela devait plus ou moins confiner à la sorcellerie et la législation pénale contre les sorcières ou soi-disant telles, n'était pas tendre au XVe siècle. De là à intenter à Jeanne un procès en sorcellerie, il n'y avait qu'un pas qui ne fut pas long à franchir.

Cette infamie judiciaire, conçue et tramée par la politique, donnait satisfaction à l'amour-propre anglais. Il n'y a pas déshonneur à se voir vaincu par des influences ou des forces suprahumaines et d'autre part ce procès mettait Charles VII en posture ridicule. Il fallait que sa cause fut bien mauvaise et bien désespérée pour recourir aux pratiques du sabbat et l'entrée en scène d'une sorcière avérée ne pouvait que disqualifier ses prétentions à la couronne de France.

L'acharnement de l'Université de Paris contre la prisonnière de Compiègne, procédait du même esprit, mais avec quelques variantes. Le grand schisme d'Occident qui venait à peine de finir, avait notablement relâché les rapport de sujétion hiérarchique et disciplinaire entre le Saint-Siège et la France. L'Université avait profité de ce désarroi pour substituer en grande partie son influence doctrinale à la légitime autorité des Papes et s'était acquis dans l'église de France une prépondérance incontestée. Dans la querelle des Valois et des Plantagenet, elle s'était presque totalement inféodée sans réserves, à la politique anglaise. Elle avait fait sienne la cause de Bedfort et d'Henri VI. Les quelques docteurs restés fidèles à la cause française avaient été contraints de quitter Paris et de se réfugier à Poitiers où ils siégèrent dans l'Assemblée nationale devant laquelle Jeanne avait dû faire la preuve de sa Mission surnaturelle et libératrice.

Cette Mission portait un coup fatal aux préférences politiques de l'Université et à ses prétentions doctrinales. Les Universitaires ne s'étaient point trompés sur la portée et sur les conséquences de cette double faillite. Ils avaient accueilli par le mépris les premières nouvelles de l'arrivée de Jeanne à Chinon, mais l'inquiétude et bientôt l'épouvante s'étaient emparées d'eux à la suite des succès foudroyants qui avaient conduit Charles VII à Reims. Si Jeanne était vraiment envoyée de par Dieu, c'était l'effondrement de la puissante oligarchie universitaire convaincue, par cette intervention du Ciel, d'erreur politique pour la France et d'aberration doctrinale et disciplinaire dans sa ligne de conduite envers le Saint-Siège.

L'orgueil de cette caste pharisaïque ne pouvait donc un seul instant admettre la Mission de Jeanne sans se vouer en quelque sorte au suicide, c'est pourquoi il lui importait avant tout, de disqualifier cette Mission, d'en attribuer les succès à une intervention diabolique et par tous les moyens, d'accoler à la Pucelle, l'infamante accusation de sorcellerie. On trouverait bien dans les lois existantes, une procédure implacable qui conduirait au bûcher la Pucelle d'Orléans. Trois jours après la catastrophe de Compiègne, le plan de l'Université était établi ; les tenailles juridiques avaient à son insu, saisi la prisonnière et ne devaient plus desserrer leur étreinte, jusqu'à la place du Vieux-Marché de Rouen.

L'attitude de Charles VII et de ses conseillers trop écoutés forme un douloureux contraste avec cette activité haineuse et prévoyante. Pas la moindre émotion à la Cour lorsque parvint la nouvelle de la catastrophe de Compiègne. Si le Roi en fut affecté comme le disent un ou deux chroniqueurs, il n'en laissa guère rien paraître. Il continua ses négociations de dupe avec le duc de Bourgogne, sans faire la moindre allusion à cet événement. La Trémoïlle dut sans doute calmer ses scrupules en lui disant que si Jeanne était envoyée du Ciel, les moyens de briser ses chaînes ne lui manqueraient pas et Regnault de Chartres, renchérissant encore sur cette scandaleuse attitude écrivait aux Rémois, ses diocésains, que le malheur de Jeanne n'était que le châtiment providentiel de son orgueil et de son entêtement.

Quelques rares apologistes ont essayé de laver la mémoire de Charles VII, de ces actes de noire ingratitude, on a parlé de tentatives d'enlèvement de la prisonnière, de secrètes négociations avec le duc de Bourgogne, mais rien de tout cela n'est sérieusement établi. Quelle que fût la misère du trésor royal, à son défaut, le même patriotisme qui avait payé la rançon de du Guesclin, aurait payé plus volontiers encore, pour la libération de Jeanne, mais rien ne lui fut demandé. Jeanne, sur laquelle pleuraient tant de braves gens de France n'avait plus rien à attendre de son Roi, et pourtant ce fut avec une belle et constante énergie qu'elle le défendit à Rouen contre les insinuations et les attaques directes qui ne lui furent point ménagées par le tribunal d'iniquité.

Cependant Jean de Luxembourg, redoutant de se voir enlever sa prisonnière, s'était hâté de l'envoyer au château de Clairoix qui lui offrait plus de sécurité et quelques jours après, il la fit transférer dans la forteresse de Beaulieu-en-Vermandois. La puissante citadelle était alors comme le dépôt général de

l'armée qui allait assiéger Compiègne. D'autres prisonniers
s'y trouvaient déjà et parmi eux, le vaillant écuyer d'Aulon
qui avait été pris en même temps que Jeanne. Une rencontre
fortuite mit en présence la Pucelle et son brave serviteur ;
leur entretien s'élevant bien au-dessus de leur infortune per-

Paris. — Le Grand Châtelet.

sonnelle, n'eut d'autre objet que l'avenir et le salut de la
France et comme d'Aulon s'inquiétait de la chute probablement prochaine de Compiègne, Jeanne le rassura en lui disant
qu'aucune des places ramenées à l'obédience du Roi, par son
entremise, ne retomberait au pouvoir de l'ennemi, tant que
Charles VII s'emploierait à les bien garder.

Quelle que fût l'étroite rigueur de la captivité de Jeanne,
elle faillit pourtant rompre ses chaînes dès les premiers jours
de son arrivée à Beaulieu. Elle avait remarqué que la clôture

de sa prison manquait de solidité, sa vigueur personnelle doublée par la volonté ferme de reconquérir sa liberté, parvint à briser cette clôture ; déjà elle avait franchi plusieurs cours et touchait à la porte extérieure lorsqu'elle fut saisie et arrêtée par un gardien trop vigilant, et désormais sa réclusion n'en devint que plus rigoureuse. Cette alerte décida Jean de Luxembourg à mettre sa prisonnière sous une garde encore plus étroite et pour couper court, du moins il le croyait, à toute tentative d'évasion, il se résolut à l'envoyer au château de Beaurevoir, forteresse à peu près inaccessible, perdue dans les bois qui couvraient alors le pays de Cambrai. C'était en quelque sorte le réduit de sa puissance seigneuriale et la résidence habituelle de sa famille. Il pourvoyait ainsi à une triple sécurité à l'égard de sa captive dont il commençait à apprécier l'importance au point de vue vénal et pécuniaire. Les Anglais, toujours pratiques, espéraient en prendre possession sans bourse délier en faisant réclamer Jeanne par la juridiction ecclésiastique ; d'autre part, un coup de main hardi des Français restait toujours possible et enfin, la prisonnière pouvait vouloir renouveler sa tentative d'évasion. La prison de Beaurevoir répondait à toutes ces éventualités et Jean de Luxembourg pouvait escompter en toute sécurité, la rançon princière qu'il tirerait d'Angleterre ou de France en échange de sa captive.

Une nouvelle station de sa voie douloureuse conduisit Jeanne le 8 juin 1430, à Beaurevoir, par Noyon et Ham. Elle n'avait pas perdu tout espoir de reconquérir sa liberté et elle interprétait dans ce sens l'avertissement de ses Voix qui lui annonçaient sa délivrance par une grande victoire. En attendant, elle trouva à Beaurevoir, dans les trois châtelaines qui comme elle, portaient le nom de Jeanne, une tendre pitié qui fut à peu près le seul adoucissement de sa cruelle captivité. Il s'était vite établi entre ces âmes d'élite un courant de sympathies dont l'influence s'employa d'ailleurs inutilement pour arracher Jeanne à la haine implacable des Anglais.

Dans la mesure compatible avec leurs devoirs, les dames de Luxembourg furent pour la prisonnière, de vrais anges consolateurs. Une sorte d'affinité locale créait entre elles et Jeanne, des liens nouveaux, car le comté de Ligny, dont Jean de Luxembourg portait le titre, était un fief du duché de Bar, limitrophe de la Lorraine et l'une de ces trois dames, belle-fille du geôlier de la Pucelle, n'avait guère dépassé comme elle sa dix-huitième année.

Au cours de cette accalmie, la piété de Jeanne se trouvait largement consolée et se réconfortait dans la pratique des Sacrements, facilitée par l'accès de la chapelle de Beaurevoir qui lui était permis, dans la mesure du possible. Presque chaque jour ses Voix lui apportaient aussi la joie de leur présence et lui annonçaient qu'elle ne serait pas délivrée avant d'avoir vu le Roi d'Angleterre. Jeanne suppliante, demandait avec larmes, que cette clause de sa libération lui fut épargnée, lorsqu'elle eût connaissance des démarches que Pierre Cauchon, évêque de Beauvais, venait de tenter au nom du Roi d'Anglerre et de l'Université de Paris, auprès de Philippe le Bon et de Jean de Luxembourg, alors occupés au siège de Compiègne. Elle était réclamée par la juridiction ecclésiastique et par la justice d'Henri VI. Pour décider à ce vil contrat, le cupide et besogneux geôlier de la Pucelle, la générosité de l'Angleterre lui proposait bien plus que les trente deniers de Judas et élevait son offre jusqu'à 10,000 livres tournois, soit environ 230.000 francs de notre monnaie.

Les nouvelles du siège de Compiègne devenaient aussi inquiétantes. Le duc de Bourgogne avait fini par enlever le boulevard et la tête du pont près duquel Jeanne avait été prise et son artillerie de siège criblait à courte distance, de l'autre côté de l'Oise, la vaillante cité qui disputait avec un inlassable acharnement chaque pouce de terrain conquis. Toutes ces nouvelle si graves, entretenaient chez la prisonnière une fébrilité bien compréhensible. Elle envisageait l'avenir prochain avec épouvante et protestait qu'elle aimerait mieux mourir que de se voir livrée aux mains des Anglais. Elle n'ignorait pas que Cauchon était venu à Beaurevoir. L'horreur instinctive que lui inspirait cet homme, dont elle connaissait le complet asservissement à l'Angleterre; la ferme volonté de porter à ceux de Compiègne, le secours de sa présence, et enfin la résolution si naturelle de reconquérir sa liberté, ranimèrent en elle l'espérance d'une évasion. Le donjon où elle était enfermée, dominait de 60 pieds les douves de la forteresse, mais elle avait si souvent mesuré de l'œil la profondeur de cet abîme, qu'elle n'en était plus effrayée. Ses Voix la dissuadaient de ce dessein, mais comme elle lui donnaient des conseils et non des ordres, l'épouvante du sort qui l'attendait, triompha un instant, dans son âme, de l'absolue soumission toute volontaire qu'elle leur avait témoignée jusque-là. Elle s'ingénia à tresser une corde de tout ce qu'elle avait sous la main, procédé classique de toutes les tentatives analogues, lia solidement le câble d'infortune aux barreaux de son cachot et se laissa glisser dans le vide, mais son inexpérience trahit son énergie ; le câble mal assemblé se rompit et elle tomba d'une grande hauteur dans le marécage du fossé où elle resta étendue sans connaissance.

Ce fut une vive alerte à Beaurevoir ; les dames de Luxembourg se trouvaient dans le Brabant et le comte de Ligny apprit avec stupeur, en même temps, la tentative d'évasion et son insuccès, mais la crainte de voir sa prisonnière lui échapper un jour ou l'autre triompha de ses irrésolutions entretenues jusque-là par l'influence des châtelaines de Beaurevoir. Il trouva le moyen de concilier sa cupidité avec les protestations qu'il prodiguait à sa tante dont il convoitait l'opulent héritage et qui lui avait fait promettre de ne pas livrer Jeanne aux Anglais. Il ne la livrerait pas, mais sous prétexte de politique et de sécurité, il la donnerait en garde à son suzerain le duc de Bourgogne qui s'en arrangerait au mieux, et puis, il était moins aléatoire de mettre 10.000 livres tournois dans ses coffres que de garder une prisonnière telle que Jeanne, à qui il attribuait sans doute de mystérieuses accointances avec le monde surnaturel.

Jeanne rapportée dans son cachot, gisait à demi-brisée sur son grabat de prisonnière, mais une fois encore, comme sous les Tourelles, comme à l'assaut de Paris, une intervention miraculeuse lui conserva la vie ; le ciel s'ouvrit encore pour elle et ses sœurs du Paradis lui prodiguèrent réconfort et consolation, cependant qu'elle s'accusait humblement d'avoir passé outre à leurs conseils.

Dans les derniers jours de Septembre, arriva l'ordre de transférer Jeanne à Arras. Jean de Luxembourg se dessaisissait de sa prisonnière ; les Anglais levaient en Normandie une somme de 100.000 livres tournois, dont une partie devait lui être payée en échange de la Pucelle. Les dames de Luxembourg firent à Jeanne les plus poignants adieux ; liée sur son cheval, l'infortunée prisonnière accomplit ainsi une nouvelle étape vers le bûcher, mais n'était-ce pas une honte de voir traîner ainsi de prison en prison la libératrice d'Orléans, enchaînée comme une bête fauve, trafiquée et vendue comme une vulgaire marchandise, tandis qu'on avait si vite oublié autour de Charles VII, l'inoubliable apogée de sa Mission, sous les voûtes de la basilique de Reims?

Jeanne resta dans les prisons d'Arras jusque vers le 15 novembre; sa captivité fut consolée par les témoignages

Paris. — Basilique et parvis de Notre-Dame.

d'admiration et de pitié qu'elle reçut des dames de la bourgeoisie. Comme on savait que le costume masculin qu'elle portait serait un grief des plus graves invoqué contre elle, les dames d'Arras insistèrent, comme avaient insisté les chatelaines de Beaurevoir, pour qu'elle revînt aux habitudes de son sexe, mais Jeanne répondit toujours qu'elle attendrait d'en avoir la permission de son Seigneur. D'ailleurs, n'était-elle pas en aussi grand danger dans une prison, qu'elle avait pu l'être au milieu de son armée?

Pendant sa captivité à Beaurevoir, Jeanne à peu près abandonnée de tous, avait par l'entremise des châtelaines, demandé à la ville de Tournai dont elle connaissait le patriotisme, 20 à 30 écus d'or. C'est ainsi qu'elle était réduite à demander l'aumône ! A cette requête, les échevins de Tournai avaient répondu avec empressement et leur délégué apporta à Jeanne, dans la prison d'Arras, le tribut de leur patriotique admiration. Ce fut d'ailleurs, le dernier secours qu'elle devait recevoir de France. Dans les premiers jours de novembre, Jean de Luxembourg avait reçu le prix du sang et le duc de Bourgogne, courtier sans scrupules de ce marché infâme, livrait Jeanne à la justice anglaise.

Ce fut sans doute pour le comte de Ligny, une consolation appréciable de sa déconvenue militaire devant Compiègne. Philippe le Bon, obligé de courir à d'autres intérêts, lui avait laissé la direction du siège dont le succès ne semblait laisser aucun doute, mais l'énergique défense de la place avait fini par émouvoir le Conseil de Charles VII qui avait jusque-là pris trop facilement son parti de la chute inévitable de la ville assiégée. Il permit donc au comte de Vendôme de lui porter secours et l'expédition libératrice fut menée avec tant de bonheur, après un vœu fait à Notre-Dame de Senlis, que le cercle d'investissement fut brisé. Jean de Luxembourg, honteusement battu avait dû se replier vers le Nord, le 26 octobre 1430. Jeanne en avait appris la nouvelle à Arras, par Jean Naviel, délégué de la patriotique ville de Tournai et son âme s'était répandue en effusions de reconnaissance devant les Saintes. Rien ne lui coûtait de ce qui donnait gloire à la France et reconstituait le patrimoine national, n'avait-elle pas fait à sa Mission le sacrifice d'elle-même le plus complet ?

L'université de Paris, toujours zélatrice exubérante d'un patriotisme à rebours, avait sollicité l'honneur de juger elle-même la prisonnière de Compiègne, mais différentes considérations de sécurité avaient fait écarter cette proposition. Rouen offrait plus de garanties et d'ailleurs les Universitaires pouvaient y travailler aussi bien qu'à Paris, ce qu'ils ne manquèrent pas de faire. Il fut donc décidé que Jeanne serait conduite à Rouen pour y être jugée. Tout n'y était pas encore mis au point pour l'ouverture du procès, aussi la prisonnière fut-elle d'abord amenée au château du Crotoy, où elle fut livrée aux Anglais. Elle y passa environ quatre semaines et dans les derniers jours de décembre 1430, elle fut dirigée sur Rouen, par Saint-Valery, Eu et Dieppe.

Le jeune Roi Henri VI qui devait finir si tragiquement, venait d'arriver au château de Rouen, lorsque Jeanne vit se fermer sur elle les portes de sa dernière prison. Ses Voix lui avaient dit qu'elle ne serait point délivrée avant d'avoir vu le Roi d'Angleterre; le jour de sa délivrance approchait donc, puisque son cachot voisinait avec les appartements royaux du jeune monarque et il serait bien extraordinaire, encore qu'aucun document précis ne nous en ait été laissé, qu'un jour ou l'autre dans le trajet si fréquent de sa prison au tribunal, elle n'ait rencontré le dernier héritier des Plantagenet, au nom de qui se commettaient contre elle les infamies que cet enfant royal devait expier si cruellement.

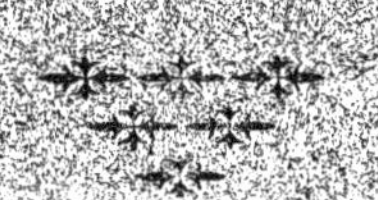

CHAPITRE XIV

Juges et bourreaux

Jeanne racontée par elle-même. — Les documents révélateurs. — Jules Quicherat
et son œuvre. — Les princes de la Maison d'Angleterre. — Le tribunal de
Cauchon. — Assesseurs et greffiers. — Jean Le Maître, vice-inquisiteur. —
L'Université de Paris et le Chapitre de Rouen. — La terreur parmi les juges.
— Procédure cynique. — Le double procès de Jeanne.

On a pu dire avec raison que, depuis le drame divin du
Golgotha, il ne se joua à la face du soleil aucune comédie judiciaire dont l'infamie pourrait entrer en parallèle avec la parodie
organisée à Rouen par Cauchon, à l'instigation du cardinal de
Winchester et du duc de Bedford, et avec l'active complicité de
l'Université de Paris. Si nous avons suivi avec admiration la
Pucelle dans ses héroïques chevauchées, de Vaucouleurs à Chinon, de Blois à Orléans, de Jargeau à Patay, de Gien à Reims,
dans l'Ile de France et dans la Brie, en passant par Paris et
Compiègne, l'auréole guerrière dont resplendit sa mémoire
pâlit et s'efface presque devant le spectacle sublime de sa captivité, de son jugement et de son supplice. Saint Michel lui avait
enseigné la science des combats ; sainte Catherine et sainte
Marguerite lui enseignèrent la sagesse pour confondre ses accu-
sateurs, et la surnaturelle intrépidité, tempérée de ses larmes,
qui fit de son bûcher le plus beau piédestal que l'iniquité des
hommes ait jamais dressé à l'héroïsme de la jeunesse et de la
vertu.

Si le culte de la mémoire de Jeanne est resté en France à
l'état d'exception jusque vers le milieu du siècle dernier, cela
tient à ce que les actes de son procès étaient à peu près ignorés :
à peine en soupçonnait-on l'existence ; et pourtant, là seule-

ment dormait la véritable histoire de la Pucelle. Les chroniqueurs avaient bien noté et consigné dans leurs écrits les grandes lignes de cette vie étonnante et les principaux événements qui avaient changé la face de la France dans la première moitié du quinzième siècle, mais ils avaient ignoré ou passé sous silence, Jeanne racontée par elle-même, telle qu'elle se dégage rayonnante des paperasses juridiques où Cauchon prit soin de consigner pour la postérité le témoignage de ses infamies.

L'évêque de Beauvais, convaincu que cette postérité resterait en admiration devant un monument de procédure auquel avaient collaboré tant de docteurs et tant de lettrés et experts en droit divin et humain, voulut en perpétuer la mémoire et ordonna qu'il en serait fait cinq copies. L'une était destinée au Roi d'Angleterre, une autre au pseudo-concile de Bâle alors en session schismatique soutenue par l'Université de Paris; la troisième, pour Jean Le Maître, vice-inquisiteur; la quatrième, pour le greffe de l'officialité de Rouen; et la cinquième, pour lui. Deux de ces copies n'existent plus. Celle de l'officialité fut lacérée et brûlée publiquement en 1450, lors de la promulgation de la sentence qui mettait à néant la condamnation de Jeanne. La copie destinée au concile de Bâle a disparu. Les trois autres sont à Paris. L'exemplaire sur parchemin destiné au Roi d'Angleterre, et qui est de beaucoup le plus soigné, est aux archives du Palais-Bourbon; ceux de Cauchon et de Jean Le Maître sont à la Bibliothèque nationale, et tous sont parfaitement identiques.

Ce n'est pas cependant que la rédaction de ces actes du procès soit irréprochable. Il est manifeste que les greffiers, sous l'empire de la terreur qui régnait dans l'enceinte du tribunal d'iniquité, ont commis des suppressions lorsque les réponses de Jeanne paraissaient trop compromettantes ou seulement déplaisantes aux Anglais; mais la physionomie du procès n'a pas subi d'altération essentielle et la figure de Jeanne y rayonne encore d'un incomparable éclat.

C'est seulement en 1841 qu'un érudit célèbre, Jules Quicherat, eut l'idée de tirer de la poudre des archives ce merveilleux monument de notre histoire nationale. Il publia en trois volumes les trois procès de la Pucelle, car il y eut en réalité trois procès, deux pour la condamnation et un pour la réhabilitation ; mais il était écrit sans doute que l'heure de la justice intégrale n'était pas venue pour Jeanne, même après si long-temps. Jules Quicherat était un incroyant et du procès de Jeanne il se dégageait une telle lumière surnaturelle qu'il en resta ébloui, comme certains oiseaux dont la rétine est réfrac-taire aux rayons du soleil. Il prit, avec le texte authentique, d'inexcusables libertés, attribuant à Jeanne des réponses qui étaient tout le contraire de ce qu'elle avait répondu, et prati-quant de larges coupures lorsque son incroyance se trouvait trop mal à l'aise avec les documents qu'il publiait. Malgré tout, ce fut un bon ouvrier pour la glorification tardive de la Pucelle ; grâce à lui, Jeanne s'imposa aux recherches des savants et bientôt à l'admiration consciente et éclairée du patriotisme français.

Au premier rang des bourreaux de Jeanne, il faut placer deux princes de la maison d'Angleterre : Jean de Beaufort, cardinal Winchester, et son neveu, le duc de Bedfort, régent du royaume depuis la mort de son frère Henri V. Ils étaient de la race poitevine des Plantagenèt, qui fit tant de mal à la France par ses prétentions dynastiques. Beaufort n'avait d'ec-clésiastique que le nom ; hypocrite, avare et cruel, on l'a déjà vu recevant du Pape des subsides pour lever une armée destinée à combattre les Hussites, et, sans aucun scrupule, employant cette croisade à soutenir en France la cause de son petit-neveu Henri VI, bien compromise par la Mission de Jeanne d'Arc. Il fut le véritable instigateur du procès de Rouen, mais sans sortir de la coulisse d'où il dirigeait cette abominable comédie judi-ciaire. On le vit, le 24 mai, à l'odieuse scène du cimetière de Saint-Ouen, et le 30 mai il ne manqua pas le spectacle du supplice de Jeanne. C'est lui qui fit jeter dans la Seine les pré-cieux restes de la victime. Il avait promis, par écrit, à Cau-chon, pour stimuler son zèle, l'archevêché de Rouen ; mais une fois le procès terminé, Cauchon dut se résigner à l'évêché de Lisieux et n'en ralentit d'ailleurs en rien l'ardeur de son dévouement, grassement rétribué en monnaie sonnante. Beau-fort termina tragiquement une longue vie, qui ne fut qu'un tissu de scélératesses.

Bedfort, régent d'Angleterre, était un prince de grande valeur, habile guerrier autant que grand politique, et il eut certainement établi son neveu sur le trône de France s'il ne

s'était trouvé en face d'une force d'un ordre surnaturel. Jeanne
d'Arc brisa ses desseins ; Bedfort ne comprit pas le caractère de
cet obstacle et s'obstina par tous les moyens à l'anéantir. Avec
un art profond de dissimulation, il se dérobe pendant le procès
de Jeanne ; mais cet effacement calculé ne peut tromper personne. Avec son oncle Beaufort, moins que lui peut-être, il
portera devant l'histoire la flétrissure de l'odieuse hypocrisie
qui mettait au service de rancunes politiques un instrument

Paris. — Le Palais de Justice et la Sainte Chapelle (Estampe du xvii⁰ siècle).

judiciaire destiné seulement à assurer le maintien de l'intégrité de la foi. Il était d'ailleurs secondé dans ses haines par
sa femme, Anne de Bourgogne, sœur de Philippe le Bon,
mauvaise Française, qui eut l'infamie d'ordonner sur la personne de Jeanne un véritable outrage, dont l'idée seule aurait
dû révolter une âme moins basse ; mais la guerre des Deux-
Roses allait faire payer cher aux Lancastre les forfaits qui les
avaient élevés sur le trône d'Angleterre et surtout l'assassinat
juridique de Jeanne d'Arc.

Cauchon, le vil instrument de ces indignes princes, leur
avait promis un *beau procès* et il tint parole. Il comptait bien
multiplier assez les embûches sous les pas d'une pauvre fille

ignorante, pour la faire choir au moins dans quelques-unes et échafauder ses accusations en schisme ou en hérésie, dont une seule suffisait pour motiver une condamnation ; s'il déploya une infernale habileté dans l'ordonnance du procès, les choses n'allèrent pas toujours toutes seules, et plus d'une fois le monstrueux échafaudage de ses infâmies menaça de crouler. En sa qualité d'évêque de Beauvais, il n'avait nul droit de juridiction sur le diocèse de Rouen, dont le siège était vacant par le transfert du cardinal de la Rochetaillée à l'archevêché de Besançon. Le Chapitre de Rouen, qui administrait le diocèse pendant la vacance du siège, se souciait peu de donner une délégation quelconque à l'évêque de Beauvais ; mais il fut contraint de lui délivrer, le 28 décembre 1430, des lettres de territoire qui lui conféraient, d'ailleurs pour une seule fois, la juridiction spirituelle sur le diocèse de Rouen.

Cauchon se hâta de constituer son tribunal, dont la composition était à peu près la même que nos tribunaux de première instance. Le ministère public fut confié à Jean d'Estivet, le plus odieux fonctionnaire de ce procès, où foisonnèrent les lâches et les scélérats et qui voulait faire supporter à la Pucelle son ressentiment contre la patriotique population de Beauvais, qui l'avait chassé de cette ville en même temps que Cauchon, dont il devait être le digne satellite ; Jean de la Fontaine fut institué commissaire examinateur des témoins ; l'appariteur du tribunal fut Jean Massieu, et les greffiers, Guillaume Colles, dit Boisguillaume et Guillaume Manchon, notaires apostoliques.

Le tribunal se complétait par les assesseurs dont le nombre fut très varié, suivant les circonstances, et monta jusqu'à cent quarante. Ils n'avaient point la qualité de juges et n'étaient appelés qu'à titre consultatif. L'évêque seul avait le droit de les choisir ou de les révoquer à son gré, et l'on peut croire que Cauchon fit son choix en connaissance de cause. Il ne faudrait pas, en effet, se faire illusion sur le prétendu grand nombre de juges qui condamnèrent Jeanne d'Arc et dont quelques-uns jouissaient d'une haute réputation.

En réalité, il n'y eut qu'un juge, Pierre Cauchon, assisté de Jean Le Maître, prieur du petit couvent de Saint-Dominique à Rouen, absolument inférieur aux circonstances formidables par lesquelles son nom est entré dans l'histoire et qui, par tous les moyens, essaya d'abord de se soustraire au redoutable honneur de siéger à côté de l'évêque de Beauvais. Les autres ne furent que des comparses, savamment choisis et pour la plupart recrutés parmi de jeunes gradués sans autorité comme sans expérience, qui se produisaient volontiers dans cette cause retentissante à l'issue de laquelle ils n'ignoraient pas que le tout-puissant duc de Bedfort attachait un vif intérêt. Tout ce monde d'ailleurs, quel que fût le mobile de sa complicité dans ce crime judiciaire, ne mérite que trop les sévérités de l'histoire pour le concours donné à l'évêque de Beauvais dans ses efforts pour déshonorer sa prisonnière et la condamner à un supplice aussi cruel qu'infamant. L'odieux en est retombé tout entier sur cette bande de prétendus justiciers dont la conscience vénale et la lâcheté méritèrent de trouver un acheteur ou un despote, pour les dévouer aux flétrissures de la postérité.

Château de Rouen — La grosse Tour.

Jeanne avait demandé, comme c'était son droit, que les assesseurs du tribunal fussent choisis par moitié parmi les partisans de Charles VII, puisque, sous couleur de religion, c'était un procès politique qu'on lui intentait ; mais sa requête n'avait même pas été examinée. Ces comparses furent pris un peu partout et, pour faire sa cour à l'Université de Paris, toute mortifiée de n'avoir pu se donner chez elle le spectacle du procès de la Pucelle, Cauchon appela six docteurs dont il connaissait l'absolu dévouement à sa personne et à la cause qu'il servait. Sa démarche était doublement habile, puisqu'en flattant l'amour-propre de l'Université, il donnait à son tribunal et à sa procédure la grande autorité qui s'attachait encore à cette institution, bien qu'elle fut alors en pleine révolte contre le Siège apostolique, et, d'ailleurs, il gardait la liberté de ses décisions en tenant étroitement les docteurs de Paris sous sa dépendance.

Parmi les chanoines de Rouen, neuf ne prirent aucune part au procès, mais sur les vingt et un qui figurèrent comme assesseurs, un surtout se distingua par son odieux acharnement contre la Pucelle : ce fut Nicolas Loyseleur ; deux autres furent emprisonnés au cours du procès, ce qui permet de croire qu'ils n'avaient pas répondu à ce qu'attendait d'eux Cauchon qui les avait choisis.

Le *beau procès* de l'évêque de Beauvais coûta cher au Trésor anglais qui avait déjà compté 230.000 francs à Jean de Luxembourg pour lui acheter sa prisonnière. Cauchon reçut environ 100.000 francs pour les soins et diligences apportés par lui à cette cause ; les universitaires venus de Paris se partagèrent une somme à peu près égale. Jean Le Maître, qui avait manifesté des hésitations et quelques répugnances, ne reçut guère que 3.000 francs. Il est difficile de croire que cette assemblée de justiciers dont le cynisme tendait si volontiers la main pour la rémunération de pareils services, fût animée d'un zèle bien désintéressé pour la pureté et l'intégrité de la foi que Jeanne aurait gravement blessées, et il est permis d'espérer qu'on nous épargnera désormais la plaisanterie d'après laquelle l'Eglise aurait condamné Jeanne d'Arc. C'est, en vérité, donner trop d'importance au vil évêque de Beauvais et à son tremblant comparse, le pauvre Jean Le Maître.

Dans ce lamentable naufrage de tant de consciences apparaissent çà et là quelques épaves que leur honnêteté relative empêcha de sombrer et qu'il faut recueillir précieusement pour l'honneur de l'humanité. Le conseiller Jean de la Fontaine disparut mystérieusement au cours du procès et jamais ne fut retrouvé. Il s'était rendu coupable du crime de donner un simple conseil à Jeanne. Plusieurs autres assesseurs connurent la rigueur des prisons anglaises ; les deux jeunes Dominicains Martin Ladvenu et Isambart de la Pierre témoignèrent à Jeanne une sympathie qui ne se démentit jamais ; l'appariteur Jean Massieu faillit plusieurs fois se compromettre pour elle et excita contre lui les colères du terrible Cauchon, et il faut savoir gré au greffier principal, Guillaume Manchon, d'avoir obéi le plus souvent aux inspirations de sa conscience et d'avoir transmis autant que possible à la postérité la véritable physionomie du procès de Jeanne d'Arc.

Ce procès n'était d'ailleurs qu'une façade, un prétexte quelconque pour motiver un jugement de condamnation sur le fait de sorcellerie compliqué d'hérésie. Bedfort avait eu soin d'en avertir officieusement les juges, par la lettre royale qui donnait tout pouvoir à Cauchon pour instruire le procès de Jeanne. Il y était bien spécifié que, dans le cas improbable d'un acquittement, le Roi d'Angleterre se réservait de faire reprendre la cause par ses tribunaux séculiers. Cette éventualité ne se produisit point, le sort de Jeanne était réglé d'avance.

La procédure fut menée avec un cynisme inouï. Les réponses ou explications de Jeanne qui gênaient l'interrogatoire étaient simplement supprimées au procès-verbal. C'est en vain que l'accusée démolissait, pièce par pièce, l'échafaudage de calomnies et de venimeuses insinuations dressé par le ministère public, les mensonges restaient chose acquise et Jeanne devait subir de longues et hypocrites admonestations, dites *caritatives*, au sujet d'actes ou de paroles qu'elle avait démentis avec la plus grande énergie. Les informations prises à Domremy, et dont l'ensemble était si flatteur pour elle, ne furent jamais communiquées aux assesseurs. Parfois, en regard d'une réponse de l'accusée, Cauchon écrivait en marge une observation personnelle, qui se transformait en accusation précise, dont la preuve aurait été établie à l'audience. D'autres fois, il invente de toutes pièces des faits ou des réponses ; tels sont le roman de Jeanne, servante dans une auberge de Neufchâteau ; sa conversation invraisemblable avec Baudricourt ; la rupture de son mariage pour cause de mauvaise conduite. Enfin, la sentence même de condamnation est signée par plusieurs assesseurs qui ont affirmé avec serment lors de l'enquête de réhabilitation, n'avoir pas assisté à la séance où elle fut prononcée. Quant à l'acte d'abjuration qui fut l'occasion de l'odieuse mise en scène du cimetière de Saint-Ouen, le 24 mai 1431, nous verrons de quelle indigne et mensongère comédie il devait être l'épilogue.

Malgré tout cela, le procès de Jeanne, tel qu'il nous a été conservé, est une merveilleuse et vivante évocation de cette surhumaine et attachante physionomie. C'est du drame vécu : le poignant spectacle de la jeunesse, de l'innocence, de l'héroïsme, aux prises avec des bourreaux affublés de la simarre de justiciers ; et lorsqu'on a eu le courage de s'enfoncer dans ce vestibule de l'enfer que me représente la grande salle du château de Rouen où Jeanne apparut si noble et si fière, il semble bien que jamais pareil spectacle ne fut donné au monde.

Le procès de Jeanne est double. Le premier, qui commence au 9 janvier 1431 et finit le 24 mai, s'appelle « la cause de lapse » c'est-à-dire qu'il se rapporte à l'accusation d'hérésie, de sortilège, de refus d'obéissance à l'Église intentée contre la Pucelle. Il fut clos au cimetière de Saint-Ouen par la condamnation de Jeanne à la prison perpétuelle.

Le second fut très court et consista tout simplement en la constatation que la condamnée était retombée dans les fautes qui lui avaient valu la première condamnation, avec une indulgence relative. Il s'appelle la « cause de relapse » ; la sentence livrait Jeanne au bras séculier, c'est-à-dire au bûcher : il ne dura que deux jours, du 28 au 30 mai 1431.

Le premier procès se subdivise en deux parties : 1° l'instruction qui se lit du 9 janvier au 26 mars. Les interrogatoires furent d'abord publics, du 21 février au 3 mars ; ils eurent lieu à huis-clos, du 10 au 17 mars ; 2° le procès ordinaire, après l'acte d'accusation, basé sur les réponses de l'accusée, du 27 mars au 24 mai. L'ouverture de la cause avait été précédée d'opérations préliminaires, dont Pierre Cauchon rendit compte à ses assesseurs le 9 janvier, dans la maison du Conseil royal, près du château de Rouen, où il les avait assemblés.

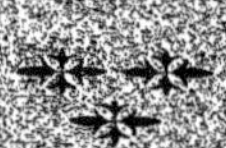

CHAPITRE XV

Le Procès

I

Lorsque les portes du château de Rouen se fermèrent sur Jeanne, il y avait déjà sept mois que l'Université de Paris la réclamait pour lui intenter un procès en matière de foi, prétexte hypocrite destiné à couvrir un assassinat juridique. On a dit de notre temps, qu'en politique il n'y a pas de justice, mais il n'est pas de spectacle plus démoralisant que l'asservissement et la prostitution de la justice légale aux exigences toujours impitoyables des politiciens. Jeanne fut peut-être la plus illustre victime humaine des tribunaux d'iniquité et lorsqu'on a le courage de s'enfoncer dans ce cercle d'enfer que représentent les diverses phases de son procès, c'est à peine si l'admiration que provoque la sublimité de son caractère peut égaler l'horreur qu'inspire la scélératesse de ses juges.

Il ne faut se lasser d'insister sur ce fait que les règles les plus élémentaires de la procédure furent foulées aux pieds avec la désinvolture la plus cynique. Pas plus Cauchon que le Chapitre de Rouen qui lui avait abandonné ses droits judiciaires, n'avait qualité pour intenter un procès de ce genre. A aucun degré Jeanne ne relevait de leur juridiction et Cauchon le comprenait si bien que pour masquer le vice radical de sa procédure, il en a multiplié à l'infini les incidents extra-judiciaires, avec une fertilité d'invention qui en a imposé à maint historien de nos jours et leur a fait prendre le monceau d'illégalités dont il a bâti son *beau procès*, pour un chef-d'œuvre de jurisprudence.

Du moment qu'ils avaient payé chèrement leur prisonnière, les Anglais, gens pratiques et dégagés de toute sentimentalité, entendaient bien tirer le parti le plus avantageux de leur acquisition. Tandis que Cauchon préparait sa comédie judiciaire, ils semblaient prendre un plaisir particulier à se venger sur Jeanne des humiliations qu'elle leur avait imposées et des frayeurs qu'elle leur avait inspirées. Il est certainement peu glorieux d'insulter et de maltraiter un ennemi désarmé, mais lorsque cet ennemi est représenté par une jeune fille de dix-neuf ans, il n'y a dans aucune langue humaine, une expression capable de stigmatiser une semblable lâcheté.

A Sainte-Hélène, Hudson Lowe exagéra la consigne qui lui prescrivait d'en finir au plus vite, sans violence, avec Napoléon. A Rouen, Warwick, gouverneur du château pour le Roi d'Angleterre, ne crut pas déroger à sa dignité, en descendant aux plus viles pratiques d'un geôlier impitoyable. Par son ordre, Jeanne avait été conduite à son arrivée dans une tour voisine du donjon de la forteresse de Rouen. En attendant l'ouverture du procès dont Cauchon se hâtait d'improviser les éléments, la prisonnière étroitement enchaînée, était le plus souvent enfermée dans une cage de fer, comme une bête fauve, et sans avoir jamais un instant de solitude pour se recueillir dans la prière, ou laisser couler ses larmes, triste consolation bien permise à ces heures tragiques, elle devait supporter la présence de quatre ou cinq valets d'armée, commis à sa garde et dont les cyniques propos et les grossières plaisanteries la poursuivaient sans trêve de leurs outrages. Il est vrai, que presque chaque jour, le Ciel s'ouvrait pour elle et que les Saintes illuminaient de leur rayonnement céleste, les ténèbres de l'horrible prison. Ce n'était plus ces ordres pressants, ces injonctions qui lui frayaient la route de Domremy à Reims; là s'était arrêtée la Mission proposée à son obéissance et avait commencé l'autre, proposée simplement à sa générosité. Délivrer Orléans, faire sacrer le Roi, inaugurer cette série de triomphes qui devait en moins de sept ans, amener la libération de Paris et plus tard du royaume, telle avait été la partie impéra-

tive du mandat. Poursuivre sa carrière militaire pour hâter ce
triomphe final, malgré le pressentiment qu'elle ne durerait
guère plus d'une année, s'élever du rang de libératrice à la
grandeur de victime immaculée ; telle était, ce semble, la
seconde partie du programme divin, mais sans aucune révélation impérative à celle
qui devait le remplir (1).

Le 3 janvier 1431,
avait paru un ordre du
Roi d'Angleterre enjoi-
gnant à ses officiers judiciaires préposés à la garde
de Jeanne, de « la bailler
et délivrer à l'évêque de
Beauvais toutes et quantes
fois que bon lui semblera,
pour être jugée. » Il y
avait bien à Rouen des
prisons ecclésiastiques où
devaient être détenus
légalement, avec un ré-
gime pénitentiaire très
doux pour l'époque, les
accusés en matière de
foi ; en particulier, les
femmes y étaient servies
par des femmes et c'est
pour cela que Jeanne
réclama maintes fois son
droit d'y être conduite,
mais cela ne faisait point

l'affaire de Warwick, ni de Cauchon. Une illégalité de plus
ou de moins leur importait peu. Le château de Rouen lui-
même, n'était pas un lieu de détention et si Jeanne y était
enfermée et ne devait plus en sortir que pour la tragique journée du cimetière de Saint-Ouen et pour son supplice au Vieux-
Marché, c'était pour bien marquer que les formalités judiciaires n'étaient qu'une odieuse comédie et que son sort était
bien réglé d'avance.

(1) R. P. Pie de Langogne, *Jeanne d'Arc*, p. 28.

Pour donner quelque vraisemblance aux accusations qu'il allait formuler contre Jeanne, Cauchon avait envoyé à Domremy une sorte de commission rogatoire chargée d'enquêter sur les circonstances diverses qui avaient précédé, accompagné, ou suivi la manifestation de ses Voix, mais l'issue n'avait pas répondu à son attente et de cette enquête entièrement à la louange de Jeanne il ne fut jamais question au procès. Cauchon pensa qu'avec le secours des assesseurs qu'il se proposait d'appeler en foule aux audiences, alors que l'usage n'en admettait que douze au plus, il ne lui serait pas difficile de provoquer des réponses dont l'accusation saurait tirer parti.

Le 9 janvier, Cauchon fit pour la première fois acte de juge et réunit dans une sorte de conseil préliminaire, plusieurs savants et juristes renommés et pour leur donner une juste idée du caractère politique et officiel de cette procédure, il tint cette assemblée dans le local ordinaire du Conseil royal d'Henri VI. On tomba facilement d'accord qu'il y avait lieu d'ouvrir une action judiciaire contre Jeanne et le tribunal fut sur-le-champ constitué. Dans son enthousiasme devant la tournure favorable que prenaient les événements, Cauchon s'écria : « Il nous faut servir loyalement le Roi ; il s'agit de faire un beau procès contre Jeanne. » On ne voit pas quelle place restait aux accusations en matière de foi, dans cette invocation du service exigé par l'autorité royale qui n'avait pas à se mêler d'un procès de cette nature.

Le clergé de Rouen gardait une réserve qui confinait à l'hostilité, c'est pourquoi Cauchon qui ne voulait pas assumer tout seul la responsabilité toujours sérieuse de cette infamie judiciaire, multiplia les assesseurs qu'il choisit surtout dans les chapitres et dans les abbayes normandes où bénéfices et prébendes étaient à la nomination du Roi, et tout ce monde fut sur-le-champ investi d'un réseau d'espionnage qui laissait sentir son étreinte aux bons moments et provoqua même de tragiques disparitions autour desquelles se fit le silence.

Cauchon avait fait sommation à Jean Le Maître, vice-inquisiteur de Rouen, de siéger au procès en qualité de juge, comme c'était son droit, mais celui-ci peu enthousiaste pour une affaire dont l'orthodoxie lui paraissait suspecte, opposa une résistance passive. Il refusa sans refuser, siégea au procès à son rang de gradué, se dissimulant de son mieux et ne prenant la parole que sur les injonctions du prélat, redoutant également ses violences et les conséquences d'une action trop personnelle qui pourrait le compromettre, mais sa prudente réserve le servit peu et dès le 12 mars, il était contraint de siéger à côté du terrible évêque de Beauvais.

Enfin, le 21 février, Jeanne comparut pour la première fois devant le tribunal d'iniquité. D'après le droit ecclésiastique, la séance aurait dû se tenir dans une église ouverte à tout venant, mais Warwick refusa de se dessaisir même un instant de sa prisonnière. On se rassembla dans la chapelle du château et tout d'abord, Cauchon expliqua qu'il avait dû refuser à l'accusée le privilège de l'assistance à la Messe et de l'usage des Sacrements; nul n'osa protester contre cette infamie.

Jeanne se présenta avec une modeste assurance, sans forfanterie. Elle ne savait de quoi elle était accusée et la plupart des assesseurs ne l'ignoraient pas moins, mais dès la première escarmouche, ceux-ci durent comprendre que la bataille serait dure. Cauchon commença par signifier à Jeanne qu'il lui défendait de quitter le château de Rouen sans sa permission. Il avait l'ironie cruelle, n'ignorant pas qu'on venait d'extraire l'accusée de sa cage de fer, mais Jeanne lui répliqua sur-le-champ qu'elle entendait garder le droit qu'avait tout prisonnier de reconquérir, par tous les moyens, sa liberté et elle se plaignit de l'infâme traitement dont elle était victime dans sa prison. Sa protestation avait produit grand émoi dans l'assemblée des assesseurs qui n'était point encore complètement domestiquée. Winchester qui était présent à la séance déclara que les clefs du cachot de Jeanne seraient remises au tribunal, concession dérisoire, dont l'hypocrisie parut calmer pour l'instant l'émotion de l'assemblée et d'autre part, le soir même, la cage de fer disparut; la planche à laquelle Jeanne était attachée fut placée à un grabat de prison, mais la captive n'en fut pas moins étroitement enchaînée. Elle réclama un avocat qui lui fut refusé et requit, comme c'était son droit, que les assesseurs au procès fussent choisis par moitié parmi les partisans du Roi Charles VII et les tenants du Roi d'Angleterre. Cette requête eut le même sort que la première.

La première séance, comme toutes les autres, fut consacrée à une sorte d'interrogatoire, d'identité d'abord, et ensuite d'enquête, sur les circonstances de la Mission de Jeanne, espèce de dialogue confus et passionné où les plus zélés des assesseurs mêlaient à dessein les questions perfides, sans aucune méthode, mais Jeanne répondait à chacun avec une précision et un à-propos qui lui laissait toujours le dernier mot.

Le lendemain, la séance recommença, mais cette fois elle se tint dans la salle des Parements, parce que les greffiers officiels du procès, s'étaient plaints sans détour de la présence clandestine de deux secrétaires du Roi d'Angleterre qui, dissimulés derrière des rideaux, sténographiaient en quelque sorte, le mot à mot des débats, pour le maquiller ensuite à loisir. Les greffiers déclarèrent qu'ils renonceraient à exercer leur office si l'on ne mettait bon ordre à ces pratiques illégales. On leur donna une apparente satisfaction en transférant le tribunal dans la salle qui servait aux apprêts de fête, où ne manquaient pas les meubles larges et profonds, propices aux cachettes les plus discrètes. Cette séance d'ailleurs, semblerait dénuée d'intérêt si, comme dans la première séance, le débat sur le serment qu'on exigeait de Jeanne, n'eut dégénéré en une véritable scène de tumulte dont le procès-verbal officiel ne porte d'ailleurs nulle trace. L'accusée prêta serment avec de prudentes restrictions sans se laisser intimider par les vociférations qui accueillaient chacune de ses déclarations au sujet de ses Voix.

A la troisième séance du samedi 24 février, recommença le débat sur le serment. Cauchon s'emporta jusqu'aux menaces, exigeant un serment sans restriction : « Je suis votre juge, s'écria-t-il, et j'ai le droit de savoir la vérité. » — « Je vous le dis, répliqua Jeanne, prenez bien garde : vous prétendez être mon juge, vous assumez là une lourde responsabilité et vous me tourmentez trop. C'est assez d'avoir juré deux fois dans un procès. » — « Alors vous serez condamnée. » — « Tout le clergé de Paris et de Rouen ne saurait me condamner que s'il en a le droit. » On ne put obtenir d'elle autre chose, sinon qu'elle dirait la vérité sur ce qui avait rapport au procès.

C'est au cours de cet interrogatoire qu'un assesseur perfide posa tout à coup à Jeanne cette question insidieuse : « Croyez-vous être en état de grâce ? » Aussitôt s'élevèrent de violentes protestations au sein de l'assemblée et Jean Lefèvre, l'un des assistants, déclara tout haut que Jeanne n'était pas tenue de répondre à cette très grosse question. Cauchon l'interrompit en ces termes : « Vous, vous auriez mieux fait de vous taire. »

En effet, si elle se reconnaissait en état de grâce, elle était accusée
d'orgueil démesuré ; si elle répondait qu'elle n'était pas en
état de grâce, surgissait une accusation d'être le suppôt du diable,
mais Jeanne commença par dire que c'était grande chose de
répondre en cette occurence, puis elle ajouta tout simplement :
« Si je n'y suis pas, que Dieu m'y mette ; et si j'y suis, que Dieu
m'y garde ! » Un murmure d'étonnement bien légitime s'éleva
dans l'assemblée haletante et Jean Beaupère, confondu, n'insista pas ; la séance fut immédiatement levée et l'interroga-

Rouen. — Le vieux château.

toire ne reprit que dans l'après-midi, mais il ne fut question
que de Domremy, de l'Arbre des Fées et du Bois-Chesnu.

Jusqu'au mercredi 14 mars, les séances se poursuivirent
avec le même caractère de fourberie et de duplicité d'une part
et de profond et lumineux à propos de l'autre. Dans ce duel à
armes humainement si inégales, l'avantage passait visiblement du côté de l'inexpérience et de la faiblesse. Jeanne tenait
tête à la meute des justiciers avec une prudence et une
vigueur surhumaines ; elle éventait tous les pièges, traversait
tous les desseins perfides avec une aisance et une facilité qui
auraient ouvert les yeux de tous autres que ces aveugles volon-
taires, mais lorsque l'indiscrète curiosité de l'interrogatoire
s'aventurait sur le terrain exclusivement politique et sur les

révélations qu'elle avait faites à Charles VII, en témoignage de sa Mission, elle rappelait aussitôt l'interpellateur à l'ordre, lui déclarant que rien de tout cela n'était de *son procès*. Maintes fois elle fit appel au Livre des délibérations de Poitiers où elle avait donné de sa Mission des preuves jugées largement suffisantes par l'Assemblée nationale devant qui elle avait comparu, mais ce document avait déjà été égaré et d'ailleurs le tribunal de Rouen n'avait été rassemblé pour autre cause qu'une condamnation à tout prix. Etait-il possible que Jeanne laissât discuter un instant le secret qu'elle avait dévoilé à Charles VII au sujet de ses angoisses personnelles? L'ennemi dynastique devait-il savoir que le Roi avait douté de la légitimité de sa naissance? L'insistance inlassable avec laquelle Cauchon reprit maintes fois cette question, jusqu'au matin même du supplice de Jeanne, laisserait supposer qu'il en avait quelque connaissance et qu'il espérait porter un coup fatal au « Roi de Bourges » en arrachant cet aveu à sa prisonnière par n'importe quel moyen, mais ni la ruse, ni la violence, ne lui permirent d'entrer sur ce terrain que Jeanne défendit toujours victorieusement contre lui.

Dans l'interrogatoire du 24 février, Jeanne avait, une fois encore, protesté contre la prétention de Cauchon à la juger juridiquement « Vous qui vous dites mon juge, lui avait-elle déclaré, prenez garde à ce que vous faites, car en vérité, je suis envoyée de Dieu et vous vous mettez en grand danger. » Le texte officiel ou plutôt officieux du procès, ne mentionne pas et pour cause, la réponse de Cauchon, mais cette lacune a été comblée par un témoin qui fut entendu à l'enquête de réhabilitation : « Le Roi, répliqua-t-il, m'a ordonné de faire votre procès et je le ferai. » On comprend que le cauteleux justicier n'ait pas voulu laisser dans l'instrument officiel, la trace d'un aveu si compromettant. A ce moment d'ailleurs, son *beau procès* prenait mauvaise tournure, comme le laisse deviner la sortie précédente. Le servilisme des assesseurs lui inspirait de la défiance et plusieurs fois, Jeanne avait été mise par l'un ou par l'autre, en situation de déjouer les pièges qu'on lui avait tendus. Il décida brusquement que les interrogatoires auraient lieu désormais à huis-clos, en présence d'un petit nombre d'assesseurs et il fit accréditer auprès de sa prisonnière, un espion, Nicolas Loyseleur qui est peut-être la plus odieuse physionomie de cette méprisable assemblée.

On a dit avec raison que le valet du bourreau est plus répugnant que le bourreau lui-même ; c'est le rôle que Loyseleur se donna auprès de Cauchon. La belle défense de Jeanne contre une assemblée devant laquelle aurait succombé le docteur le plus subtil et le plus érudit, laissait craindre qu'elle n'emportât avec elle les secrets que les Anglais avaient si grand intérêt à pénétrer ; Loyseleur s'offrit pour les surprendre. Il se fit passer pour un prisonnier de guerre lorrain détenu lui aussi

Saint-Michel au péril de la mer.

au château de Rouen. On favorisa ses entrevues avec Jeanne et il capta pleinement sa confiance ; seulement lorsqu'il crut le moment arrivé où sa victime allait lui faire des confidences sur le Roi, qu'il sollicitait, on aposta deux greffiers pour saisir officiellement cette conversation dans tous ses détails. L'un d'eux protesta qu'il ne revêtirait point de sa signature des aveux obtenus par un semblable procédé et d'ailleurs la prudence de Jeanne l'avait retenue sur une pente dangereuse. Les prétendus aveux ne furent guère différents des diverses déclarations qu'elle faisait aux interrogatoires. Loyseleur joua ce double jeu au cours de tout le procès : il reparaissait en ecclésiastique et fut d'ailleurs le seul confesseur autorisé de la prisonnière. Jeanne ne soupçonna jamais l'infamie de ce traître qui

lui prodiguait les plus dangereux conseils avant chaque interrogatoire, l'invitant à protester contre le tribunal et à récuser
sans trève ces gens qui prétendaient la juger, procédé de
défense qui ne pouvait que plaire à Jeanne, à ce qu'il pensait,
mais qui n'en était pas moins très dangereux pour elle.

Loyseleur finit par inspirer du dégoût aux assesseurs
les moins difficiles et il semble que vers la fin du procès, ce
dégoût l'ait lui-même gagné, mais il ne put le manifester
sans grand danger pour sa vie; il fut contraint de se cacher et
de sortir de Rouen où le pourchassait la haine des Anglais
contre quiconque témoignait de l'intérêt à la prisonnière.
Warwick, son ami, lui avait donné lui-même ce conseil et il
est certain qu'il n'assista pas au dénouement de ce drame
auquel il avait si odieusement collaboré.

La décision prise par l'évêque de Beauvais, de procéder
désormais à huis clos et en présence de deux ou trois assesseurs
seulement, ne lui était pas inspirée par le beau mépris qu'il
professait pour les formes juridiques, mais par sa défiance
envers ses complices et par le secret espoir de façonner plus
facilement leur opinion, puisque leur présence aux interrogatoires allait cesser et c'est ce qui arriva. Il allégua la fatigue
que devaient éprouver les assesseurs et la connaissance à peu
près suffisante qu'ils avaient des éléments du procès sur lequel
ils restaient libres de demander tout éclaircissement qu'il leur
plairait et comme il venait d'être nommé évêque de Lisieux,
les premiers soins qu'il devait à sa charge ne lui permettaient
pas, pour l'instant, de suivre lui-même les débats. Il chargea
de cet office, Jean de La Fontaine, auquel il adjoignit six assesseurs et un greffier.

Les séances secrètes du tribunal diminué eurent lieu,
contre toute légalité, dans la prison même de Jeanne, chaque
jour de la semaine, du samedi, dixième jour de mars, jusqu'au
samedi suivant et l'on vit reparaître la question jamais résolue
du signe donné à Charles VII. Jeanne avait déclaré maintes fois
à Cauchon que cela n'était pas de *son* procès, mais pour en finir
elle eut recours à une allégorie que les juges affectèrent de
prendre pour une réalité. Elle leur dit qu'un ange avait
apporté au Roi une couronne et dans ses réponses, elle entre-
mêlait si visiblement des détails sur sa première entrevue avec
Charles VII, d'autres relatifs au Sacre, d'autres enfin qui ne

pouvaient se rapporter exclusivement qu'à elle, à qui était dévolu le rôle de l'ange, que seule la plus insigne mauvaise foi pouvait interpréter à la lettre un récit de cette nature, comme le firent d'ailleurs Cauchon et ses délégués.

Un autre point noir apparaissait à l'horizon, plein des menaces les plus tragiques et soigneusement grossi par Cauchon qui en avait bien compris la gravité. Ce n'était qu'une équivoque, mais ce malentendu, aggravé par l'ignorance dans laquelle Jeanne était laissée de sa véritable signification et pas les perfides conseils de Loyseleur qui continuait son vil métier en partie double, donnait enfin une base en apparence solide, à une inculpation capitale. Plusieurs fois Jeanne avait été pressée d'exprimer sa soumission à l'Eglise militante, sans qu'on lui expliquat d'ailleurs la signification de ces deux mots. Loyseleur lui avait fait comprendre que l'Eglise militante n'était autre que la réunion de gradués devant qui elle avait déjà comparu maintes fois et qu'elle ne devait d'aucune manière accepter cette juridiction. Ainsi donc, en public, Jeanne était hautement invitée à se soumettre à l'Eglise universelle et en secret, l'émissaire de Cauchon l'incitait à refuser cette soumission, dans la crainte que cette déférence à l'Eglise militante, représentée comme elle le pensait, par Cauchon et ses assesseurs, ne fût regardée comme une reconnaissance du droit que ceux-ci s'arrogaient de la juger.

Ce fut pour cette raison que lorsque au cours de ces interrogatoires secrets, elle fut pressée de manifester sa soumission à l'Eglise universelle, c'est-à-dire au Concile de Bâle alors en session, bien que ce fût pour elle une occasion unique de se soustraire à ses juges actuels, en évoquant une juridiction supérieure, elle répondit simplement que pour le moment elle n'en dirait rien. Peu après, Jean de La Fontaine et Pierre Maurice lui expliquèrent, en particulier, ce qu'on entendait par l'Eglise universelle et ce qu'était le Concile, assemblée d'évêques et de docteurs de toute la chrétienté où il y en avait autant de son parti que du parti des Anglais. Jeanne avait aussitôt répondu : « Oh ! puisqu'en ce lieu, sont aucuns de notre parti, je veux bien me rendre et me soumettre au Concile de Bâle. » Cauchon était entré alors dans une grande colère contre les imprudents assesseurs et avait défendu au greffier d'enregistrer cet acte de soumission de Jeanne, au Concile et au Pape, malgré cette protestation de l'accusée : « Ah ! vous écrivez bien ce qui est contre moi, mais vous ne voulez pas écrire ce qui est pour moi. » Le greffier n'enregistra rien, preuve nouvelle du maquillage impudent que durent subir les procès-verbaux soi-disant authentiques des actes de la procédure. D'ailleurs les annotations marginales inscrites de la main même de Cauchon sur l'un des trois exemplaires qui en sont parvenus jusqu'à nous, ne laissent aucun doute sur la manière dont il comprenait le respect de la vérité.

Jeanne renouvela maintes fois sa protestation contre l'incompétence de ses juges ; elle en appela maintes fois au Pape et à l'Eglise contre leurs prétentions judiciaires, mais il n'en fut tenu aucun compte. Elle n'en fut pas moins déclarée hérétique et schismatique dans l'arrêt de condamnation et même à supposer que le tribunal antijuridique eût fait droit à la légalité de sa protestation, jamais les Anglais n'auraient consenti à laisser sortir leur prisonnière du château de Rouen.

La question du vêtement d'homme que Jeanne portait depuis son départ de Vaucouleurs et qui devait lui être imputée à crime, revint aussi souvent dans ces interrogatoires ; sur ce point elle ne varia jamais, pas plus devant le tribunal que devant les instances qui lui avaient été faites à Beaurevoir et à Arras. Elle avait pris ce vêtement par l'ordre de Dieu et ne le quitterait que sur le même ordre. C'est en vain qu'elle supplia qu'on lui permît d'entendre la Messe, sans rien changer aux injonctions qu'elle avait reçues du Ciel : Cauchon resta inflexible. Il n'avait pas échappé à la lumineuse perspicacité de sa haine, qu'il lui serait possible de faire surgir de cette question, quand il le voudrait, encore une inculpation mortelle contre sa victime. L'événement lui donna raison et Jeanne fut effectivement livrée au bourreau, pour avoir repris, quoique par nécessité, le vêtement d'homme dont elle avait promis d'abandonner désormais l'usage. Il est facile de comprendre pourtant que jamais elle n'eût autant de raison de garder ce vêtement, protecteur de sa faiblesse, que dans cette caverne de brigands où la retenait la haine de ses ennemis.

Le dimanche de la Passion, 18 mars, Cauchon réunit chez lui onze des assesseurs qui siégeaient au procès. Les interrogatoires préparatoires à la cause avaient pris fin ; l'instruction était finie et des procès-verbaux, le ministère public, représenté par Estivet, promoteur en la cause, avait extrait l'acte d'accusation sur lequel il serait délibéré. Il fut enjoint aux gradués d'étudier le résumé que leur en fit l'évêque et de proposer une qualification à chacune des propositions émises par le promoteur. Quatre jours après, nouvelle réunion : chacun des assesseurs exprime son avis motivé sur les propositions qui lui ont été soumises. Le procès prend corps au point de vue juridique : le promoteur a réuni des bulles de savon et a trouvé moyen de leur donner de la consistance et Cauchon ne dissimule pas sa joie : « Nous allons procéder, dit-il, Dieu aidant, de telle façon que le procès soit déduit à la gloire de Dieu et à l'exaltation de la foi, sans qu'il puisse être affecté d'aucun vice. »

Le samedi 24 mars, Jeanne reçut dans sa prison la visite de huit assesseurs réunis sous la présidence de Jean de la Fontaine, avec mission de lui donner connaissance du résumé des charges réunies contre elle que le promoteur se déclara prêt à soutenir contre toute contestation de l'accusée, mais nous ne saurons jamais si cette communication fut complète et si l'on n'a pas supprimé au passage, pour éviter les protestations de Jeanne, les endroits où ses réponses avaient été falsifiées. Tout est possible et tout devient probable dans cet ordre d'idées, de la part d'un justicier libre de tout préjugé, tel que Cauchon nous est apparu.

Le lendemain, Cauchon lui-même se présenta dans la prison de Jeanne pour lui donner acte de l'acceptation qu'elle avait faite du résumé qui lui avait été signifié la veille et pour renouveler les hypocrites exhortations à reprendre les vêtements de son sexe, mettant toujours à ce prix la faveur d'entendre la Messe et d'accomplir le devoir pascal. Jeanne protesta encore contre cette prétention du juge : « Pour ce qui est de moi, dit-elle, je ne recevrai pas le saint viatique en changeant mon habit contre un habit de femme. Je vous en prie, permettez-moi d'entendre la Messe en habit d'homme. Cet habit ne charge point mon âme de péché et le porter n'est pas contre les lois de l'Église. » Cauchon resta inflexible. L'instruction du procès étant terminée, sans respecter la trève coutumière de la Semaine Sainte et des fêtes de Pâques, dès le lendemain le procès commença son cours. La période des principales difficultés était close et le dénoûment promettait toute satisfaction à la vetaille justicière que Cauchon tenait à compromettre avec lui.

CHAPITRE XVI

Le Procès. — Le Cimetière de Saint-Ouen

II

En même temps que la Semaine Sainte, s'ouvrit pour Jeanne le procès qui devait la conduire au bûcher. Avant de procéder aux débats, le promoteur Estivet, qui avait rédigé un acte d'accusation ne comprenant pas moins de soixante-douze articles, déclara que lorsque l'accusée ne répondrait pas aux griefs invoqués contre elle, son silence serait considéré comme un aveu. Or, il est manifeste que le réquisitoire n'était qu'un tissu d'allégations mensongères, amalgamées à quelques faits sans importance et à quantité d'assertions nouvelles dont Jeanne n'avait pas connaissance. Estivet jura solennellement qu'il n'agissait que par zèle pour l'intégrité de la foi et sans aucun esprit de parti-pris ou de haine, précaution inutile contre les justes sévérités de l'histoire qui n'a pas ratifié ses hypocrites protestations.

Il était de droit absolu qu'à l'ouverture du procès d'office un avocat fût offert à l'accusée et Cauchon n'eut garde d'y manquer, mais il restreignit le choix éventuel de Jeanne à la coterie d'assesseurs dont il s'était entouré. En dehors de ces comparses, toute désignation serait considérée comme non avenue. A cette proposition, Jeanne répondit de la sorte :

« Premièrement, de ce que vous m'admonestez pour mon bien et notre foi, je vous remercie ainsi que toute la compagnie. Quant au conseil que vous m'offrez, je vous en remercie aussi, mais je n'ai pas l'intention de me départir du Conseil de Dieu. » L'acharnement déployé contre elle depuis un mois, par les assesseurs au procès, ne pouvait que lui inspirer contre eux une défiance trop justifiée et d'ailleurs, les conseils perfides de Loyseleur l'entretenaient dans l'équivoque de plus en plus dangereuse, née de la confusion qu'elle faisait de l'autorité de l'Eglise et de celle que s'attribuait indûment le tribunal recruté par Cauchon. Plusieurs d'entre eux, cependant, lui témoignaient enfin quelque sympathie, entr'autres Jean de la Fontaine et le dominicain Isambart de la Pierre. Le premier n'eut que le temps de fuir pour se dérober à la colère du terrible prélat et le second, exclu temporairement des séances du procès, ne dut sa sécurité personnelle qu'à l'intervention de Jean Le Maître, son supérieur, qui menaça de se retirer définitivement si on lui cherchait querelle.

Le réquisitoire d'Estivet dont la lecture dura plusieurs heures, fut signifié à Jeanne le mardi de la semaine Sainte. Nul article ne passa sans qu'elle formulât les plus énergiques protestations. Il était difficile en effet, d'accumuler plus de mensonges, d'insinuations fausses et d'interprétations stupéfiantes des paroles les plus simples et pourtant, le promoteur laissait entendre que toutes ces allégations étaient établies par de prétendus aveux, sans avoir pu citer un seul témoin à leur appui. Depuis deux ans, Jeanne avait vécu en quelque sorte, sous les yeux du monde entier; elle avait commandé des armées, elle avait fait partie de la Cour, sans que l'élévation de sa fortune, ni la profondeur de son infortune aient jamais donné une prise quelconque au moindre témoignage contre ses vertus. Il est vrai que les juges qui s'arrogeaient le droit de lui faire un procès n'en demandaient point.

Au moment de l'ouverture du procès d'office, tout le fatras du haineux réquisitoire d'Estivet, se réduisait à trois points principaux qui semblaient irréductibles de la part de Jeanne. C'était d'abord l'affirmation de plus en plus ardente de ses révélations pour le salut de sa patrie; ensuite, le vêtement d'homme qu'elle s'obstinait à garder, en quoi elle n'avait que trop raison; enfin son refus de reconnaître l'autorité du tribunal que Cauchon avait rassemblé. Tout le reste n'était que de seconde importance et pourtant cette résistance de Jeanne qui nous paraît aujourd'hui si légitime et si bien fondée en fait et en droit, la conduisit à la mort.

Dans la période des saints jours où la haine de ses ennemis ne désarmait pas, Jeanne isolée du reste du monde au fond de sa prison, privée des consolations chrétiennes auxquelles elle avait droit et qui lui auraient apporté quelque réconfort dans l'horreur de sa captivité, sollicita une fois encore, mais en vain, la faveur de participer aux solennités pascales. Il lui fallut vivre ces jours de poignants souvenirs, dans les angoisses coutumières et lorsque la veille de Pâques, les cinq cents cloches de Rouen, chantèrent l'Alleluia, ce ne fut point d'une délivrance, ni d'un allégement quelconque de ses maux qu'elles lui apportèrent l'espérance. Les rigueurs de la captivité et les austérités du Carême qu'elle avait voulu pratiquer sans réserve, avaient fini par triompher de ses forces. Elle languissait abattue sur son grabat et ne retrouvait sa vigueur qu'en présence de ses juges. Warwick rempli d'inquiétude à la pensée qu'elle pouvait mourir en prison, appela d'abord un médecin de Rouen et comme aucune amélioration sensible ne se produisait, il manda deux praticiens renommés de Paris. Il eut le cynisme de leur expliquer que le Roi d'Angleterre avait payé trop cher la Pucelle, pour permettre qu'elle mourût autrement que par arrêt de justice, l'habileté des médecins triompha des deux crises de maladie que Jeanne supporta dans sa prison et Warwick put enfin s'estimer heureux à la pensée que sa captive ne ferait point faillite à l'attente du Roi d'Angleterre.

Vers la même époque, Jeanne reçut dans sa prison une visite bien inattendue et qui témoigne d'un rare cynisme chez ses visiteurs. Jean de Luxembourg se trouvait à Rouen avec son frère, l'évêque de Thérouanne, chancelier de France pour Henri VI, comme l'était Regnault de Chartres pour Charles VII. Les deux frères voulurent voir Jeanne et le comte de Ligny, un peu embarrassé par sa démarche insolite, affecta d'abord de plaisanter avec la prisonnière : « Jeanne, lui dit-il, je suis venu ici pour vous admettre à rançon, à condition que vous ne vous armerez plus jamais contre nous. » — « Vous vous moquez de moi, répondit la Pucelle, vous ne voulez ni ne pouvez faire ce que vous dites. » Comme Jean de Luxembourg insistait : « Je sais bien, continua Jeanne, que les Anglais me feront mourir, croyant après ma mort gagner le royaume de France ; mais seraient-ils même cent mille *godons* de plus qu'ils ne sont maintenant, ils ne conquerront pas le sol de notre patrie. » Un des seigneurs anglais qui se trouvaient là, tira à moitié son épée du fourreau pour transpercer Jeanne et ne fut retenu que par Warwick, toujours inquiet de perdre avant l'heure, le gage auquel l'Angleterre semblait attacher sa fortune.

Dans les premiers jours d'avril, Cauchon chargea deux des six Universitaires de Paris qui siégeaient au procès, Thomas de Courcelles et Thomas Midi, d'extraire du réquisitoire d'Estivet qu'il regardait comme définitivement acquis, douze articles substantiels résumant les accusations formulées contre Jeanne. Ce travail se fit en petit comité et sans que l'accusée en ait jamais eu connaissance. Ces arti-

Jeanne d'Arc malade dans sa prison de Rouen.
(Tableau de Beauville.)

cles n'étaient que la quintessence des audacieuses affirmations d'Estivet. Ils furent rédigés sous forme de consultation abstraite, sans désignation de personne et envoyés à un certain nombre de juristes. L'Université de Paris fut elle-même priée de formuler un avis juridique sur cette proposition. Rien de plus légitime en droit, que cette manière d'agir, à la condition toutefois, qu'en fait, les allégations des douze articles ne fussent pas un tissu de mensonges et que les docteurs consultés eussent connaissance des réponses et explications de l'accusée dont ils étaient censés ignorer la personnalité.

Les réponses à la consultation, moins celle de l'Université de Paris, arrivèrent dans la seconde quinzaine d'avril. Il est singulier que la plupart des juristes n'eurent aucun soupçon ni sur la vérité, ni sur la fidélité des articles qui leur étaient soumis; ils ne songèrent pas à demander communication des procès-verbaux officiels et probablement pour des motifs non identiques; les uns par une confiance bien mal placée, d'autres par inexpérience juridique, d'autres enfin pour des raisons moins avouables. Il y avait d'ailleurs, dans certaines consultations, des remarques désobligeantes et des protestations juridiques dont Cauchon se garda bien de donner connaissance à qui que ce fût. Il retint les avis favorables à ses desseins et laissa les autres dans une ombre dont nul ne songeait à les faire sortir.

On pourrait s'étonner que les communications à peu près quotidiennes que Jeanne recevait de ses Voix ne l'aient pas mise en garde contre les pièges tendus à son inexpérience et que Loyseleur par exemple, ait pu si longtemps jouer auprès d'elle ce double rôle abominable qui est bien le plus triste épisode de ce triste procès. D'abord, toute considération sensible et personnelle mise à part, le plan divin de la vraie Mission de Jeanne, consistait-il à la délivrer des mains de ses ennemis? Sa gloire rayonnerait-elle aujourd'hui d'un pareil éclat si elle s'était dérobée par une évasion vulgaire ou par le rachat coutumier de la rançon? Les actes et la destinée mortelle des saints et des héros, ne peuvent être jaugés à la mesure ordinaire de l'humanité puisque leur sainteté et leur héroïsme consistèrent à dépasser de beaucoup les limites ordinaires du devoir. Les Voix de Jeanne ne lui donnaient point de clartés sur tous les détails de sa vie, mais seulement sur ce qui concernait sa Mission; les embûches multipliées autour d'elle, la lutte poignante où se débattaient son inexpérience, sa candeur et sa loyauté contre la meute enragée de ses ennemis, la hauteur à laquelle elle les domine, les angoisses de sa captivité, les larmes arrachées à sa jeunesse, tout cela est-ce autre chose que le plus beau combat livré par toutes les faiblesses humaines à la toute-puissance de l'injustice et le plus réconfortant spectacle donné aux champions de la justice, contre l'iniquité de la force bru-

tale ? C'est aux vaincus de ces luttes tragiques, que sont réservées les apothéoses immortelles.

Cependant, les débats du procès se hâtaient vers leur
terme. Les docteurs de l'Université de Paris étaient pressés d'en
finir, impatients d'accourir au Concile de Bâle, ignorant d'ailleurs que le Pape Eugène IV qui venait de succéder à Martin V,
en avait suspendu les séances pour 18 mois. Il est remarquable
que les actes officiels du procès de Jeanne affectent d'ignorer
les événements qui venaient de s'accomplir à Rome, et que
Jeanne a été condamnée avec la fausse supposition de la
vacance du Saint-Siège. L'Université de Paris qui était
l'âme du procès de Rouen, affecta longtemps d'ignorer l'avènement d'Eugène IV dont elle connaissait les dispositions peu
favorables au maintien du despotisme doctrinal et disciplinaire
qu'elle exerçait en France (1) et nous verrons que, vingt ans
plus tard, le Saint-Siège envoya un cardinal légat, pour apaiser
la turbulence de cette puissante institution devenue trop
encombrante.

Il faut dire à la honte de deux ou trois parmi les plus vils
assesseurs, que si Jeanne n'a pas été mise à la torture selon
l'usage trop fréquent de la justice criminelle de cette époque
et même des trois siècles qui la suivirent, ils n'avaient pas
reculé devant cette effroyable épreuve et parmi eux, naturellement, l'immonde Loyseleur. Le 9 mai, Jeanne fut amenée
dans la grosse tour du château, qui d'ailleurs subsiste encore
et pour lui arracher par la terreur des aveux qu'on n'avait pu
obtenir d'elle, Cauchon lui déclara qu'elle serait livrée au
bourreau, si elle ne voulait pas avouer la vérité. « Vraiment,
répondit Jeanne, même si vous deviez me faire arracher les
membres et me faire partir l'âme du corps, je ne vous dirais
pas autre chose et si je vous disais quelque chose, je vous dirais
toujours ensuite que vous me l'avez fait dire par force. » Cette
ferme déclaration fit comprendre à Cauchon qu'il n'obtien-
drait rien par une simple menace et deux jours après, on déli-
béra en comité restreint pour savoir si Jeanne malade et épuisée

(1) Eugène IV avait été élu depuis soixante-dix-huit jours et notification officielle avait été faite depuis dix jours à l'Université de Paris, mais celle-ci persistant
dans son ignorance affectée, refusa de reconnaître le nouveau pape et lui suscita
même un rival dans la personne de l'anti-pape Amédée, élu par le Concile schismatique de Bâle.

par l'affreux régime de sa prison serait appliquée à la torture. La réponse fut négative bien que Aubert Morel, Thomas de Courcelles et Nicolas Loyseleur eussent émis un avis affirmatif.

Le 19 mai, de nombreux assesseurs se réunirent autour de Cauchon dans la chapelle archiépiscopale de Rouen pour prendre connaissance de la consultation impatiemment attendue de l'Université de Paris. Cauchon rayonnait de joie. Non seulement l'Université adoptait ses conclusions sur le fond du procès, mais elle envoyait ses plus chaleureuses félicitations à l'éminent évêque pour la belle ordonnance et la savante progression de sa procédure. Le *beau procès* lui faisait le plus grand honneur et l'Université transmettait aussi au Roi Henri VI, avec un nouveau témoignage de sa complète servilité, son désir ardent de voir aboutir contre la Pucelle, les voies juridiques les plus promptes et les plus efficaces. Elle avait découvert dans les douze articles soumis à sa qualification, d'abord, la présence de Bélial, Satan et Béhémoth; en outre elle y avait démêlé mauvaise croyance, divination, présomption, mépris de Dieu, cruauté et perfidie, scandale, blasphème, tentative de suicide, idolâtrie, démonolatrie, rébellion contre l'Eglise, schisme et apostasie. Il n'en fallait pas tant pour envoyer Jeanne au bûcher.

L'Université avait même poussé le zèle jusqu'à indiquer le mode de procédure finale de cette cause qui passionnait l'Angleterre autrement que la France. Cauchon, fier et reconnaissant des louanges qui ne lui avaient pas été ménagées, suivant ces instructions, fit comparaître Jeanne, le 23 mai, dans une dernière séance du tribunal, où le docteur Pierre Maurice lui adressa une longue et pathétique admonestation sur le danger que lui faisait courir son refus de se soumettre à l'autorité du tribunal, légitime représentation de l'Eglise militante. C'était toujours la même équivoque et la même fourberie. Jeanne avait protesté maintes et maintes fois de sa soumission à l'Eglise et au Pape, mais ce qu'on lui demandait, c'était de reconnaître l'identité du tribunal de Rouen et de l'Eglise romaine. Encore une fois Jeanne se contenta de répondre : « Pour ce qui concerne mes paroles et mes actions, je m'en rapporte à ce que j'ai dit au procès. Si j'étais en jugement et si je voyais le feu allumé et si moi-même j'étais dans le feu, je ne dirais pas autre chose et je soutiendrais jusqu'à la mort tout ce que j'ai dit au cours du procès. »

En somme Jeanne n'avouait rien ; tout le fatras prétentieux entassé depuis plus de trois mois par cette assemblée de docteurs ne reposait sur aucune base juridique ; tout était à recommencer, en dépit des qualifications et des injures de l'Université de Paris. Cauchon ne pouvant s'avouer vaincu, se décide pour les grands moyens. La falsification et l'interpolation des procès-verbaux officiels ne lui avaient servi de rien jusque-là ; il va essayer d'une fourberie inédite et il l'essayera avec tant de bonheur qu'il en imposera pendant plusieurs siècles à la postérité.

Il importait avant tout de disqualifier le Roi Charles VII dans l'opinion. Arracher à Jeanne, n'importe comment, un désaveu public de sa Mission et de ses Voix était encore le seul moyen réellement efficace ; mais jusqu'à ce jour, la Pucelle n'avait eu aucune défaillance dans ses affirmations et c'était jouer gros jeu que de la faire paraître en public où ses protestations ne seraient plus étouffées par les murs du château de Rouen.

Avant la tragédie de la place du Vieux-Marché, ce fut une odieuse comédie qui eut pour théâtre le cimetière de l'Abbaye de Saint-Ouen. Ce cimetière était une terre ecclésiastique hors de la dépendance du pouvoir anglais. Il ne faudrait pas se le représenter comme une nécropole de nos jours, pavée de tombeaux pressés les uns contre les autres et hérissée de monuments funèbres. C'était une simple enclave de l'abbaye, clôturée de murailles, avec quelques rares sépultures anciennes. Le sol ne s'y ouvrait plus à des funérailles nouvelles et le cimetière était devenu une sorte de place semi-publique où se tenaient parfois des marchés et où le peuple venait se divertir dans quelques cabarets adossés au mur de clôture. La séance publique exigée par la jurisprudence pour les procès en matière de foi, où l'accusé était « prêché » et sommé de faire rétractation avant la sentence, se tenait habituellement en ce lieu.

Cauchon avait pris des dispositions savantes pour jouer à coup sûr ce nouvel acte du drame qu'il conduisait si magistralement. Jeanne était affaiblie par sa dure captivité; la fatale équivoque dans laquelle l'entretenaient les fourberies de Loyseleur, n'était pas encore dissipée dans son esprit, rien ne l'avait préparée à l'effrayant et dramatique incident de procédure qui l'attendait et le trouble de ses facultés qui devait en résulter, saisi et exploité à propos, donnerait probablement la solution du problème, inutilement cherchée depuis quatre mois.

Plusieurs assesseurs se rendirent au château, sans aucun caractère officiel, pour donner à Jeanne des conseils dictés par la prétendue pitié qu'elle leur inspirait. L'un d'eux, Jean Beaupère, lui annonce qu'elle sera bientôt produite en public et que dans son intérêt, elle fera bien de déclarer alors tout haut qu'elle s'en rapporte pour tous ses actes et toutes ses paroles, à la Sainte Église et en particulier aux juges ecclésiastiques. Les autres lui parlent aussi avec une bienveillance qui est pour elle une nouveauté et le sujet de son étonnement. Elle ignorait absolument ce que signifiait sa comparution en public et à quelles exigences elle devrait répondre. Son trouble était profond et ses Voix l'avaient avertie le matin même, de se mettre en garde contre elle-même et contre ceux qui l'entouraient, ajoutant qu'on arriverait à la tromper.

On ne tarde pas à venir la prendre et à travers les cours et les voûtes du vieux château, elle arrive à la porte extérieure où l'attendait une charrette. Sa longue captivité dans l'obscurité de ses prisons lui avait depuis si longtemps fait oublier la sensation de la vie extérieure, qu'elle s'étonne tout d'abord de tout ce qui se manifeste à son passage. Les rues étroites qu'elle parcourt les premières, ravagées par un récent incendie, sont encore en ruines; puis c'est la foule qui se dirige vers Saint-

Ouen, le peuple qui depuis plusieurs mois entend parler de cette extraordinaire Pucelle et qui ne l'a jamais vue; enfin la merveilleuse architecture de Saint-Ouen, dans son fouillis de clochers, de rosaces et de fines dentelles, éveille sans doute en elle, la vision lointaine de la basilique de Reims.

Telle est l'affluence populaire que la charrette ne peut pénétrer dans le cimetière. Jeanne descend et dans une embrasure de porte, elle attend que tout soit prêt pour la cérémonie. Loyseleur qui, semble-t-il, ne l'avait pas quittée, lui prodigue encore des conseils : « Jeanne, croyez-moi, lui dit-il, vous serez sauvé. Prenez votre habit et faites tout ce qu'on vous recommandera ; autrement vous êtes en danger de mort. Si vous faites ce que je vous dis, vous n'aurez aucun mal, mais au cas contraire, beaucoup de bien et vous serez remise à l'Eglise. » C'était ce que Jeanne réclamait inutilement depuis cinq mois; elle ne comprenait plus, mais elle n'eut pas le temps de demander de plus longues explications à Loyseleur, on venait la prendre pour la conduire à l'estrade qui lui était destinée.

En face s'en élevait une autre, vaste et richement ornée, sur laquelle avaient pris place une foule de gens considérables. Au premier rang, Winchester, Cauchon et Louis de Luxembourg, chancelier d'Henri VI, ensuite la tourbe des assesseurs au nombre de 38 et enfin la suite de ces hauts personnages.

Jeanne se trouvait en compagnie de Guillaume Erard, de l'huissier Massieu et des notaires, Colle et Manchon. Le cimetière débordait d'une foule énorme et bruyante, parmi laquelle la plupart des sympathies allaient à l'accusée. Guillaume Erard avait été chargé par Cauchon de faire le sermon d'office au cours duquel il prodigua les injures à Charles VII et les lamentations sur le triste sort de la France abusée par ce Roi hérétique et schismatique, et pointant le doigt vers l'accusée : « C'est à toi, Jeanne, que je parle, c'est à toi que je dis que ton Roi est hérétique et schismatique! » A ce moment, Jeanne tressaillit et perçut l'ordre de ses Voix qui lui intimaient de répondre : « Par ma foi, sire, répliqua-t-elle en se levant, je vous ose bien dire et jurer sur peine de ma vie, que c'est le plus noble chrétien de tous les chrétiens et que nul mieux que lui, n'aime la foi et l'Evangile. Il n'est donc point tel que vous dites. » Erard interloqué enjoignit à l'huissier d'imposer silence à Jeanne. A la fin de sa harangue, il fit sommation à l'accusée de soumettre toutes ses paroles et actions à Notre Mère la Sainte Eglise. — « Je vais vous répondre dit Jeanne. Pour ce qui est de ma soumission à l'Eglise, j'ai répondu que tout ce que j'ai dit ou fait soit envoyé à Rome vers Notre Saint-Père le Pape, auquel après Dieu je m'en rapporte. Mes paroles et mes actes je les ai faits et dits sur l'ordre de Dieu : je n'en rends personne responsable, ni mon Roi, ni autres : s'il s'y trouve quelque faute, c'est à moi qu'il faut s'en prendre et non à d'autres. »

En droit, le procès était fini et l'appel formulé par Jeanne à la juridiction suprême du Pape, dessaisissait Cauchon de toute autorité de juge, à supposer même qu'il en eût, mais il lui fut répondu que le Pape était trop loin et que Cauchon était juge comme lui, ce qui était purement hérétique et schismatique. Aux insistances de Guillaume Erard, Jeanne ne répondait plus.

Cauchon s'était muni de deux textes de condamnation à employer, selon la tournure que prendraient les événements ; il avait aussi fait préparer deux formules d'abjuration, l'une très courte six ou sept lignes à peine, portant engagement de se soumettre aux ordres et décisions de l'Eglise, de ne plus porter que le vêtement de femme et enfin de ne plus prendre les armes. A ces conditions, Jeanne serait mise dans les prisons ecclésiastiques.

L'autre formule très longue et très explicite déclarait que Jeanne avait été trompée, que ses Voix n'existaient pas, et justifiait en somme toutes les qualifications injurieuses contenues dans la consultation de l'Université de Paris.

Erard avait entre les mains la formule d'abjuration écourtée ; il la remit à l'huissier Jean Massieu pour en donner lecture à Jeanne et la lui faire signer. Jeanne répondit qu'elle ne savait ni lire ni écrire et qu'elle ignorait ce qu'était une abjuration. Massieu lui expliqua que si elle allait à l'encontre d'une seule des injonctions que contenait la formule, elle serait brûlée, lui conseillant de s'en rapporter à l'Eglise universelle. Se tournant vers Erard, Jeanne lui dit à haute voix : « Je m'en rapporte à l'Eglise universelle pour savoir si je dois abjurer ou non. » — « Tu abjureras sur-le-champ, où tu seras brûlée, répliqua Erard. »

Il était évident que Jeanne ne cédait pas ; le tumulte grandissait dans la foule qui manifestait en sens contraires, alors Cauchon se leva et commença la lecture de la sentence de condamnation. Il procédait lentement, fixant avec fréquence ses regards sur Jeanne qui ne comprenait point la tragique gravité du moment. Le bourreau stationnait près de l'estrade avec sa charrette, mais le bûcher n'avait pas été dressé. D'un geste, Erard lui avait montré l'exécuteur et pour la première fois, Jeanne avait laissé surprendre sur ses traits, une impression bien naturelle d'épouvante.

Rouen. — Abbaye royale de Saint-Ouen.

Les clameurs continuaient, on lui criait dans la foule, de faire ce qu'on lui conseillait pour sauver sa vie. Loyseleur était monté sur l'estrade et multipliait les exhortations les plus pressantes et les plus séduisantes promesses. Erard y joignait ses instances, insistant surtout sur le vêtement de femme qu'elle devait reprendre et ajoutant que sa mise en liberté serait la conséquence immédiate de son acquiescement à deux ou trois articles sans importance. Jeanne répondait qu'elle n'avait rien fait de mal et qu'elle voulait croire tout ce que l'Eglise croyait. Cauchon qui ne perdait pas un détail de cette scène, avait interrompu sa lecture. Cet acte fut interprété comme une défaillance par les Anglais, qui commencèrent à lui prodiguer les insultes et à faire pleuvoir des pierres sur les deux estrades. Quand il s'entendit appeler traître et fauteur de l'accusée, simulant un violent courroux, il jeta par terre le rouleau qu'il tenait à la main, déclarant qu'il n'irait pas plus loin. Winchester intervint pour réprimander ses insulteurs et lui faire adresser des excuses.

Massieu profita de cette altercation pour expliquer à Jeanne la gravité de la situation; enfin vaincue par ces instances, par la terreur et par la pensée qu'on ne lui demandait point de renier ses Voix, elle répondit : « Que cette cédule soit vue par les clercs et par l'Eglise à qui je dois être remise, et s'ils me donnent le conseil que j'ai à la signer, je le ferai volontiers. » Winchester répondit alors à Cauchon qui lui demandait des instructions, que Jeanne devait être admise à la pénitence et aussitôt Laurent Calot, secrétaire du Roi d'Angleterre monta sur l'estrade de Jeanne et au lieu de lui présenter la cédule déjà lue par Massieu, il sortit de sa manche l'autre cédule, explicite reniement de sa Mission et de ses Voix. Jeanne croyant approuver la première et ne sachant pas signer, forma au bas une sorte de rond, mais Laurent Calot lui prit la main et la força à tracer une croix. A ce moment s'éleva un nouveau tumulte : cris de joie auxquels répondaient des vociférations et des menaces; nouvelle grêle de pierres. Cauchon menacé et injurié par les Anglais ne songeait plus à s'en irriter; son stratagème répugnant avait réussi, aussi s'empressa-t-il de fulminer la seconde sentence qui condamnait Jeanne à la prison perpétuelle. Celle-ci ne semblait point émue, étonnée seulement qu'on lui accordât plus qu'elle n'avait demandé et voyant déjà en illusion ses chaînes tomber, sa prison s'ouvrir et de nouveau les chevauchées de guerre reprendre avec une nouvelle ardeur. Elle reçut même les félicitations de Loyseleur et s'adressant au promoteur Estivet : « Or ça, dit-elle, entre vous, gens d'Eglise, menez-moi en vos prisons et que je ne sois plus en la main de ces Anglais. » Nul ne lui répondit : on murmurait tout bas que la requête de Jeanne était fondée, mais Cauchon coupa court à ces velléités de résistance : « Menez-là, dit-il, où vous l'avez prise. » Peu après les portes du château se refermaient sur elle, et Jeanne dut reconnaître que ses Voix lui avaient donné le matin, de judicieux avertissements. Warwick n'était probablement pas dans le secret de la comédie : il se plaignit à Cauchon du dénoûment, mais il lui fut répondu de se tenir en paix et qu'on retrouverait Jeanne.

Rien de tout cela n'avait la moindre valeur juridique, puisque la jurisprudence d'alors défendait d'exiger une rétractation signée de quiconque n'avait pas atteint sa vingt-cinquième année.

Officiellement, le procès était terminé. Jeanne rentrée dans sa prison, avait pris le vêtement de femme qu'on lui avait apporté, mais la grossièreté habituelle des misérables qui la gardaient, s'était aggravée et devenue intolérable. Ce n'était pas la prison d'Église qu'elle avait un moment espérée, mais un nouveau cercle de l'enfer, dans lequel elle était descendue. Des insultes et des menaces, on en était venu aux brutalités et un Anglais, introduit on ne sait trop pourquoi dans son cachot avait tenté de lui faire violence. Le dimanche 27 mai, fête de la Sainte-Trinité, lorsque Jeanne voulut se lever du lit de planches sur lequel elle passait la nuit, chargée de grosses chaînes qui fermaient à clef, elle ne trouva plus ses vêtements de femme ; on leur avait substitué le vêtement d'homme qu'elle portait encore au cimetière de Saint-Ouen. Elle supplia vainement pendant plusieurs heures, qu'on le lui rendît et fut contrainte de reprendre le vêtement de page dont elle était revêtue avant sa condamnation. Aussitôt, le bruit se répandit dans Rouen, qu'elle venait de retomber dans son crime d'hérésie et le lendemain, à la première heure, Cauchon et Jean Le Maître, accompagnés de huit assesseurs, étaient dans son cachot, pour constater l'état de récidive qui leur avait été signalé. Le procès-verbal de cette séance extra-juridique qui est parvenu jusqu'à nous, n'est qu'un tissu de réticences et d'allégations mensongères. Il ne renferme pas un mot des protestations motivées de Jeanne, ni des vrais motifs pour lequel on allait la déclarer relapse. « Si le juge, dit M. Wallon, eût voulu reconnaître que la pudeur de la femme n'est pas moins sacrée que son habit, il aurait dû s'accuser d'avoir mis Jeanne dans la nécessité de retomber, en la renvoyant dans ces prisons où il fallait qu'elle sacrifiât l'une des deux choses à l'autre. »

Sur interrogation, Jeanne avait déclaré à Cauchon qu'elle aimait mieux mourir qu'être enchaînée et elle ajouta : « Dieu m'a mandé par les saintes Catherine et Marguerite la grande pitié de cette trahison que j'ai consentie en faisant abjuration et rétractation pour sauver ma vie et que pour cela, je me damnais. » En marge de la copie du procès, Cauchon a écrit de sa main : « Cette réponse coûtera la vie à Jeanne ».

Le procès de relapse qui devait conduire la Pucelle à la mort, tient tout entier dans cette constatation. Cauchon ne se gênait plus pour bâtir juridiquement son *beau procès*. Il tient sa proie ; le reste ne lui importe plus et il était sorti radieux du château de Rouen. Le lendemain, nouvelle et dernière réunion du tribunal hors de la présence de Jeanne, dans la chapelle de l'Archevêché. Quarante assesseurs étaient présents. Cauchon leur exposa la constatation de relapse qu'il avait faite la veille et demanda l'avis de chacun. La plupart furent d'avis qu'on devait relire et expliquer à Jeanne, la cédule de rétractation qu'elle avait signée et conclurent à son abandon à la justice séculière, en priant celle-ci d'agir avec douceur. Cauchon acquiesça à la proposition, mais il n'en fit rien ; Jeanne fut envoyée à la mort sans avoir jamais su le motif de sa condamnation et comme tout devait être extraordinaire dans ce procès, aucun des assesseurs survivants qui déposèrent à l'enquête de réhabilitation, ne voulut reconnaître l'authenticité de l'avis qui lui était attribué dans le dernier procès-verbal officiel de la cause de relapse. A qui donner la palme de l'imposture pour ne faire tort à personne ?

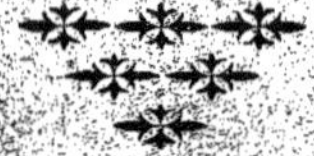

CHAPITRE XVII

Rouen

L'émotion à Rouen. — La colonie lorraine. — Affluence sympathique du peuple. — Jeanne ignore ce qui se prépare. — Citation à comparaître sur la place du Vieux-Marché. — Larmes et protestations de la condamnée. — Cauchon au château de Rouen. — La dernière Communion. — Le voyage d'agonie. — La place du Vieux-Marché. — Le bûcher. — Dernières illégalités. — Le supplice. — Les cendres de Jeanne jetées à la Seine.

Le lendemain mercredi, 30 mai, devait être le dernier jour de l'infâme comédie judiciaire. Dès les premières lueurs de l'aurore, au crépuscule brumeux des matinées de mai sur les bords de la Seine, une agitation profonde se manifestait dans la ville de Rouen. Le peuple de la grande cité normande avait suivi, avec un intérêt passionné, toutes les phases du procès qui devait conduire Jeanne au bûcher; il avait témoigné sans équivoque, non seulement sa compassion et sa pitié pour la captive, mais aussi sa haine pour les Anglais, ses bourreaux. Les Rouennais, déjà rançonnés et écrasés d'impôts, avaient vu leurs charges s'alourdir encore par les mesures répressives prises par le Grand Conseil du royaume d'Angleterre pour assurer la sécurité du jeune roi Henri VI qui, d'aventure, séjournait en leur cité et pouvait craindre à chaque instant la hardiesse des partisans français que La Hire maintenait victorieusement à Louviers.

Les murs du château, si épais qu'ils fussent, n'empêchaient pas les moindres incidents du procès d'arriver jusqu'au peuple qui les commentait avec sa passion coutumière. Le côté merveilleux de la Mission de Jeanne, cette apparition en quelque sorte surnaturelle d'une fillette venue d'un pays lointain, hardi cavalier, capitaine aussi heureux qu'intrépide, cette étonnante chevauchée victorieuse jalonnée de succès foudroyants, il n'en fallait pas tant pour s'imposer à l'âme populaire, droite et simpliste. Il faut ajouter que Rouen possédait toute une petite colonie lorraine d'ouvriers en fer et en cuivre, qui avaient pris certainement fait et cause pour leur compatriote et grossi le courant des faveurs populaires qui allait à la prisonnière des Anglais.

Déjà le 24 mai, au cimetière de Saint-Ouen, la foule s'était portée en masse, moins par curiosité que par sympathie, bien que d'ailleurs Jeanne eût été pour la première fois produite publiquement dans un procès qui aurait dû, en droit, être accessible à chacun, selon la jurisprudence des causes en matière de foi. Le peuple s'était réjoui d'apprendre que Jeanne échappait au bûcher et il espérait bien qu'un jour ou l'autre d'heureuses circonstances lui rendraient sa liberté.

Ce fut une consternation générale lorsque le bruit se répandit que tout se préparait sur la place du Vieux-Marché pour son supplice. A peine le jour avait-il paru que dans les rues tortueuses qui descendent vers la Seine se pressait une foule silencieuse, le cœur angoissé, brutalement maintenue par les soldats anglais, à distance du chemin imposé au cortège qui allait mener la Pucelle au bûcher et surtout, de la place où devait s'accomplir le forfait juridique, triomphe de Cauchon et des Anglais qui l'avaient pris à leur solde.

Les bruits les plus divers traversaient en courants rapides cette multitude que les chroniqueurs contemporains évaluent à dix mille spectateurs. Le peuple ne se cachait pas pour dire son sentiment sur le crime qui allait se consommer et ne dissimulait pas davantage le regret et la honte qu'il ressentait, à la pensée que la cité de Rouen avait été choisie pour le théâtre de cette infamie. On se montrait au doigt, avec horreur et dégoût, les comparses complices de l'inique procès qui se rendaient au Vieux-Marché pour prendre part au dernier acte de l'horrible comédie dans laquelle leur intérêt personnel leur avait fait jouer un si triste rôle. C'était une douleur contenue, une pitié profonde, habituellement peu familière aux foules qui courent avidement au cruel spectacle d'une exécution capitale ; mais par contraste avec cette douleur populaire, les Anglais qui se trouvaient à Rouen laissaient éclater leur joie, comme si le supplice d'une jeune fille de dix-neuf ans, les vengeait de leurs défaites et de leurs humiliations récentes.

Cependant, Jeanne dans sa prison, toujours gardée à vue par cinq geôliers ramassés dans l'écume de l'armée anglaise, n'avait nulle conscience de ce qui se préparait. Elle n'avait rien compris à l'odieuse mise en scène du cimetière de Saint-Ouen et le semblant d'interrogatoire qu'elle avait subi la

Rouen. — Tour de la Pucelle

veille, n'était pas de nature à l'éclairer davantage. Elle se demandait sans doute si l'absolue privation de tout secours religieux en dehors de la confession, imposée à sa piété depuis cinq mois, n'allait pas bientôt prendre fin, maintenant que le procès était terminé. Tout à coup, vers sept heures du matin, elle vit paraître Jean Massieu, huissier des mandements du tribunal, saisi d'une réquisition de l'évêque de Beauvais.

Massieu lui donna lecture d'une ordonnance qui la citait à comparaître à huit heures sur la place du Vieux-Marché, à l'effet de se voir déclarer relapse et, comme telle, livrée au bras séculier.

Cette hypocrite phraséologie n'était qu'un arrêt de mort,

souligné par l'arrivée de deux religieux dominicains, frère Martin Ladvenu et frère Jean Toutmouillé, désignés par Cauchon pour assister la condamnée.

Jeanne comprit alors quelle était la délivrance « par grande victoire » que lui avaient prédite ses Voix, mais l'imminence du supplice effroyable qui l'attendait, détermina chez elle une sorte de défaillance bien naturelle chez une jeune fille de dix-neuf ans, mise brusquement en face du bûcher. Ses yeux se remplirent de larmes, mais sans maudire personne : « Hélas ! gémissait-elle, me traite-t-on aussi horriblement et cruellement qu'il faille que mon corps net et entier, qui jamais ne fut corrompu, soit aujourd'hui consumé et réduit en cendres ! Ah ! j'aimerais mieux être décapitée sept fois que d'être ainsi brûlée. Hélas ! si j'eusse été en la prison ecclésiastique à laquelle je m'étais soumise et que j'eusse été gardée par les gens d'Eglise et non par mes ennemis, il ne me fût pas si misérablement meschu comme il est. J'en appelle devant Dieu, le grand Juge, des grands torts et ingravances que l'on me fait ».

Dès la première heure du jour, cinq ou six assesseurs du procès s'étaient rassemblés à l'hôtel de Lisieux, sur l'appel de Cauchon. Jeanne allait mourir, emportant avec elle le secret révélé à Charles VII au soir de la première entrevue de Chinon et peut-être serait-il possible de le lui arracher, dans l'état de défaillance trop naturelle où elle devait se trouver. Ce ne fut donc pas un sentiment d'égoïsme satisfait qui conduisit Cauchon à la prison de Jeanne, presque sur les pas de l'huissier Jean Massieu. En somme, malgré la brutale conclusion du bûcher, son « beau procès » se terminait, même pour lui, par une énigme jusqu'à ce jour indéchiffrable. Jeanne s'était ressaisie et à peine Cauchon, suivi de ses assesseurs, avait-il paru sur le seuil de la prison : « Evêque, je meurs par vous ! » lui déclara-t-elle et comme l'hypocrite justicier balbutiait des exhortations à celle qui allait mourir parce que, disait-il, elle avait forfait à ses promesses, elle l'interrompit : « Vous m'aviez promis de me mettre aux mains de l'Eglise et vous m'avez laissée aux mains de mes ennemis... Oui, je meurs par vous et j'en appelle de vous devant Dieu. » Cauchon se hâta de rompre sur un terrain si dangereux pour lui et, avec l'aide de ses assesseurs, il essaya une dernière tentative pour pénétrer le secret de Chinon, mais une fois encore son astuce fut mise en défaut. Jeanne déclara que le récit qu'elle avait fait au procès n'était qu'une allégorie et refusa toute autre explication, estimant sans doute que les quelques instants qui lui restaient à vivre réclamaient d'autres sollicitudes, et comme l'évêque de Beauvais sortait tout confus suivi de ses assesseurs, Jeanne dit à Pierre Maurice qui se retirait le dernier : « Maître Pierre, où serai-je ce soir ? » — « N'avez-vous pas bon espoir en Dieu ? répondit le docteur. » — « Oh ! oui, répliqua Jeanne et, avec l'aide de Dieu, je serai ce soir en son royaume du Paradis (1)».

Martin Ladvenu, un des rares assesseurs qui lui avaient témoigné un sympathique intérêt, resta seul avec elle pour entendre sa confession dernière. Il y avait cinq mois que Jeanne n'avait pu communier ni même satisfaire sa dévotion pour le saint Sacrifice de la Messe. Pourquoi, à cette heure suprême, la chapelle du château de Rouen ne lui fût-elle pas ouverte ? Cauchon l'avait sans doute défendu et il fallut lui demander l'autorisation de porter à Jeanne la Communion dans son cachot.

La cour intérieure du château s'était de bonne heure remplie de curieux, la plupart anglais et bien qu'il fût d'usage à cette époque d'entourer des plus grands honneurs l'Eucharistie administrée aux malades et aux prisonniers, frère Martin Ladvenu avait reçu l'ordre, dont il se montra fort scandalisé, de porter la Communion à la condamnée sans aucune cérémonie extérieure. Ce fut donc sans aucun accompagnement, sans lumières, même sans étole et sans surplis, que l'Hostie sainte fut apportée à Jeanne, sur une patène et sans autre voile que le petit carré de lin qui sert à la purification du calice ; mais dans le trajet de la chapelle du château à la prison, au passage furtif du Saint-Sacrement, des exclamations de pitié et de pieuses invocations s'élevaient des groupes nombreux de privilégiés qui avaient pu pénétrer dans l'enceinte de la forteresse.

Il est moins difficile d'imaginer que de dire ce que dut

---

(1) M. Anatole France rapporte ici tout un interrogatoire, inventé de toutes pièces par Pierre Cauchon, et connu sous le nom d'*Information posthume*, dont il est fait mention plus loin (p. 240). Ce procédé, déjà utilisé par Henri Martin (*Jeanne d'Arc*, p. 61), n'a rien de commun avec la probité historique.

être cette dernière Communion de Jeanne. Martin Ladvenu déclare qu'elle la reçut avec une telle dévotion et une si grande abondance de larmes qu'il ne peut même l'exprimer. Dans cette suprême rencontre avec son Dieu, sur le seuil même de l'éternité, l'âme si noble et si pure de Jeanne se répandait en effusions si ardentes et si touchantes, dans ses invocations à la bienheureuse Vierge Marie et aux Saints, qu'elle arrachait des larmes de tous les yeux.

Cette action de grâces, pendant laquelle sainte Catherine et sainte Marguerite, les célestes amies de Jeanne, durent entr'ouvrir pour elle la porte du Paradis, fut brutalement interrompue par les Anglais dont l'impatience aurait volontiers abrégé ces préliminaires du supplice.

Il était près de neuf heures lorsque Jeanne sortit de sa prison, revêtue d'une longue robe et la tête couverte d'un chaperon. A ses côtés dans la charrette qui devait l'amener au lieu du supplice, prirent place l'huissier Massieu et frère Martin Ladvenu. Du château de Rouen à la place du Vieux-Marché, le chemin descendait en pente assez accentuée. Cent vingt hommes d'armes se pressaient autour de la charrette et ouvraient de force un passage dans les rues étroites, écartant avec brutalité quiconque aurait voulu s'approcher; mais aux fenêtres, sur le parcours du sinistre cortège, apparaissaient de véritables grappes humaines. Des exclamations de douleur et de pitié retentissaient à la vue de Jeanne, les mains jointes, le regard au ciel, les yeux baignés de larmes, priant à haute voix avec une indicible ardeur, invoquant à son aide toute la cour céleste et la foule répondait à ses invocations et à ses plaintes par un poignant sanglot.

Le trajet fut relativement long et il était neuf heures et demie lorsque la charrette déboucha sur la place du Vieux-Marché. A la vue des préparatifs de son supplice et de la foule compacte qui s'entassait dans cet espace assez restreint, on entendit Jeanne s'écrier : « Oh! Rouen, seras-tu donc ma demeure dernière! »

Huit cents hommes d'armes, rangés en carré au milieu de la place, encadraient deux estrades et l'échafaud qui se composait d'un piédestal en soubassement assez élevé, cimenté de platre, au-dessus duquel s'étageait une épaisse couche de fagots disposés sur un lit de légères matières combustibles. Au centre, émergeait un poteau auquel la victime devait être liée et, dominant le tout, un large écriteau, portant cette inscription :

« Jehanne qui s'est fait nommer la Pucelle, menteuse, pernicieuse, abuseresse du peuple, devineresse, superstitieuse, blasphémeresse de Dieu, présomptueuse, malcréant de la foy de Jésus-Christ, vanteresse, idolâtre, dissolue, cruelle, invocateresse du diable, apostate, schismatique, hérétique. »

Jeanne d'Arc sur le bûcher.

L'une des deux estrades était occupée par les juges et quelques assesseurs du procès; l'autre était destinée à divers personnages de marque, parmi lesquels, au premier rang, Jean de Beaufort, le véritable promoteur de cette effroyable tragédie judiciaire.

L'agonie de la condamnée devait se prolonger encore et, suivant la jurisprudence des procès en matière de foi, comme naguère au cimetière de Saint-Ouen, avant d'être livrée au bras séculier, c'est-à-dire au bourreau Geoffroy Thiérache, qui se tenait à côté du bûcher, Jeanne dut entendre un sermon. Cette fois, l'orateur était l'universitaire Nicolas Midi, l'un des six docteurs délégués par l'Université de Paris à qui revenait bien, de droit, le dernier mot dans ce procès qui était l'œuvre de cette illustre compagnie, si déchue de son glorieux passé.

Debout au pied de l'estrade des assesseurs, Jeanne écoutait recueillie et percevant sans doute un autre réconfort que les périodes oratoires de Maître Nicolas Midi. Les Saintes qui avaient commencé son éducation surnaturelle aux champs de Domremy, la terminaient à cette heure suprême et lui inspiraient les paroles de pardon par lesquelles elle répondit à la harangue de Nicolas Midi, qui venait de finir; mais à peine avait-elle pu se recommander aux prières des assistants et demander aux prêtres en particulier une messe pour le salut de son âme, que Cauchon s'était levé et prononçait la sentence de relapse, qui abandonnait Jeanne au bras séculier, après quoi l'évêque de Beauvais se retira, suivi de la plupart des assesseurs, fuyant l'affreux spectacle qui se préparait.

Selon l'usage, la justice séculière était représentée par le bailli du roi à qui seul appartenait le droit de prononcer une sentence capitale; mais comme toutes les formes judiciaires, garanties de l'accusée, devaient être violées jusqu'à la fin dans cet étonnant procès, le bailli fort ému lui-même par ce spectacle et troublé par les vociférations des Anglais qui lui criaient de se hâter et lui demandaient avec insolence si on allait les faire dîner là, perdit toute présence d'esprit et, oubliant la formule essentielle de la sentence, se contenta de faire un geste vers le bûcher, balbutiant aux soldats: « Menez, Menez! » et au bourreau : « Fais ton affaire! » Cependant Jeanne avait demandé à l'huissier Massieu de lui procurer une croix; un Anglais tira du bûcher deux fragments de fagot qui furent liés en forme cruciale. La condamnée couvrant de baisers cette croix informe, la serra sur sa poitrine, et comme on apportait la croix de procession de la paroisse voisine, elle recommanda à Martin Ladvenu de la tenir élevée quand elle serait sur le bûcher, afin que son dernier regard fût pour son Dieu crucifié.

Le bûcher de Jeanne différait singulièrement de la forme habituellement en usage pour le supplice du feu. Les Anglais avaient exigé qu'il eût un haut relief pour que la condamnée attachée au poteau bien en évidence et dominant la foule, il ne restât aucun doute sur son identité. Ainsi nulle légende populaire ne pourrait se former sur une survivance manifestement impossible, mais cette disposition du bûcher devait avoir une conséquence inattendue. Jeanne ne fût pas, à proprement parler, brûlée vive et dût être étouffée par la fumée avant d'avoir été sérieusement atteinte par les flammes et la preuve en est, que le bourreau se donna beaucoup de peine

pour achever la combustion des entrailles et du cœur qui était
resté intact et encore plein de sang.

Geoffroy Thiérache s'était emparé de Jeanne dès qu'il en
avait reçu l'ordre du bailli; il enleva le chaperon de la condamnée et le remplaça par une sorte de mitre en papier qui
portait en grands caractères : « Hérétique, schismatique, idolâtre. » Jeanne monta sur le bûcher par des degrés ménagés
dans l'amoncellement des fagots et pendant que le bourreau
l'attachait au poteau par la ceinture, par les bras et par les
pieds, elle priait à haute voix, et à sa prière répondaient dans
la foule des gémissements et des sanglots.

Martin Ladvenu avait suivi Jeanne sur le bûcher, suprême
témoignage d'un intérêt qui ne s'était jamais démenti, mais
dans sa hâte d'en finir, le bourreau n'avait pu attendre qu'il
fût descendu; il courait déjà, la torche à la main, avec ses
aides, autour du bûcher; il allumait la paille, les aiguilles de
pin et les brindilles de bois résineux qui devaient activer l'em-
brasement. La fumée, de sinistres pétillements et quelques
langues de flammes avertirent Jeanne du danger que courait
l'intrépide religieux : « Vite, descendez, je vous en prie, lui
dit-elle, et tenez la croix bien haut devant moi pour que je
puisse la voir jusqu'au dernier instant ».

La fumée monte en épais nuage traversé par de rouges
lueurs, mais l'ardent crépitement de la fournaise n'a pu inter-
rompre ni couvrir la prière de Jeanne. A peine voit-on, par
intervalle, la martyre, liée par des chaînes de fer, mais sa voix
se fait plus poignante et plus haute. Elle proteste contre les
accusations de schisme et d'hérésie que lui impute l'écriteau
infamant; elle maintient que ses Voix ne l'ont point trompée,
qu'elles venaient bien de Dieu et que leurs inspirations
étaient divines; tout à coup s'élève plus aigu l'appel angoissé
d'une voix expirante : « Jésus ! Jésus ! Jésus !... » Nul ne peut
voir à travers le rideau de flammes et de fumée; ce cri annonce
que le martyre de Jeanne est consommé. Il était environ dix
heures et demie du matin.

Debout sur son estrade, le cardinal de Beaufort était resté
presque seul et n'avait pas perdu un détail de ce drame épou-
vantable. Le vieux politicien sans entrailles n'a pas eu un instant de défaillance et lorsqu'autour de lui les sanglots de la
foule se mêlent aux crépitements du bûcher, il ordonne une

dernière constatation de l'identité de Jeanne. Le bourreau entr'ouvre comme il peut le voile enflammé qui vient de cacher aux yeux l'agonie de la condamnée et alors apparaît, lamentable dans son affaissement, le cadavre noirci, à demi-carbonisé, mal retenu au poteau fumant par les chaînes qui ont rougi sous l'action du feu.

Ce terrifiant spectacle a dompté, cette fois, le féroce acharnement des soldats anglais. Depuis les premiers succès de Jeanne devant les murs d'Orléans, ils s'étaient promis la satisfaction de la brûler. A cette heure, cet acte de prétendue justice les épouvante à l'égal d'un forfait. Jean Tressart, secrétaire du roi d'Angleterre, s'écrie : « Nous venons de brûler une Sainte : je crois son âme aux mains de Dieu, et je crois damnés tous ceux qui ont adhéré à sa condamnation ».

Beaufort, du moins, reste inaccessible à ce légitime remords. Par son ordre, le bourreau jette de l'huile et du soufre dans le bûcher pour achever l'entière combustion du cadavre de Jeanne ; mais parmi les débris d'ossements à demi-calcinés, le cœur, quoi qu'il pût faire, demeura dans son intégrité.

Restait l'épilogue de ce drame, et c'est encore le bourreau qui s'en chargea sur l'expresse injonction de Beaufort.

Nul doute que, dans la foule, plus d'un ami dévoué de Jeanne et de la grande cause nationale pour qui elle avait souffert, n'épiât l'occasion de soustraire au bûcher quelques restes de la Martyre, mais l'inspiration de cette piété avait été prévue. Pas un instant Geoffroy Thiérache ne perdit du regard le brasier qui s'éteignait et, vers le soir, jetant pêle-mêle dans un sac, le cœur de Jeanne et les informes débris de ses ossements mêlés aux cendres du bûcher, il chargea sur sa charrette ce précieux fardeau ; il suivit la rue de la Grosse-Horloge et la rue du Grand-Pont pour gagner le pont Mathilde, dont les arches très fortes et très hautes enjambaient la ceinture des remparts parallèles à la Seine. Parvenu au milieu du pont, le bourreau ouvrit le sac et laissa tomber au cours du fleuve, ce qui restait du corps virginal de la Pucelle d'Orléans.

A la tombée de la nuit, Geoffroy Thiérache, profondément ému des événements de la journée, accourut au couvent des Jacobins, se déclarant très désespéré surtout de ce fait que « nonobstant l'huile, le soufre et le charbon qu'il avait appliqués contre les entrailles et contre le cœur de la suppliciée, il n'avait pu les consommer ni les réduire en cendres, de quoi il était étonné comme d'un miracle évident ».

Il ne faudrait pas voir dans l'aveu de cette émotion une affirmation de sympathie pour Jeanne, et encore moins un témoignage de repentir pour le crime auquel l'avaient associé ses terribles fonctions. Dix mois plus tard et sur cette même place du Vieux-Marché où il avait allumé le bûcher de Jeanne, le même Geoffroy Thiérache faisait tomber la tête du vaillant capitaine français Ricarville et des 104 compagnons de l'heureux coup de main qu'il avait tenté contre le château de Rouen et qui furent trahis par la fortune de la guerre.

Il est d'ailleurs certain que le supplice de Jeanne laissa une profonde et démoralisante émotion parmi les Anglais. Les témoignages contemporains sont unanimes sur ce point. Leur domination sur la terre de France, déjà frappée à mort par les victoires de la Pucelle, ne put longtemps survivre à l'infamie de son procès et à la barbarie de son supplice. Lorsque Cauchon et ses principaux complices eurent reçu le prix de leur criminelle servilité, en dépit des mensonges de la chancellerie anglaise, l'Église, qu'ils auraient voulu associer à leur crime juridique, n'allait pas tarder à déchirer publiquement l'arrêt si chèrement payé à la conscience vénale de ces juges prévaricateurs.

CHAPITRE XVIII

La Réhabilitation judiciaire

I

Représailles de la justice de Dieu contre les bourreaux de Jeanne. — La Réhabilitation judiciaire. — Main-mise anglaise sur l'opinion. — L'Université de Paris écrit au Saint-Siège. — L'Information posthume. — Indifférence de l'opinion française. — Difficultés insurmontables. — Le cardinal d'Estouteville. — Sa Légation en France. — Mission officielle et mission secrète. — Ouverture d'une information canonique à fin de révision. — Le Légat chez Charles VII.

Parmi les juges prévaricateurs de Jeanne, deux seulement, Thomas de Courcelles et Jean Beaupère, échappèrent au châtiment que Jeanne avait prédit au Sanhédrin politique qui l'avait envoyée à la mort. Dix ans après, Cauchon mourut subitement entre les mains de son barbier; Guillaume Flavy fut assassiné par ordre de sa femme; l'Universitaire Nicolas Midi devint lépreux; Loyseleur périt d'apoplexie au Concile de Bâle; Jean Lemaitre disparut aussitôt après le procès, sans laisser de traces; Estivet fut trouvé dans un cloaque de Rouen, enlisé dans les immondices; Regnault de Chartres qui en sa qualité de métropolitain de Beauvais, pouvait arrêter net les prétentions judiciaires de Cauchon, son suffragant, mourut à Tours en 1444, d'une mort mystérieuse et les Plantagenet-Lancastre d'Angleterre furent supplantés par les Plantagenet-York, après une guerre effroyable.

Le Ciel exerçait ainsi de justes représailles, mais la justice immanente des événements humains devait à la mémoire de Jeanne, une autre réparation.

Il nous semble aujourd'hui, que rien n'était plus facile

ni plus simple que de déchirer la sentence qui avait livré
Jeanne au supplice du feu. La forfaiture des juges était si
manifeste, l'innocence de la victime était si éclatante, que rien
ne paraissait devoir retarder la réaction nécessaire, inéluc-
table, de la justice contre le crime des justiciers.

A peine fallait-il attendre, sans doute, que le sol français
fût purgé de ses envahisseurs, pour que la mémoire de la
Pucelle fût juridiquement vengée des accusations infamantes
résumées dans l'écriteau de son bûcher. Une irrésistible
poussée populaire allait faire justice de ces criminelles inven-
tions et, dès la première heure de liberté, porter jusqu'aux
nues le témoignage de sa reconnaissance pour la Martyre de la
patrie. Sans doute, la Seine avait englouti les cendres et les
ossements calcinés de Jeanne, rien n'était resté d'elle, mais du
moins la gloire de son nom allait se graver en caractères ineffa-
çables dans le cœur et dans les annales du peuple qu'elle avait
sauvé.

En réalité, l'expulsion définitive des Anglais ne fut une
œuvre ni plus difficile ni moins laborieuse que la réhabilitation judiciaire de Jeanne, et nul épisode de sa courte et glorieuse Mission ne porta plus visiblement l'empreinte de l'intervention providentielle.

Il est certain que, pendant près de vingt ans, l'opinion
publique ne parut s'occuper de Jeanne que pour accumuler
sur sa mémoire les mensonges les plus odieux et pour tenter de
l'ensevelir à jamais dans l'ignominie d'une condamnation
légale et d'un supplice infamant. Ceux-là même qui auraient
dû racheter leur coupable indifférence pour la prisonnière de
Compiègne et pour la Martyre de Rouen, n'élevèrent d'abord
aucune protestation contre les outrages prodigués à ses cendres. Charles VII attendit dix-neuf ans une inspiration réparatrice qui s'imposait dès la clôture de l'inique procès.

Les Anglais avaient montré plus d'empressement. Cauchon ne s'était pas fait faute de torturer à sa convenance,
les procès-verbaux officiels des débats. Dès que les cendres de
Jeanne eurent été jetées à la Seine, certain qu'il n'avait plus
à craindre de contradictions, inquiet, sans doute, sur la
faiblesse des griefs articulés pour motiver la rigoureuse
sentence qu'il avait prononcée, il n'hésita pas un instant à
fabriquer, de toutes pièces, un document faux, destiné à égarer

définitivement l'opinion du monde chrétien laissé jusque-là dans l'ignorance la plus complète de la vérité.

Quelques jours seulement après le supplice, le 7 juin 1431, l'Evêque de Beauvais rédigea une sorte d'enquête ou d'information, d'après laquelle, en présence de témoins dignes de foi, Jeanne aurait renié à peu près tout ce qu'elle avait affirmé jusque-là, au sujet de sa Mission. Ainsi, elle aurait reconnu que ses Voix l'avaient trompée et que, par conséquent, elles pouvaient venir des esprits mauvais. Le signe donné au Roi n'aurait été qu'une invention. Elle aurait désiré proclamer tout cela, en présence du peuple, avant de mourir et demander pardon aux Bourguignons et aux Anglais, pour tout le mal qu'elle leur avait causé.

Les trois notaires du procès refusèrent absolument de mettre leur signature au bas de cette Information mensongère qui est arrivée jusqu'à nous avec la seule et insuffisante garantie de Cauchon. Les témoins dignes de foi, dont il est question, n'étaient autres que les assesseurs les plus acharnés à la perte de Jeanne et il est remarquable que ceux d'entre eux qui furent appelés en témoignage à la révision du procès de Rouen, ne firent jamais aucune allusion à ses prétendus aveux. Il fut établi, au contraire, que jusqu'à son dernier soupir, elle avait protesté que ses Voix ne l'avaient point trompée et que sa Mission venait bien de Dieu.

L'imposture de Cauchon n'abuserait peut-être personne aujourd'hui, mais il n'en fut pas de même pour ses contemporains. Il se forma une légende qui devint un obstacle de plus à la revanche de la justice et de la vérité et il ne fallut rien moins que la solennelle réhabilitation de la mémoire de Jeanne pour déchirer ce tissu d'allégations mensongères.

En attendant, les Anglais imposaient avec une rigueur inouïe le respect de la chose jugée. Le dominicain Jean Bosquier qui avait hasardé quelques réflexions sur le procès et sur la sentence de Jeanne, fut condamné à l'amende honorable publique et à dix mois de prison conventuelle, au pain et à l'eau. Cet avertissement fut compris par les juges et les témoins qui auraient pu être tentés d'imprudence ou d'indiscrétion, et autour de l'iniquité judiciaire, régna la complicité du silence. C'est ainsi que les faux de Cauchon purent garder si longtemps l'autorité qui s'attache à une sentence rendue.

L'Université de Paris ne pouvait manquer d'intervenir à son tour. Elle essaya de ruiner d'avance toute tentative de revision du procès. Oubliant sans doute son attitude schismatique à l'égard du Saint-Siège, c'est au Pape lui-même qu'elle envoie un rapport mensonger sur le procès de Rouen. Cette précaution, inusitée en pareil cas, dénotait chez elle des inquiétudes justifiées. Elle prenait les devants, dans l'espoir de fixer à son profit le jugement de l'opinion, surtout parmi les cardinaux, conseillers ordinaires du Pape et à la cour de l'empereur d'Allemagne, à qui fut adressée la copie de la lettre destinée au Saint-Siège.

Très Saint-Père, écrivait l'Université de Paris, l'Apôtre des Gentils a prédit, pour les derniers temps, une conjuration des mauvais esprits contre les saines doctrines. En conséquence, lorsque surgissent des novateurs, le devoir des pasteurs est de surveiller avec la plus grande sollicitude ces nouveautés, dont les peuples s'émeuvent trop facilement.

Il n'y a donc qu'à louer la diligence avec laquelle Monseigneur de Beauvais et frère Le Maître viennent de défendre l'intégrité de la religion chrétienne.

On a fait paraître devant eux une femme de bas étage, vêtue et armée comme un homme, qu'on accusait de toutes sortes de crimes contre la foi.

Bientôt il a été visible que cette femme était superstitieuse, devineresse, invocatrice des esprits mauvais, idolâtre, blasphématrice envers Dieu, les saints et les saintes, schismatique, professant une foule d'erreurs en la foi du Christ.

Après avoir signé une cédule d'abjuration, elle est retombée dans son ancienne démence. Alors est survenue une sentence définitive, la condamnant comme hérétique, relapse et la livrant à la justice séculière.

Un si frappant exemple avertit tous les fidèles de suivre docilement les doctrines de l'Église, au lieu de prêter l'oreille aux imaginations des femmes superstitieuses.

Tel est le document officiel qui parvint sans doute le premier à Rome, au sujet de Jeanne et il est facile de comprendre que l'impression qu'il dut produire n'était pas de nature à précipiter ni à favoriser une procédure en revision. Heureusement, le Saint-Siège possédait d'autres moyens d'information que ne prévoyaient pas les mensonges intéressés des Universitaires.

Ceux-ci n'étaient pas seuls en cause et l'odieux drame de Rouen rejaillissait directement sur le roi d'Angleterre, ou plutôt, sur les conseillers de sa jeunesse inexpérimentée. Tous étaient solidaires de ce forfait auquel ils ne craignirent pas d'associer ce jeune roi qui devait périr si tragiquement. L'Angleterre vint donc officiellement à la rescousse et, dès le

8 juin 1431, un rescrit royal racontait à sa manière l'histoire de la Pucelle, aux ducs, comtes et seigneurs des pays soumis en droit et en fait à la puissance anglaise. Les évêques reçurent l'ordre d'employer toute leur autorité à éclairer les masses populaires sur la vie criminelle et scandaleuse de la Pucelle et sur la justice du châtiment suprême qui l'avait légitimement châtiée. Dans toutes les églises soumises à leur juridiction, publication fut faite de la relation du procès, rédigée par la chancellerie royale.

Un ordre exprès du roi d'Angleterre réservait à Paris une manifestation particulière, organisée pour produire sur le peuple une impression profonde. Nulle part, le nom de Jeanne n'avait été plus souvent prononcé. Le coup de main du 8 septembre 1429, qui avait failli réussir, était encore dans toutes les mémoires, et depuis, les partisans de Charles VII avaient vu accroître leur nombre et leur confiance. Il devenait urgent, pour la cause anglaise, de frapper l'imagination populaire par une mise en scène, plus odieuse pour le souvenir de Jeanne, que l'appareil infamant de son supplice.

La fête de saint Martin, si populaire en France, jouissait alors d'une double solennité : l'une au 4 juillet, l'autre au 11 novembre. La première s'appelait la Saint-Martin d'été et attirait à Paris, en l'église de Saint-Martin-des-Champs, un grand concours populaire. Les Anglais profitèrent de cette circonstance favorable pour faire prescrire une procession solennelle, à l'issue de laquelle l'Inquisiteur de France, le plus haut représentant de la foi et de la doctrine de l'Église, assuma lui-même la charge d'expliquer et de commenter au peuple les crimes de Jeanne et le juste châtiment qu'elle avait encouru. Il termina sa harangue par une chaleureuse exhortation à se défier des imposteurs et à garder la fermeté dans la foi et dans la soumission que devaient à Henri VI de loyaux serviteurs et de fidèles sujets. C'est sous cette forme de mensonges intéressés que le peuple de Paris dut fixer son opinion sur la mission de la Pucelle.

Sur toutes les terres de la couronne de France occupées par les troupes anglaises, ce fut la même chose ; le peuple entendit le même récit, et comme il n'avait nul moyen d'en contrôler l'exactitude, l'autorité resta à la chose jugée que nulle puissance humaine semblait ne pouvoir plus contester.

Il faut reconnaître d'ailleurs que, même dans les provinces restées fidèles à Charles VII ou reconquises par la Pucelle, Jeanne ne manquait pas de détracteurs. Au premier rang de ceux-là se trouvait toujours Regnault de Chartres, archevêque de Reims, dont on n'a pas oublié l'inqualifiable lettre, publiée au lendemain de la catastrophe de Compiègne et qui incriminait, non sans aigreur, l'orgueil et l'entêtement de Jeanne. Le chancelier de France et La Trémoïlle, son complice, eussent sans doute volontiers voté des remerciements aux Anglais pour le procès de Rouen; aussi ni l'un ni l'autre n'auraient-ils eu la pensée d'en provoquer la revision.

Faut-il ajouter que le grand ordre dominicain, qui seul représentait une puissance organisée en face de l'omnipotence de l'Université de Paris, se crut d'abord obligé de se solidariser avec ceux de ses membres qui avaient rempli un si triste rôle dans le procès de Jeanne?

Jeanne d'Arc et la France (Groupe de Mercié, à Domremy).

Plusieurs documents contemporains ne permettent guère d'en douter. Heureusement pour sa gloire, cette erreur, ou plutôt cette hésitation, ne fut pas de longue durée, et nous verrons le grand Inquisiteur, Jean Bréhal, racheter les défaillances de quelques Dominicains et mettre au service de la justice et de la vérité une vigueur et une science juridique qui en firent un des meilleurs ouvriers de la réhabilitation de Jeanne d'Arc.

L'arbitre suprême, le Pape, qui devait être éventuellement saisi de la demande en revision, avait été déjà circonvenu par les Anglais. Encore que personne ne songeât, pour l'heure, à formuler contre ceux-ci une accusation de forfaiture judiciaire, ils prévoyaient que cette question serait soulevée dans un avenir plus ou moins prochain et que son retentissement serait énorme. Ils puisèrent d'habiles résolutions dans leur sens pratique, qualité dominante de leur race. Après avoir *fait* l'opinion publique et persuadé aux princes et aux peuples que les désagréments éprouvés par leurs armes ne pouvaient être attribués qu'à une intervention diabolique, ils avaient, sans scrupule, commencé la conquête du Saint-Siège dont l'influence sur la direction des États était alors considérable et qui seul avait qualité pour connaître, en appel, des causes en matière de foi.

Le terrain semblait particulièrement favorable aux desseins de l'Angleterre qui méritait alors, à tous égards, les plus grands ménagements du Saint-Siège. Tandis que Charles VII ne donnait que des inquiétudes au Pape, par ses Ordonnances soi-disant gallicanes, et que sa Pragmatique-sanction ébranlait ouvertement en France le respect dû à l'autorité du Siège apostolique, depuis près d'un siècle, les rois d'Angleterre avaient prodigué à la Papauté, pendant les terribles épreuves du grand schisme d'Occident et durant la pénible période du pseudo-concile de Bâle, les marques du plus profond attachement. Rien ne faisait prévoir les déchirements que le protestantisme devait provoquer avec Henri VIII et d'autre part, les documents jusque-là transmis au Saint-Siège, ne pouvaient lui laisser soupçonner même une irrégularité dans le procès qui venait de se terminer à Rouen.

Ainsi donc, la mémoire et la Mission de Jeanne semblaient bien définitivement ensevelies sous le même opprobre légal. Depuis vingt ans, nulle voix ne s'était élevée pour réclamer justice contre le brigandage judiciaire dont elles avaient été victimes. La sentence avait reçu son exécution. L'Université de Paris en revendiquait l'honneur, sinon la responsabilité; le roi d'Angleterre s'en prévalait auprès du Saint-Siège comme d'un acte méritoire accompli dans l'intérêt de l'intégrité de la foi; nombre de prélats et de docteurs autorisés avaient siégé au procès. Qui donc songerait désormais à rouvrir une question qui ne pouvait être posée à nouveau par le Souverain Pontife, sans risquer de blesser une grande nation catholique, entre toutes fidèle et dévouée ?

D'ailleurs, en France, nul ne semblait s'en soucier. On aurait dit que Charles VII fuyait volontiers tous les souvenirs de l'héroïque enfant à qui il devait sa couronne. Autour de lui, on aurait vainement cherché des hommes dont le mérite et l'autorité auraient suffi à contrebalancer l'influence de l'Université de Paris. Le détail et l'ensemble du procès n'étaient guère connus que de ceux qui avaient tout intérêt à ne pas en faire part au public. Pièces fausses, irrégularités, vices de forme, aujourd'hui connus et relevés à foison, tout cela était à peine soupçonné. Les acteurs de ce drame disparaissaient successivement et le flot du temps ne tarderait pas à couvrir pour toujours ce coin tragique de l'histoire. Encore quelques années, et la merveilleuse épopée de Jeanne s'enlisait dans les arcanes d'une procédure criminelle et ne léguait à la postérité que les éléments épars de la plus audacieuse conspiration contre le droit et la justice.

Sans nul doute, aucune considération n'aurait pu entraver le Saint-Siège dans la réparation d'une injustice commise au détriment du plus humble des chrétiens, mais encore fallait-il que le Pape fût régulièrement saisi d'une requête en révision du procès de Jeanne. Encore fallait-il, surtout, appuyer cette requête de ces graves présomptions de certitude morale que nous appelons « le fait nouveau » et qui suffisent à faire pressentir la nullité ou l'injustice d'une sentence, même après son exécution. D'ailleurs, le Saint-Siège n'entre jamais volontiers dans les requêtes tendant à mettre en défaut une autorité légitime et à réviser des sentences devenues vérités légales, et par cette traditionnelle circonspection, tout imprégnée de sagesse il a fait l'économie de plus d'une mesure inconsidérée dont l'opinion n'aurait pas manqué de lui faire un crime, ou du moins une faute.

La réhabilitation judiciaire de Jeanne d'Arc présentait donc des difficultés, en apparence insurmontables, mais dans cette histoire merveilleuse, Dieu se réservait d'écrire à son heure l'avant-dernier chapitre et en attendant qu'il fit déchirer l'abominable sentence qui avait conduit Jeanne au bûcher, les juges et les assesseurs du procès, moins rassurés qu'ils ne voulaient le paraître, avaient sollicité et obtenu, le 12 juin 1431, du roi d'Angleterre, des lettres de garantie absolue qui les mettaient à l'abri de tout retour offensif de la justice des hommes.

Malgré les obstacles en apparence insurmontables, la réhabilitation judiciaire de Jeanne d'Arc se fit à l'heure marquée par la Providence et l'Histoire enregistrera avec admiration les noms des principaux ouvriers qui travaillèrent avec succès à ce triomphe du droit. Il en est un parmi eux à qui pleine justice n'a pas été rendue; relégué au deuxième ou troisième plan, il a droit, en réalité, à la première place.

Le cardinal d'Estouteville, légat du Pape Nicolas V auprès de Charles VII, fut la vraie cheville ouvrière de la réhabilitation de Jeanne. A son défaut, rien ne se serait fait alors, malgré les tardifs efforts de l'initiative de Charles VII, et à plus forte raison, rien ne se serait fait plus tard, lorsque, la mère et les frères de Jeanne descendus au tombeau, nul n'aurait plus eu qualité juridique pour solliciter la révision, lorsque la disparition des derniers témoins du procès n'aurait plus permis que des témoignages de seconde main, insuffisants à constituer ce que nous appelons : le fait nouveau.

Heureusement, un homme se rencontra, investi à la fois de la confiance du Pape et du Roi de France, revêtu d'une autorité en quelque sorte sans bornes, admirablement instruit sur les iniquités judiciaires des juges de Rouen, possédant à fond tous les dessous de cette abominable affaire, et en possession de tous les moyens pour provoquer la réparation de ce crime juridique.

Sans doute Charles VII, trois mois seulement après son entrée à Rouen, prit une initiative dont on ne peut que le louer, mais dans laquelle il entrait plus de préoccupation politique que de sentiment. Il confia à maître Guillaume Bouillé, docteur en théologie, le soin de rechercher la vérité sur le procès de la Pucelle, et lui donna à ce sujet les pouvoirs les plus étendus; mais ce ne pouvait être qu'un travail préparatoire destiné à déblayer le terrain. Le procès de Jeanne avait été instruit par une juridiction ecclésiastique, et il n'appartenait pas à la justice du Roi de réformer une sentence rendue par un tribunal jugeant en matière de foi.

Guillaume d'Estouteville était né en France vers 1410 et appartenait à la première noblesse de Normandie. Par sa mère, sœur du roi Charles V, il touchait de près à la famille royale de France. Il n'avait rempli encore aucune charge importante dans son pays d'origine lorsqu'il fut appelé à la cour pontificale dont il devait être, pendant près d'un demi-siècle, l'une des plus pures gloires, et peut-être le conseiller le mieux écouté.

Alors, autant qu'aujourd'hui, Rome était le centre politique le plus renseigné et le plus influent du monde chrétien, et parmi les diplomates qui s'instruisaient à cette école, les Papes choisissaient leurs légats et leurs cardinaux, ambassadeurs pacifiques dont la mission consistait surtout à aplanir les différends qui s'élevaient entre les princes de la chrétienté. D'Estouteville arriva à Rome quelque peu avant 1440 et ce grand seigneur français prit tout de suite l'ascendant que justifiaient sa naissance et sa fortune.

À cette époque, l'illustre et saint cardinal Albergati achevait, dans la Ville Éternelle, une carrière aussi glorieuse que riche de vertus. Il avait su rassembler autour

Jeanne d'Arc (Statue de Foyatier)

de lui, dans sa famille pontificale, une jeunesse d'élite qui l'avait accompagné dans les diverses légations qu'il avait remplies, surtout en France, à l'époque où Jeanne était apparue comme une envoyée de Dieu, où elle passionnait l'opinion et soulevait, des rives de la Seine à la Méditerranée, l'enthousiasme et l'admiration.

Albergati était venu, de la part du Pape alors régnant, proposer l'arbitrage pontifical aux Rois de France et d'Angleterre et au duc de Bourgogne; mais les passions étaient trop vives : les Anglais se croyaient déjà maîtres dans les provinces françaises ; le duc de Bourgogne réclamait toujours vengeance pour l'assassinat de son père, et Charles VII n'avait aucune compensation à offrir aux Anglais pour les décider à repasser la Manche et à se cantonner chez eux.

Jeanne avait éclairci la situation et, lorsqu'étaient venus pour elle les jours d'épreuve, Albergati avait continué, d'ailleurs inutilement, ses démarches pacifiques ; mais nul n'avait mieux connu que lui tous les dessous de l'abominable comédie qui s'était jouée à Rouen. Le saint Cardinal était un ami passionné de la France, et il avait fait partager ses sentiments à son entourage, duquel devaient sortir deux Papes illustres : Nicolas V et Pie II, d'immortelle mémoire.

Guillaume d'Estouteville devint très vite un familier d'Albergati. Les affaires de France, qu'il possédait naturellement à fond, devaient faire le sujet habituel de leurs entretiens, et dans le cénacle intime du grand Cardinal, le jeune diplomate nouait des relations et des amitiés qui devaient plus tard servir les desseins providentiels sur la France, et en particulier sur la réparation judiciaire due à la mémoire de Jeanne d'Arc.

Albergati mourut en 1443 et sa maison épiscopale se dispersa dans les plus hautes charges de la Curie romaine.

Le Pape Nicolas V avait envoyé en France le cardinal d'Estouteville en qualité de Légat, avec des instructions officielles qui consistaient surtout à rétablir la paix, dans l'intention de grouper les nations chrétiennes d'Occident dans une nouvelle croisade contre les Turcs qui menaçaient Constantinople, et dont les progrès étaient difficilement contenus sur le Danube par les exploits d'Hunyade, de Jean de Capistran et de Scanderbeg, en Albanie. En outre, le Légat devait travailler à l'abolition de la Pragmatique-Sanction qui était une porte ouverte sur un schisme. En réalité, d'Estouteville n'obtint aucun de ces deux résultats, mais il fut plus heureux dans ses instructions secrètes qui avaient pour objet la réhabilitation judiciaire de Jeanne d'Arc, et probablement la réforme de l'Université de Paris.

Nicolas V tenait de son illustre maître Albergati les sentiments de la plus profonde sympathie pour la France, et en particulier une sincère admiration pour Jeanne d'Arc. Dans l'intention de ménager les susceptibilités de l'Angleterre, il ne voulait prendre ouvertement aucune initiative, mais il avait chargé son Légat de rassembler les documents nécessaires, de provoquer des enquêtes et d'enlever toute apparence politique à cette revanche de la justice, en faisant intervenir officiellement la seule famille de Jeanne d'Arc, qui existait encore tout entière, à l'exception du père, mort de douleur en apprenant le supplice de sa fille.

La grande sagesse et la profonde habileté de ces instructions ne tardèrent pas à porter leurs fruits. Quatre mois seulement après avoir franchi les Alpes, le cardinal d'Estouteville ouvrait à Rouen une information canonique sur le procès de Jeanne, tendant à préparer la revision de ce procès et la réhabilitation de la condamnée (avril 1452).

Le Cardinal-Légat constitua d'abord un tribunal régulier, selon les règles de la procédure canonique. Il s'adjoignit, en qualité de juge, le grand Inquisiteur de France, qui fit à ses côtés une autre figure que le malheureux Jean Lemaître auprès de l'Evêque de Beauvais. Maître Guillaume Prévosteau, licencié en droit, fut désigné comme promoteur, en la cause.

Il y avait alors, en France, deux grands Inquisiteurs, toujours choisis dans l'Ordre de Saint-Dominique, dont l'un résidait à Paris et l'autre à Toulouse. Le grand Inquisiteur de Paris était Jean Bréhal, en qui la science la plus profonde s'alliait aux plus hautes vertus. Il est permis de dire qu'il se passionna pour cette cause dont il avait compris toute l'importance. Les difficultés n'étaient qu'un stimulant nouveau pour son zèle inlassable, et ce procès, qui s'annonçait interminable, aboutit, heureusement, dans un intervalle relativement court.

Dès la fin d'avril 1452, les deux juges citèrent à leur tribunal, siégeant à l'archevêché de Rouen, dix-sept témoins, la plupart ecclésiastiques, pour répondre aux questions qui leur seraient faites au sujet de Jeanne, vulgairement dénommée la Pucelle d'Orléans.

Parmi ces témoins, nous retrouvons des noms bien souvent prononcés au cours du procès de Jeanne : le notaire Guillaume Manchon, Isambart de la Pierre, frère Martin Ladvenu et Pierre Migel, prieur de Longueville, lequel reconnut et proclama bien haut qu'il s'était trompé en émettant un avis défavorable à la Pucelle.

Le cardinal d'Estouteville ne put siéger longtemps au procès : de graves complications politiques réclamaient sa présence à Paris, mais avant de partir, en date du 6 mai 1452, il se substitua maître Philippe de la Rose, chanoine-trésorier du Chapitre de Rouen, qui se montra digne de la confiance du Légat. Deux jours après, il siégeait à côté de Jean Bréhal et inaugurait la seconde phase de l'enquête préparatoire.

Cette fois, le formulaire des questions fut considérablement élargi. Au lieu de douze articles, le promoteur Guillaume en rédigea vingt-sept qui étaient un admirable résumé de la cause tout entière. De même, la liste des témoins convoqués pour répondre à ce questionnaire comprenait dix-sept noms, parmi lesquels : Jean Lefèvre, Nicolas Caval, Guillaume Dudésert et André Marguerie, assesseurs au premier procès.

Les dépositions de ces témoins nous ont été conservées, ainsi que tous actes, enquêtes et consultations relatives à la révision de la cause de Jeanne. Elles donnent pleine clarté au questionnaire de Guillaume Prévosteau, non toutefois sans trahir l'embarras considérable des quatre assesseurs qui se seraient volontiers dérobés à la réquisition qui leur était faite. Ils balbutient des explications plutôt timides et le plus souvent se réclament d'une amnésie complète ; leur mémoire trahit la fidélité des souvenirs.

Deux jours avaient suffi à cette enquête ; le procès-verbal en fut rédigé par les notaires du procès et, le 10 mai, Jean Bréhal se mettait en route pour le communiquer au Légat qui en prit connaissance sur-le-champ. Charles VII se trouvait alors au château de Chissay, en Touraine, chez son trésorier, Pierre Bérard. Le cardinal d'Estouteville lui dépêcha sans retard Jean Bréhal et Guillaume Bouillé, chargés de le mettre au courant de l'état de la question.

Le séjour de Charles VII à Chissay ne fut pas de longue durée, et comme la Cour allait passer l'été à Mehun-sur-Yèvre, le Cardinal-Légat se rendit à Bourges pour avoir une entrevue avec le Roi. Il s'arrêta le 9 juin à Orléans où, dès cette époque, la fête du 8 mai avait pris un définitif caractère national et religieux. Orléans n'avait pas attendu les lenteurs d'une procédure régulière pour déchirer l'abominable sentence des juges de Rouen. Le cardinal d'Estouteville ne pouvait qu'applaudir au souvenir reconnaissant et fidèle de la patriotique cité. Il accorda indulgence d'une année à l'occasion de cette fête et une autre de cent jours pour chaque exercice de cette solennité.

Le Cardinal-Légat fut reçu par Charles VII, à Mehun-sur-Yèvre, avec les plus grands honneurs. Le Roi lui exprima publiquement ses sentiments de satisfaction et de gratitude pour la rapidité et l'importance des résultats acquis jusqu'à ce jour. La question de la réhabilitation de Jeanne était solidement posée et déjà résolue dans la plupart des esprits. Le cardinal d'Estouteville qui venait de mener de front cette entreprise difficile et l'œuvre non moins ardue de la réforme de l'Université de Paris (1ᵉʳ juin 1452), lui avait donné une impulsion définitive qui ne se ralentit plus. La multiplicité des graves intérêts que comportait sa mission ne lui permettait plus de garder lui-même la direction des enquêtes préparatoires au procès de révision, désormais imminent; mais la surveillance des travaux que Jean Bréhal poussait avec la plus louable énergie resta au premier rang de ses sollicitudes et lorsque, sur l'ordre de Nicolas V, il revint à Rome, dans les premiers jours de l'année 1453, les heureuses nouvelles qu'il rapportait au sujet de la cause de Jeanne compensèrent quelque peu les regrets que causait au Pape l'intransigeance de Charles VII à propos de la Pragmatique-Sanction, porte toujours ouverte aux empiétements du pouvoir royal sur les prérogatives du Saint-Siège.

CHAPITRE XIX

La Réhabilitation judiciaire

II

Le retour du cardinal d'Estouteville, à Rome, ne causa pas le moindre préjudice à l'œuvre de réhabilitation qu'il avait jusque-là si heureusement poursuivie. Jean Bréhal et Philippe de la Rose travaillaient avec un zèle infatigable aux enquêtes préliminaires, ouvertement soutenus par les faveurs et les subsides de Charles VII. On avait tardivement compris à la Cour que l'infamie judiciaire de Rouen avait été dirigée plus encore contre la royauté française que contre la personnalité de Jeanne et qu'il importait à l'honneur du Roi de rétablir la vérité et de mettre à néant un procès si diffamatoire pour lui.

Charles VII invita formellement Jean Bréhal à activer ses travaux et lui enjoignit de s'adresser à tous les sages qu'il pourrait connaître, et de préférence, à l'étranger, pour leur soumettre la procédure en revision et recueillir leur avis.

Jean Bréhal reçut diverses réponses à son Mémoire consultatif; six d'entre elles nous ont été conservées, mais les conseillers du Roi ne firent figurer parmi les pièces officielles que les travaux écrits par des juristes français, leur laissant ainsi l'honneur de projeter la lumière sur les points obscurs du procès de Jeanne.

Ces diverses enquêtes préliminaires, analogues au travail qui se fait dans le cabinet de nos juges d'instruction, si concluantes qu'elles fussent dans leurs résultats, n'étaient en quelque sorte que des travaux d'approche et avaient seulement préparé le terrain sur lequel allait s'engager à fond la véritable question. Le procès en réhabilitation ne pouvait s'ouvrir que sur l'ordre du Pape, juge suprême en matière ecclésiastique.

A l'heure où Jean Bréhal terminait ses consultations et envoyait à Rome les mémoires qui les résumaient, des événements de la plus haute gravité s'imposaient aux préoccupations du Saint-Siège. Les Turcs, contenus pendant un siècle et demi par les Croisades, se ruaient de nouveau sur l'Europe chrétienne dont l'empire d'Orient, avec Constantinople, sa capitale, n'était plus qu'un chétif boulevard encore affaibli par les dissensions intérieures.

C'est en vain que Nicolas V multipliait les efforts pour arrêter la marche victorieuse des Turcs, les incurables discordes des princes chrétiens paralysaient son activité. Dans ces conditions, il est facile de comprendre que les dossiers relatifs à la réhabilitation de Jeanne, bien qu'étroitement surveillés par le cardinal d'Estouteville, restassent dans un oubli relatif dont ils ne sortirent effectivement que le 11 juin 1455.

Dans l'intervalle, Jean Bréhal n'était pas demeuré inactif; il poursuivait avec passion son œuvre à laquelle Charles VII prenait un intérêt de plus en plus vif. Dans quelle forme serait présentée au Saint-Siège la requête officielle en demande de réhabilitation ? Il paraissait tout naturel que le Roi intervînt au nom de la France et réclamât la revision du procès de Jeanne. Ainsi présentée, la requête revêtait un caractère politique et devait soulever des difficultés d'ordre international. L'Angleterre ne manquerait pas d'intervenir plus ou moins ouvertement et de créer peut-être un conflit diplomatique dont le plus sûr résultat serait de retarder indéfiniment une solution impatiemment attendue.

Heureusement restait une autre voie encore ouverte. La famille de Jeanne avait tout droit de formuler une supplique au Saint-Siège, à l'effet d'obtenir revision du jugement de Rouen, et son intervention si naturelle écartait toute interprétation politique favorable au roi de France. Nul ne pouvait se formaliser de cet acte de piété familiale si légitime, encore possible, puisque la mère de Jeanne, Isabelle Romée, et ses deux frères, Pierre et Jean, vivaient encore.

A la suggestion du Roi et de Jean Bréhal, la famille de Jeanne s'empressa d'adresser sa requête à Nicolas V, et sans perdre de temps, le grand Inquisiteur de France se hâta de la porter lui-même à Rome dans la première moitié de l'année 1454. Le cardinal d'Estouteville, tout heureux du succès de sa noble entreprise, voulut présenter lui-même au Souverain Pontife Jean Bréhal et la supplique dont il était chargé. Les sentiments bien connus de Nicolas V à l'égard de Jeanne ne laissent aucun doute sur l'accueil favorable réservé au mouvement religieux et à la cause qu'il poursuivait avec tant de succès et tant de zèle. Les documents apportés de France furent soumis à un sérieux examen, et Nicolas V allait nommer la Commission officielle d'enquête, lorsque la mort vint le surprendre, le 24 mars 1455; mais Calixte III, son successeur, avait hérité de son admiration pour la Pucelle, et l'un des premiers actes de son Pontificat fut consacré à combler les vœux de la France et de son Roi.

Calixte III avait été élu le 8 avril 1455; douze jours après, il ceignait la tiare, et, dès le 11 juin suivant, il adressait aux évêques de Paris et de Coutances et à l'archevêque de Reims un rescrit dont voici la conclusion :

Nous, accueillant favorablement ladite supplique, mandons à votre paternité, par ce rescrit apostolique, que vous, ou deux d'entre vous, ou un seul, après vous être adjoint un des inquisiteurs chargés de poursuivre la perversité hérétique au royaume de France, vous citiez le Sous-Inquisiteur actuel de la perversité hérétique établi dans ledit diocèse de Beauvais, et le promoteur des causes criminelles du même diocèse et tous autres qui devront être cités; entendiez des deux côtés les intéressés aux choses ci-dessus; rendiez, en écartant tout appel, une sentence selon la justice, la faisant observer exactement par les censures ecclésiastiques, nonobstant les constitutions et ordonnances apostoliques et toutes autres choses quelles qu'elles soient, qui y seraient contraires.

Ce rescrit s'adressait à des évêques qui étaient alors l'honneur de l'Église de France, et l'un d'eux, Juvénal des Ursins, archevêque de Reims, avait été mêlé de bien près aux événements qui avaient marqué le début de la Mission de Jeanne, et avait siégé en qualité d'avocat général au Parlement de Poitiers, parmi les Docteurs chargés d'examiner l'authenticité de cette Mission. Il avait succédé à Cauchon sur le siège de Beauvais, et, en 1449, à Regnault de Chartres, archevêque de Reims, l'un et l'autre, à divers degrés, ennemis de la Pucelle que leur successeur allait glorifier.

Dans la matinée du 7 novembre 1455, une émouvante cérémonie avait lieu à Notre-Dame de Paris, l'illustre basilique, toujours associée de près aux fastes ou aux tristesses de la patrie. Isabelle Romée, mère de Jeanne d'Arc et ses deux frères, entourés d'un nombreux cortège de prêtres et de bourgeois de Paris et d'Orléans, se présentaient officiellement devant les commissaires désignés par le Souverain Pontife, à l'effet de promouvoir la révision du procès de la Pucelle.

La malheureuse mère, d'une voix entrecoupée de sanglots, réclama justice. Prosternée aux pieds des évêques, elle exposa brièvement sa requête. Vingt-cinq années avaient passé sur cette douleur de mère qui ne voulait ni ne pouvait être consolée, et si poignante et si vive était son expression, que la foule pleurait et gémissait avec elle. L'émotion gagna même les prélats qui durent se retirer dans la sacristie où Isabelle Romée et ses amis les suivirent.

Les évêques commissaires prodiguèrent leurs témoignages de sympathie à l'infortunée suppliante : ils lui donnèrent connaissance du rescrit pontifical qui les constituait dans leur autorité et fixèrent au 17 novembre, en la salle d'audience de l'évêché de Paris, l'ouverture officielle de leur enquête, en présence des notaires et des conseillers requis en pareil cas par l'usage ou le droit.

Au jour fixe, l'archevêque de Reims et l'évêque de Paris, entourés d'un grand nombre d'évêques et de docteurs et du grand Inquisiteur Jean Bréhal, virent comparaître la famille de Jeanne d'Arc, agissant, comme on dirait aujourd'hui, en qualité de partie civile, assistée de son avocat Pierre Maugier, qui présenta aux prélats le rescrit pontifical au nom d'Isabelle Romée et de ses enfants. Il déclara que les demandeurs avaient l'intention de réduire leur mise en cause à Pierre Cauchon, évêque de Beauvais, au vice-inquisiteur Jean Le Maître et au promoteur d'Estivet ou à leurs héritiers ou représentants. Quant aux assesseurs, il les supposait induits en erreur par la rédaction mensongère des douze articles soumis à la qualification de l'Université de Paris, et ne formulait aucune réquisition contre eux.

Les Commissaires pontificaux complétèrent la constitution du Tribunal en s'adjoignant, au même titre qu'eux-mêmes, l'Inquisiteur de France, Jean Bréhal. Les personnes mises en cause furent citées à comparaître, du 12 au 20 décembre, à Rouen, où le procès serait jugé, et dès ce jour, les citations furent rédigées pour être signifiées aux intéressés, dans les deux diocèses de Beauvais et de Rouen.

Dès ce jour, le procès en revision juridiquement ouvert n'est plus que l'apothéose de Jeanne. De toutes parts surgissent les témoignages, les Mémoires, les documents qui mettent en lumière la mauvaise foi et l'infamie des premiers juges. Dès la première audience, le 15 décembre 1455, les trois notaires du procès de condamnation, Guillaume Manchon, Collet et Nicolas Taquel, déclarent sur interpellation qu'ils n'entendent pas défendre le procès auquel ils ont prêté leur ministère, et le lendemain, Guillaume Manchon dépose sur le tribunal la minute officielle du procès de Rouen, revêtue de toutes les signatures et de tous les sceaux que de droit.

Nul n'osa se présenter pour soutenir le bien jugé de la condamnation de Jeanne. Les héritiers de Cauchon se réfugièrent dans l'amnistie accordée par Charles VII, après la conquête de la Normandie et déclarèrent renoncer à défendre la mémoire de leur oncle. Le tribunal les mit hors de cause à la suite de cette déclaration.

L'Evêque de Beauvais, Guillaume de Hollande, et son promoteur, firent savoir qu'ils ne voulaient d'aucune façon se trouver mêlés à cette affaire, ni mettre aucun obstacle à aucun acte des Commissaires pontificaux.

Les Dominicains de Beauvais prièrent les juges de n'envoyer plus aucune citation à leur couvent ; aucun d'eux n'exerçait la charge de vice-Inquisiteur, ni ne voulait défendre l'œuvre du pauvre Jean Le Maître.

Estivet seul resta sans que personne se présentât en son nom ; nul ne se souciait de tirer sa mémoire du cloaque où il avait si tragiquement terminé sa vie.

La Commission pontificale, ne pouvant trouver aucun adversaire, résolut d'établir son procès sur les bases les plus larges et les plus solides, et nous devons à cette détermination, inspirée par un souci passionné de la vérité, cet ensemble touffu de documents sévèrement contrôlés qui nous permettent après cinq siècles d'établir l'histoire de Jeanne d'Arc, avec un luxe et une précision de détails que pourrait envier plus d'un événement contemporain.

Des commissions rogatoires furent envoyées dans le pays d'origine de Jeanne et partout où l'on pouvait espérer ou attendre des renseignements utiles à la cause. Une première enquête avait eu lieu à Domremy, en 1430, sur l'initiative de Cauchon, mais les résultats, qui allaient justement à l'encontre de ses desseins, n'avaient pas été communiqués aux juges ni aux assesseurs du premier procès. Cette fois, l'enquête fut menée à fond par le curé-doyen de Vaucouleurs et par maître Wautrin Thierry, et c'est merveille de voir comment le temps avait épargné les témoins les plus précieux des premières années de Jeanne.

Jeanne d'Arc (Statue de Frémiet).

Trente-quatre témoignages furent recueillis qui reconstituèrent dans sa véritable physionomie cette merveilleuse enfance de Jeanne, si calomniée par le misérable d'Estivet et après lui par Voltaire et tant d'autres qui semblent n'avoir jamais lu que le haineux réquisitoire du premier valet de Cauchon. Dans les pages naïves consignées tout au long du procès de réhabilitation, pour lequel Quicherat semble ne professer que le dédain, revivent ces physionomies qui se présentèrent aux premiers chapitres de cette histoire, Collin et Gérard Guillemette, ses compagnons d'enfance ; ses amies préférées, Hauviette et Mengette ; Pierre le Drappier, sonneur de Domremy, Durand Laxart, l'oncle providentiel, si digne des confidences qu'il avait reçues ; à Vaucouleurs, Henri Le Royer et sa femme Catherine, qui avaient hébergé Jeanne six semaines ; Jean de Metz et Bertrand de Poulengy, les vaillants écuyers qui l'avaient conduite de Vaucouleurs à Chinon. Tous ces témoins, prêtres, bourgeois ou paysans, déposaient sous la foi du serment, et chacun d'eux semblait écrire un chapitre nouveau à la gloire de la Pucelle de Domremy.

Du 28 janvier au 13 février, l'enquête s'était poursuivie à Domremy, à Vaucouleurs et à Toul, et dès qu'elle fut close, le procès-verbal dûment scellé fut transmis à Rouen. Le 22 février s'ouvrait l'enquête d'Orléans et le premier jour, Juvénal des Ursins, archevêque de Reims, qui la présidait lui-même, reçut la déposition de Dunois, bâtard d'Orléans, qui avait toujours professé pour Jeanne la plus vive admiration ; puis ce fut Raoul de Gaucourt, gouverneur, pour le Roi, de la ville d'Orléans, pendant le mémorable siège ; Ricarville, maître d'hôtel de Charles VII ; Réginald Thierry, curé de Mehunsur-Yèvre, résidence royale où Jeanne avait fait de longs et fréquents séjours. Quarante et un Orléanais furent successivement entendus, unanimes dans la louange de la jeune libératrice de leur cité.

A Paris et à Rouen, le Tribunal provoqua et reçut des dépositions palpitantes d'intérêt. La mort avait déjà fait son œuvre parmi les juges et les assesseurs du criminel procès de Rouen. Les grands rôles avaient disparu, mais restaient pourtant quelques comparses d'une fâcheuse notoriété, et parmi ceux-ci, au premier rang, Thomas de Courcelles, qui ne représenta que trop bien au procès de Jeanne la haine de l'Université de Paris.

Lorsqu'il comparut devant Juvénal des Ursins, Guillaume Chartier, évêque de Paris, et Jean Bréhal, Thomas de Courcelles n'avait plus la belle assurance d'autrefois. Il est permis de croire qu'il n'était pas resté inaccessible au remords ; quoi qu'il en soit, sa déposition fut misérable et le plus souvent il balbutia des réponses qui alléguaient une complète amnésie. Heureusement, la paralysie n'avait pas gagné toutes les mémoires : Louis de Coutes, page de Jeanne, frère Pasquerel, son ancien aumônier, et surtout le duc d'Alençon, pour lequel la Pucelle avait toujours professé une si vive et si franche amitié, n'avaient pas les mêmes raisons que Thomas de Courcelles pour se réfugier dans un silence équivoque. La déposition du *beau Duc* est restée comme le tableau le mieux réussi du vrai caractère de Jeanne, assemblage exquis de grâces juvéniles, d'esprit, de piété et de valeur guerrière.

Enfin, la dernière enquête fut ouverte à Rouen, le 12 mai, et devant la Commission apostolique se présentèrent tous ceux qui restaient des cent cinquante assesseurs qui avaient successivement siégé au premier procès de Jeanne. Leurs dépositions témoignent, en général, d'une fidélité de mémoire supérieure à celle des Universitaires de Paris, et elles font le procès de Cauchon et de ses habiletés judiciaires ; du reste, pas un ne songea à s'ériger en champion du passé : Jeanne ne trouva plus que des panégyristes ; l'évêque de Beauvais n'était plus là.

On entendit, le 14 juin, l'intéressante déposition de l'un des premiers témoins de la Mission de Jeanne que nous avons déjà rencontré à Poitiers, au cours de l'enquête ordonnée par Charles VII et qui siégea parmi les docteurs ecclésiastiques chargés d'interroger la Pucelle. Frère Seguin, ce docteur limousinant dont Jeanne avait un jour raillé l'accent caractérisé, était devenu doyen de la faculté de théologie de Poitiers. Il n'avait pas tenu rigueur à Jeanne de sa boutade dont il fit lui-même le récit, et comme les procès-verbaux de la Commission d'examen où il avait siégé avaient disparu, Pierre Seguin les reconstitua de son mieux pour éclairer la conscience des commissaires pontificaux.

Enfin arriva, sur enquête rogatoire, la déposition de Jean d'Aulon qui avait été écuyer et intendant de Jeanne. Charles VII l'avait nommé sénéchal de Beaucaire et son témoignage ne pouvait être que d'un grand prix. Ce témoignage fut tel qu'on devait l'attendre de quelqu'un qui avait vécu dans l'intimité de Jeanne et qui avait toujours manifesté la plus haute admiration pour ses vertus.

Toutes les enquêtes avaient été closes le 15 juin 1456, mais elles ne constituaient pas seules le dossier complet soumis au Tribunal. Charles VII s'était adressé à plusieurs évêques de son royaume et leur avait demandé leur avis motivé sur la Mission et les vertus de Jeanne ; parmi ceux-ci, Guillaume le

Bourdeilles, évêque de Périgueux, et Thomas Bazin, évêque de Lisieux, avaient écrit des Mémoires qui sont de vrais chefs-d'œuvre de science théologique et d'appréciation sur le véritable caractère de Jeanne.

De même, Guillaume Bouillé, doyen de Noyon, Robert Ciboule, chancelier de l'Université de Paris, Berruyer, évêque du Mans, et Jean Bochard, évêque d'Avranches, avaient établi de solides et lumineuses dissertations trop dédaignées, peut-être, de nos jours ; mais la palme devait rester à Jean Bréhal dont la vigoureuse Récapitulation dit le dernier mot de cette cause entre toutes célèbre. Tour à tour théologien, jurisconsulte, ministère public, sur la demande des évêques délégués par Calixte III, il rédigea avec une hauteur de vues admirable un résumé de la cause où l'on chercherait vainement des lacunes ou des faiblesses ; l'histoire, le droit positif, la psychologie des vertus, tout s'enchaîne dans une haute et sereine impartialité dont les personnalités sont bannies ; une fois exhaussée sur ce piédestal, il ne restait plus à la mémoire de Jeanne que de recevoir la consécration solennelle et publique de la revanche du droit et de la justice.

Le 18 juin 1456, vingt-septième anniversaire de la glorieuse journée de Patay, toutes les formalités légales du procès étaient remplies, le débat était clos, la famille de Jeanne pria les délégués du Saint-Siège de désigner un jour pour la clôture solennelle de la cause. Le 1ᵉʳ juillet fut indiqué et dès le 24 juin, l'ordonnance était affichée aux portes de la cathédrale de Rouen.

La promulgation définitive de la sentence fut fixée au mercredi 7 juillet. Cette fois, l'Église allait se prononcer officiellement sur la Mission, le caractère et les vertus de Jeanne. Elle parut dans sa hiérarchie légitime, elle parla par un tribunal régulièrement composé, dans la plénitude de sa liberté, après de multiples enquêtes menées au grand jour et sans que nul n'eût osé se lever, pour une contestation quelconque, même pour une seule protestation, en faveur de Cauchon et de ses complices ; mais qui donc pourra empêcher les gens de mauvaise foi de crier que l'Église a brûlé Jeanne d'Arc ? Lorsque l'Église, régulièrement saisie, eut à s'occuper du procès de Jeanne, ce fut pour le déchirer et proclamer bien haut la forfaiture de ses juges. Prétendre que Cauchon, Jean Le Maître et leurs assesseurs avaient mission de représenter l'Église dans

leur comédie judiciaire, dépasse les plus hardies fictions historiques. Il est donc inutile d'insister.

La condamnation de Jeanne avait été prononcée sur la
place du Vieux-Marché et précéda immédiatement son supplice. La réhabilitation fut proclamée le 6 juillet 1456, dans la
salle du palais archiépis-
copal de Rouen, réservée
aux audiences judiciaires.
A huit heures du matin,
Jean Jouvenel des Ursins,
archevêque de Reims,
Guillaume Chartier, évê-
que de Paris, Richard de
Longueil, évêque de Cou-
tances, commissaires délégués du Saint-Siège, et
Jean Bréhal, comme eux
juge en la cause, prirent
place en leur tribunal, entourés de treize docteurs,
assesseurs et témoins officiellement convoqués.

La mère de Jeanne
d'Arc ne parut point, mais
sa famille était représentée
par Jean d'Arc, un des frères de la Pucelle, et par
Guillaume Prévosteau,
fondé de pouvoirs d'Isa-
belle Romée et de Pierre
d'Arc.

Jeanne d'Arc (Statue de Dubois).

Une dernière sommation publique fut adressée aux représentants ou héritiers de la partie adverse, c'est-à-dire Pierre
Cauchon, Jean Lefèvre et Jean d'Estivet, mais une fois encore
elle resta sans réponse. Rien ne s'opposait donc plus au jugement. Juvénal des Ursins, président de la Commission pontificale, prononça la sentence définitive, en présence d'une
foule émue et recueillie.

Jamais jugement plus solennel ne fut rendu en pareille
cause. L'arrêt, longuement motivé, constate d'abord le bien

fondé de la requête de la famille de Jeanne, admise en principe par le Saint-Siège, contre les représentants naturels ou legaux des deux juges et du promoteur, dans le premier procès. Il fait ensuite l'historique, sous forme juridique, des diverses phases de la procédure en révision, les enquêtes préparatoires, les témoignages recueillis, les Mémoires présentés à la requête du Roi ou des Commissaires pontificaux.

C'est ainsi que la mémoire de Jeanne fut tirée de l'infâme judiciaire où ses premiers juges s'étaient promis de l'ensevelir. Un quart de siècle avait paru confirmer par le silence cette iniquité, mais la justice prenait sa revanche au lieu même où elle avait été prostituée par un tribunal politique, asservissant à son hypocrisie une juridiction réservée aux crimes contre la loi et ce fut grande joie, à Rouen, de voir effacer des souvenirs si pénibles pour la patriotique cité.

Conformément à la sentence des Commissaires pontificaux, celui des cinq exemplaires du procès criminel qui était garde dans les archives du Chapitre fut publiquement déchiré par le bourreau; deux processions expiatoires se formèrent, l'une à Saint-Ouen, théâtre de l'abominable scène de la prétendue abjuration, l'autre sur la place du Vieux-Marché où s'était élevé le bûcher de Jeanne et les prédications publiques qui accompagnèrent ces cérémonies apprirent au peuple que Jeanne était morte victime de son amour pour la France et que ses juges prétendus n'étaient que des bourreaux à la solde des ennemis de sa patrie.

Il est touchant de retrouver parmi les témoins de cette réparation solennelle, frère Martin Ladvenu qui avait accompagné Jeanne jusque sur le bûcher et qui, revenu depuis longtemps d'un moment d'erreur qu'il déplora toute sa vie, avait apporté aux juges pontificaux la déclaration la plus nette de sa foi en l'innocence et la sainteté de cette victime.

Les Rouennais élevèrent une croix expiatoire sur la place du Vieux-Marché, en face du lieu des exécutions; leurs gémissements et leurs sanglots avaient accompagné Jeanne le long de sa voie douloureuse et pendant l'affreux drame dont cette place avait été le théâtre. Il est certain qu'un grand nombre des témoins du supplice de Jeanne eut la joie d'applaudir au triomphe de sa cause. La mémoire de Jeanne est restée parmi eux, mais comme voilée par une teinte mélancolique. C'en est pas comme à Domremy, la fraîcheur du matin ; comme à Vaucouleurs, l'espérance déjà armée pour la victoire ; comme à Orléans, dans l'allégresse de la foule et le carillon des cloches qui chante la délivrance ; enfin, comme à Reims, dans l'apothéose du sacre royal. C'est le mystère de douleur toujours inséparable de l'apogée ou du déclin des gloires humaines les plus pures.

Aujourd'hui, cette place du Vieux-Marché a pris la physionomie banale de toutes les places consacrées à l'alimentation quotidienne des grandes cités. Il n'y faudrait pas chercher le moindre vestige de ce qu'elle fut au xv⁰ siècle, avec son quadrilatère de maisons à pignon aigu, avec leurs auvents, leurs fenêtres étroites à carreaux losangés et leurs façades où la pierre et la brique n'entraient qu'à l'état d'exception ; mais dans une sorte d'annexe irrégulière du Vieux-Marché, un monument de style prétentieux remplace la fontaine érigée au commencement du xvi⁰ siècle en mémoire de la Pucelle d'Orléans. L'eau devrait y jaillir à flots, comme pour laver ce sol souillé d'iniquité judiciaire, mais les sources sont taries et les canaux obstrués attendent qu'une grande pensée réparatrice à laquelle s'associera la France entière, érige sur la place du supplice de Jeanne un monument digne d'elle et digne de la patrie qui lui doit son salut.

Nulle part les diverses phases du procès de réhabilitation de Jeanne n'avaient été suivies avec le même intérêt passionné qu'à Orléans. C'était toujours la cité fidèle au cœur reconnaissant, la véritable seconde patrie de Jeanne ; c'est là que la vieillesse d'Isabelle Romée s'écoulait paisible et entourée de respect et d'honneurs. La sentence réparatrice y fut accueillie par des transports d'enthousiasme et, le 21 juillet 1456, la ville se mit en fête pour célébrer l'heureuse nouvelle. Richard de Longueil et Jean Bréhal ne s'étaient pas attardés à Rouen, après la fin du procès et les fêtes qui l'avaient suivi. Orléans les attendait et ils présidèrent à la procession solennelle qu'ils avaient ordonnée dans l'église de Saint-Samson. Isabelle Romée et ses fils y parurent au premier rang, comme c'était justice et il semble que la mère de Jeanne d'Arc n'attendait que la réhabilitation judiciaire de sa fille pour terminer une existence si cruellement blessée ; elle n'avait pas eu le courage d'aller jusqu'à Rouen, mais jusqu'à son dernier jour les Orléanais l'environnèrent de pieuses et touchantes sollicitudes.

Sur le pont d'Orléans, en 1458, un monument de bronze fut érigé aux frais et par les soins des dames et jeunes filles de la cité ; un groupe y représentait Notre-Dame des Sept Douleurs, tenant sur ses genoux le corps de Jésus-Christ étendu, assise au pied de la croix. A droite, le roi Charles VII, de grandeur naturelle ; à gauche Jeanne d'Arc ; l'un et l'autre à genoux, mains jointes, armés de toutes pièces, à l'exception des casques posés devant eux, celui du Roi surmonté d'une couronne. Derrière la croix était un pélican et, au pied, un serpent mordant une pomme.

En 1567, les protestants brisèrent les statues et renversèrent la croix, mais le monument fut reconstitué et remis en place le 15 mars 1571, jusqu'au jour où le vieux pont d'Orléans, théâtre des exploits de Jeanne, fut remplacé par le pont actuel, établi de quelque 50 mètres en aval. En 1771, le Monument, déposé à la Mairie pendant la construction du pont nouveau, reprit sa place, mais ce ne fut pas pour longtemps. Jeanne ne trouvait pas grâce devant les énergumènes de la Terreur, pas plus que les tombeaux de Saint-Denis, ni les cendres héroïques de Du Guesclin et de Turenne. Le Monument du pont d'Orléans qui avait d'ailleurs le tort, aux yeux des sectaires d'alors, de représenter une Descente de croix, fut démoli et le bronze probablement fondu et destiné à d'autres usages.

Le 15 juillet 1804, la gloire de Jeanne, outragée par la Terreur, reçut à Orléans une première réparation ; la vieille cité, si fidèle à la mémoire de sa libératrice, s'était mise en fête et inaugurait dans un coin de la place du Martroi une statue en bronze de son héroïne. Au point de vue esthétique, l'œuvre de Gois était assurément discutable, mais on ne faisait pas mieux en France, à cette époque ; ses proportions, plutôt modestes, n'avaient pas permis d'ériger le piédestal au milieu de la place trop vaste et lorsque, en 1855, la statue équestre due au ciseau de Foyatier dota Orléans d'un monument digne de la Pucelle, l'œuvre de Gois fut transportée au faubourg Saint-Marceau, non loin de l'emplacement de la bastille des Tourelles.

Les avocats de la famille de Jeanne d'Arc avaient demandé qu'en signe de réhabilitation des croix fussent élevées en divers lieux pour témoigner de l'innocence de la Pucelle. Le nom de Jeanne était populaire en France, jusqu'au fond des provinces les plus éloignées ; le souvenir de ses vertus, de sa gloire et de son martyre était resté profondément gravé dans l'âme du peuple ; sa Mission avait été prêchée dans les églises comme un événement surnaturel. Il est probable qu'une foule de modestes monuments furent érigés à sa mémoire et que leur fragilité relative ne les a pas préservés des outrages du temps ; une croix élevée au souvenir de Jeanne ne se recommandait pas plus à l'immortalité que sa maison de Domremy, si long-temps oubliée ; toutefois, une précieuse épave de ce naufrage est parvenue jusqu'à nous.

En 1456, Dunois, le fidèle et vaillant compagnon d'armes de Jeanne, voulut consacrer par un monument l'heureuse issue du procès de réhabilitation. Non loin de Poissy, dans la forêt de Saint-Germain, il érigea une croix de pierre que cinq siècles ont respectée et sur laquelle se lit encore aujourd'hui cette inscription : *Croix-Pucelle*. 1456.

La renommée que Jeanne avait acquise valut à sa mémoire le phénomène de sur-vivance frauduleuse dont l'his-toire nous offre plus d'un exem-ple depuis les aventures du mage persan qui usurpa, à la mort de Cambyse, le nom et la personnalité de Smerdis, que ce même Cambyse avait fait assassiner. La supercherie du mage ne dura que huit mois : il en fut d'autres de plus longue durée et vraisemblablement la série n'en est pas close.

L'imagination populaire n'avait eu aucune peine à ad-mettre le merveilleux dans la Mission de Jeanne et malgré toutes les précautions qu'avaient prises les Anglais pour qu'il ne restât aucun doute sur l'identité de leur victime consumée dans le bûcher de Rouen, la légende de l'évasion et de la sur-vivance s'établit avec une facilité qui témoigne de l'état des esprits de son temps. Jeanne avait accompli tant de prodiges dans sa carrière si brillante et si courte, qu'un de plus ou de moins devait peu lui coûter et l'opinion admettait difficilement que la libératrice d'Orléans serait restée impuissante à se libérer elle-même.

Parmi les fausses Jeanne d'Arc qui tentèrent d'exploiter le sentiment populaire, la plus célèbre est connue sous le nom de Jeanne des Armoises. En 1436, cinq ans après le supplice de la Pucelle, on vit paraître, le 20 mai à la Grange-aux-Belles, près de Saint-Privat, dans la banlieue de Metz, une jeune fille à peu près du même âge que Jeanne d'Arc et qui lui ressemblait à s'y méprendre. Jusque-là elle s'était appelée dame Claude, mais elle déclara que son vrai nom était la Pucelle d'Orléans et raconta à l'appui de son dire une série d'histoires plus ou moins vraisemblables dont la plus palpitante était le récit de son évasion des prisons anglaises.

A ce moment, deux frères de Jeanne, Pierre et Jean, anoblis par le Roi, se trouvaient en Lorraine; telle était l'assurance de l'aventurière, la vraisemblance de ses propos, qu'ils n'hésitèrent pas à la reconnaître pour leur sœur. Peut-être, en outre de la ressemblance physique, leur jugement fut-il influencé par le secret désir de participer aux honneurs que Charles VII réserverait sans doute à la Pucelle qu'il n'avait que trop oubliée depuis cinq ans.

Si dame Claude avait emprunté quelques traits à la physionomie de Jeanne, là s'arrêtait la ressemblance. Hardie dans ses propos de moralité douteuse, elle représentait juste le contraire des vertus que Jeanne avait fait admirer en elle et, le verre à la main dans les festins qui tournaient à l'orgie, elle défiait les soudards les plus déterminés. Son désintéressement marchait de pair avec sa modestie; elle acceptait facilement et savait provoquer au besoin les hommages qu'on lui rendait sous la forme de présents. Il est à remarquer que l'aventurière ne se hâtait nullement de paraître, soit à la cour de France, soit à Orléans où son rôle eût été plus difficile à tenir : elle se borna, d'abord, à écrire aux Orléanais qui semblent bien avoir été dupes de la supercherie.

Dame Claude, citée devant l'Inquisiteur de Cologne, se déroba par la fuite à cette injonction; elle gagna les Pays-Bas et trouva le moyen de séduire, à Arlon, Robert des Armoises dont la résidence habituelle était à Metz. Dès lors, la fausse

Pucelle prit le nom de son mari, mais son existence aventureuse se continua. On la trouve en Italie, dans les troupes du
Pape; elle reparaît en France où les bourgeois d'Orléans, en
1439, lui offrent « 210 livres parisis pour le bien fait à ladite
ville durant le siège ».

L'Université de Paris, qui ne savait que trop bien le sort
qui avait été réservé à la vraie Pucelle, ne s'y laissa pas tromper; d'ailleurs les mœurs non équivoques de dame Claude ne
plaidaient pas en sa faveur et un arrêt du Parlement la con-
damna à une exposition publique, sur la dalle de marbre, au
milieu de la grande cour du Palais, avec admonestation sur
son imposture.

Il semble qu'après cette aventure Jeanne des Armoises
aurait dû rentrer dans le silence de l'histoire; mais tel était
l'aveuglement d'une partie notable de l'opinion, qu'elle
trouva moyen d'obtenir une audience de Charles VII. Elle
renouvela, par la connivence de quelques courtisans, la scène
de Chinon et reconnut le Roi dans un groupe nombreux de
seigneurs de la cour, mais là s'arrêta son succès : « Pucelle,
mon amie, lui dit le Roi, soyez la très bien revenue au nom de
Dieu qui sait le secret qui est entre vous et moi. » Dame
Claude n'avait pas prévu ce coup droit et, se voyant démas-
quée, elle tomba à genoux et demanda grâce pour sa supercherie.

Jeanne des Armoises courut encore quelques aventures et
peut-être faut-il attribuer l'impunité relative dont elle jouit au
nombre et à la qualité de ses dupes. On la retrouve une dernière fois, en 1457, à Angers; cette fois, elle a épousé en
secondes noces Jean Douillet; elle vient de subir un emprison-
nement de trois mois et a été bannie à perpétuité du pays
d'Anjou, par la justice du roi René. Le bon prince se laissa
attendrir et rapporta cette sentence. C'est la dernière manifestation historique de Jeanne des Armoises. Ses aventures invrai-
semblables ont fait illusion à plus d'un esprit romanesque
trompé par la faveur dont elle paraît avoir joui dans l'opinion
de son temps; mais elle est aujourd'hui bien enfouie dans les
catacombes de l'histoire d'où elle n'aurait jamais dû sortir.

Il y eut sans doute plusieurs autres fausses Pucelles, comme
il y a eu plusieurs faux Louis XVII; entre autres une jeune
fille du Mans, Jeanne La Péronne, qui avait trouvé le moyen

de faire nombre de dupes autour d'elle, et en particulier l'Evêque du Mans, mais son dévergondage ne tarda pas à la trahir et elle fut condamnée au pilori ; aucune de ces survivances ne fut si bien machinée que celle de Jeanne des Armoises et il est probable que la trace même en serait perdue si la justice n'avait eu à s'en occuper et à consigner dans ses archives ses justes sévérités contre les impostures des fausses Jeanne d'Arc.

de faire nombre de dupes autour d'elle, et en particulier l'Evêque du Mans, mais son dévergondage ne tarda pas à la trahir

CHAPITRE XX

Apothéose

La réhabilitation juridique de Jeanne n'était que la réparation légitime et bien tardive qui lui était due pour les infamies dont la forfaiture de ses juges avait chargé sa mémoire. Restait une question plus large et plus haute et dont la solution ne devait venir à maturité qu'après plusieurs siècles. Était-il possible qu'une jeune fille, favorisée comme elle pendant sept années, de la familiarité surnaturelle de saint Michel et des saintes Catherine et Marguerite, et par le don incontestable de prophétie, ne se fût pas élevée au-dessus de la condition commune des chrétiens dont la perfection relative se renferme dans les obligations de précepte ? Le temps qui est une épreuve fatale aux célébrités d'aventure et aux gloires usurpées travaille au contraire à la glorification du véritable héroïsme et de la sainteté. Les vraies proportions des grands sommets ne s'accusent que de loin ; il en est de même, le plus souvent, des grandes vertus pratiquées à un degré héroïque et dont la vigueur ne fut point circonscrite par les limites ordinaires du devoir.

La glorification de Jeanne a victorieusement subi cette épreuve du temps et grande fut la sagesse de l'Eglise qui a laissé aux siècles le soin de légitimer sa sainteté.

Le vrai caractère de la Mission de Jeanne, n'avait pas échappé à ses contemporains.

Le procès de réhabilitation rassura leurs consciences troublées surtout par l'ignorance où ils s'étaient trouvés jusque-là de la forfaiture du tribunal d'iniquité.

Pour eux, Jeanne n'était pas seulement l'interprète de la pensée nationale; sa piété, sa vertu, son martyre, lui donnaient déjà dans l'opinion, l'auréole des saints. Un des juges de Rouen, Thomas de Courcelles, lui reprochait de s'être « fait adorer, comme une sainte ». Les termes de ce reproche doivent avoir été rapportés inexactement, car ce docteur de l'Université de Paris ne pouvait ignorer que nous n'adorons pas les saints, mais il est bien certain que si Jeanne ne crut jamais qu'elle pouvait être une sainte, il n'en était pas de même autour d'elle et tel fut le rayonnement de sa sainteté d'abord implicitement proclamée par le jugement de l'Assemblée nationale de Poitiers, que la sentence infamante du tribunal de Rouen ne put reformer l'opinion qui s'était formée dans l'armée, comme dans le peuple de France. Nous savons aujourd'hui que sa Mission était annoncée et prêchée, de son vivant, par des missionnaires qui parcouraient les provinces du centre et du midi et préconisaient « les grands miracles accomplis en France, par l'intervention d'une pucelle qui était venue trouver le Roi, de par Dieu » (1).

L'opinion française représentée par des esprits supérieurs venus de tous les points des horizons intellectuels, se retrouve à peu près unanime à ce sujet, dans chaque siècle, et de nos jours, Quicherat, Sainte-Beuve, Michelet, Guizot, proclament à l'envi la sainteté de Jeanne; la Sorbonne elle-même qui fournit autrefois à Cauchon des complices passionnés autant que subtils, déclarait naguère par l'organe de l'un de ses professeurs les plus distingués qu'en faisant de Jeanne une sainte, l'Eglise consacrerait le verdict de la nation française. M. Anatole France lui-même n'a pu trouver de note discordante à cette hymne de reconnaissance que cinq siècles de notre histoire ont chantée à la gloire de la vierge libératrice du sol national. Il se résigne à convenir que « la Pucelle fut une sainte », mais les explications qu'il donne de cet aveu, tendent bien plus à le

(1) Sermon prêché à Périgueux, le 13 décembre 1429, par le F. Hélie Bodant, dominicain de Poitiers.

démentir qu'à le confirmer. D'ailleurs que nous importe ? Aujourd'hui, dans toutes nos églises, vont se dresser des autels, des autels sans reliques puisque rien ne nous est resté de la sainte héroïne de la patrie, pas même les cendres de son bûcher, mais le culte qui lui sera rendu n'est-il pas la plus éloquente protestation contre les blasphémateurs de cette patrie pour le salut de qui coulèrent ses larmes et s'accomplit son généreux sacrifice ?

Il ne faudrait pas croire que les siècles qui nous ont précédés laissèrent dans l'oubli ce prodigieux épisode de notre histoire qui a changé le cours des événements et forcé en quelque sorte, deux grands peuples à suivre séparément leurs destinées et à donner pleinement son essor à leur génie particulier.

L'Angleterre refoulée dans son île a conquis l'empire des mers et pendant de longues années, la France, rendue à elle-

même, fut sans conteste la première nation de l'Europe.

Les dispensateurs des renommées immortelles, historiens et poètes, ont célébré Jeanne selon l'esprit de leur temps, quelques-uns avec génie, d'autres avec une stérile abondance, tous avec la même admiration trop souvent mal servie. Après le xvɪᵉ siècle absorbé tout entier par les affreuses guerres de religion, qui avaient effacé la mémoire de Jeanne presque partout à l'exception d'Orléans et de la Lorraine, c'est un renouveau qui fleurit dans notre littérature rajeunie. A Nancy, en 1581, une foule enthousiaste applaudit l'Histoire tragique de la Pucelle. Étienne Pasquier écrit que jamais personne ne secourut la France si à propos et si heureusement que la Pucelle. Jacques Meyer, historien flamand, salue en elle une envoyée de Dieu. Guillaume Postel déclare que l'histoire de Jeanne est chose nécessaire à maintenir autant que l'Évangile. Montaigne fait un pèlerinage ému à Domremy et Richelieu orne sa galerie du portrait de la Pucelle. Mézeray et le P. Daniel lui consacrèrent des pages éloquentes. Malherbe, coutumier des métaphores les plus hardies, met dans les mains de la Pucelle la massue d'Hercule et Chapelain écrit péniblement à sa louange trente mille vers qui ont pesé sur la gloire de son héroïne comme la pierre d'un tombeau, qui pourrait dire dans quelle mesure ce malencontreux poème doit porter la responsabilité de l'ingrate méconnaissance que pratiqua le siècle de Louis XIV à l'égard de Jeanne et de l'indécent persiflage qui sévit avec tant de succès dans la société corrompue du siècle suivant ?

D'ailleurs, la Révolution qui avait jeté au vent les cendres de Du Guesclin et de Turenne ne respecta pas davantage la mémoire de Jeanne et trouva moyen de renchérir sur l'ingratitude dont les pouvoirs publics s'étaient jusque-là transmis la tradition. Les fêtes séculaires d'Orléans furent interdites, le monument du pont, une première fois brisé par les protestants en 1567, fut démoli. L'Oratoire d'Orléans gardait le Chapeau de la Pucelle, dernière relique de l'héroïne qui ne put échapper à l'imbécile vandalisme jacobin. Une bande de forcenés en fit un feu de joie en 1792, dans la cour de l'hôtel Saint-Hilaire et dansa autour du foyer qui consumait le suprême débris historique des plus merveilleux épisodes de nos annales, sublime épopée qui n'a pas eu et qui n'aura jamais son poète épique.

Il faut rendre à la monarchie cette justice qu'en outre des honneurs dont Charles VII, si oublieux par ailleurs, avait comblé la famille de Jeanne, Louis XI son fils, qui dès son enfance avait connu Jeanne et avait appris de son aïeule et de sa mère, la vertueuse reine Marie d'Anjou, à vénérer sa mémoire, lui voua un culte tout particulier et fit restaurer à Domremy, sa maison natale. Le 25 octobre 1612, le Roi Louis XIII, donna par un édit « augmentation d'armes et armoiries à MM. du Lys, de la ligne de la Pucelle d'Orléans » et motiva ainsi ce rappel de gratitude : « Les Anglais ayant par un long espace de temps, usurpé notre ville de Paris et une grande partie des autres meilleures villes et provinces de notre royaume, il plut à Dieu, vrai protecteur de notre dit royaume, de susciter des frontières d'iceluy cette magnanime et vertueuse fille nommée Jeanne d'Arc, depuis vulgairement appelée la Pucelle d'Orléans, laquelle, contre l'opinion d'un chacun et contre toute apparence humaine, fit miraculeusement, en fort peu de temps, et comme par la main de Dieu, lever le siège que les Anglais tenaient devant notre ville d'Orléans et sacrer le dit Seigneur Roi Charles VII, en notre ville de Reims, avec tant de prospérité, que de là en avant, les Anglais furent entièrement débellés et expulsés de notre dit royaume, en reconnaissance desquels grands et signalés services rendus à l'État et à la couronne de France..., etc. »

S. S. Pie X

Le siècle qui vient de finir a réparé les ingratitudes du passé et grâce à lui, Jeanne est en quelque sorte apparue dans notre histoire une seconde fois, mais avec un resplendissement dont la progression ne s'est point ralentie. Il entrait sans doute dans les desseins de la Providence, de susciter à nouveau, en temps opportun, cette idéale et surhumaine physionomie, grandie par l'éloignement, victorieuse de l'épreuve d'un long passé et nimbée non seulement de l'auréole du martyre, mais encore du rayonnement des plus héroïques vertus et cette opportunité s'est manifestée de nos jours, dans tout son éclat.

Pour opérer cette sorte de prodige, il a suffi de l'heureuse inspiration d'un savant paléographe, Jules Quicherat qui, de 1840 à 1849, mit sa profonde érudition au service de Jeanne d'Arc et publia le texte, jusqu'alors presque ignoré, des deux procès de condamnation et de réhabilitation. Que ne s'en est-il tenu à cette première inspiration sans déformer et gâter l'œuvre admirable du savant par les commentaires subjectifs du libre penseur! Il fut néanmoins un bon ouvrier pour la cause de Jeanne et par le chemin qu'il avait ouvert, a passé une pléiade d'autres ouvriers de la même cause, animés sans doute de sentiments bien divers, mais tous, admirateurs passionnés de Jeanne d'Arc.

C'est ainsi qu'est éclose toute une littérature consacrée à la glorification de l'héroïne et qui n'a pas produit moins de 3.000 publications à sa louange. Il n'y a pas dans notre histoire, une époque qui ait été plus fouillée que la première moitié du XV° siècle, ni aucun épisode documenté à l'égal des quelque deux années que dura l'intervention de Jeanne dans cette histoire et encore faut-il en retrancher douze mois de captivité. Rien n'a échappé à la sagacité patiente de ces admirateurs; grâce à elle nous connaissons sa famille, sa nationalité, son village, sa maison, son enfance, sa mission, ses voyages, ses compagnons de route et de guerre, ses étapes, ses campagnes, son procès, sa réhabilitation, les monuments élevés à sa gloire, les légendes qui ont fleuri sa mémoire et le culte consacré à son souvenir. Il est résulté de tout cela que la gloire de Jeanne, telle qu'elle s'est manifestée à nos contemporains, dépasse de beaucoup celle qui fit l'admiration de nos pères.

La réhabilitation judiciaire de Jeanne avait été provoquée par sa mère et ses frères; des honneurs suprêmes que l'Église réserve à l'héroïsme de la Sainteté devaient être revendiqués pour elle, par la reconnaissance toujours fidèle de cette cité d'Orléans, chez laquelle le culte public de Jeanne n'a guère connu que l'éclipse des plus mauvais jours de notre histoire. L'initiative en fut prise par un grand évêque, Mgr Dupanloup, dont le nom restera inséparable de la glorification suprême par laquelle l'Église vient de consacrer la mémoire et les vertus héroïques de la Pucelle d'Orléans. Il fut le semeur infatigable de cette moisson glorieuse venue à maturité de nos jours et dont il ne put entrevoir que l'espérance.

En 1869, l'illustre prélat avait rassemblé autour de lui, pour les solennités que ramène l'anniversaire de la délivrance d'Orléans, les évêques de tous les diocèses que Jeanne traversa dans ses chevauchées patriotiques. Il s'était réservé l'honneur d'un second panégyrique de la Pucelle dont il mit en relief avec grande éloquence la sainteté qui rayonnait dans toute la vie de son héroïne et à l'issue de ces fêtes, tous les évêques présents adressèrent à Pie IX une supplique, lui demandant pour Jeanne d'Arc, les honneurs que l'Eglise décerne aux Bienheureux. Pie IX accueillit favorablement ces vœux, déclarant toutefois que le Saint-Siège ne ferait aucun acte dans ce sens avant que les procès ordinaires ne fussent instruits.

Le Concile du Vatican qui s'ouvrit le 8 décembre de là même année et les tragiques évènements de l'Année Terrible qui devaient suivre, retardèrent, jusqu'en 1874, l'ouverture des préliminaires de l'Information ou instance au Saint-Siège, pour obtenir l'Introduction de la Cause devant la Congrégation des Rites.

S. E. le Cardinal Ferrata.

C'est ainsi que Jeanne allait soutenir son cinquième procès. Le premier avait eu lieu devant l'Assemblée nationale de Poitiers en avril 1429, où l'élite de l'Eglise de France, jointe aux jurisconsultes de l'Université restés fidèles à leur patrie, l'avait reconnue comme envoyée de Dieu. Le second, intenté à Rouen par Cauchon, au nom du roi d'Angleterre et à l'instigation de l'Université de Paris, transfuge de la cause nationale, avait abouti, le 24 mai 1431, à la condamnation de l'accusée, à la détention perpétuelle. Le troisième, dit cause de relapse, ne dura que deux jours et conduisit Jeanne au bûcher. Le quatrième s'était clos en 1456 par une sentence de réhabilitation judiciaire, après des débats qui avaient duré près de six ans. Le cinquième qui s'ouvrait ainsi 418 ans après, allait passer au crible des plus sévères investigations et de débats contradictoires ardemment conduits, l'ensemble et les détails de cette existence si extraordinaire et déterminer la nature du culte qui devait être rendu à cette passionnante mémoire. Fallait-il voir simplement en Jeanne une héroïne supérieurement inspirée, géniale libératrice du sol national, grandie à l'égal des plus célèbres renommées par le charme de sa jeunesse, par le caractère inouï de son œuvre, par l'éclat de ses vertus et surtout par le sacrifice suprême qui avait couronné sa brève et fulgurante Mission? Fallait-il encore ajouter à tout cela une perfection supérieure, sans défaillances, puisée aux sources surnaturelles, soutenue par la plus complète abnégation personnelle, conduite jusqu'au martyre par la sereine et inébranlable affirmation de la réalité objective des Voix qui l'inspirèrent jusqu'à son dernier soupir? Fallait-il nimber de l'auréole des Saints, la vierge libératrice de sa patrie? Ce cinquième procès victorieusement soutenu par la mémoire de Jeanne et qui vient de se clore à Rome par les solennités de la Béatification, le 18 avril 1909, a duré trente-cinq ans.

L'enquête préliminaire conduite par le tribunal qu'avait constitué Mgr Dupanloup se prolongea jusqu'en 1876. Le premier témoignage recueilli fut celui de M. Wallon qui avait consacré de longues années à l'étude des documents d'où était sorti son beau livre sur Jeanne d'Arc. Nul n'était plus compétent que lui pour formuler des précisions sur la vie, les vertus, les dons célestes, le renom de sainteté de son héroïne et sur le vrai caractère du procès de condamnation et de réhabilitation. Les nombreux témoins qui furent entendus après lui ne purent, à son exemple, baser leurs dépositions que sur les documents historiques parvenus jusqu'à nous et dont les principaux ne peuvent être l'objet de la moindre suspicion, puisque en particulier Cauchon lui-même a pris soin de consacrer par des annotations écrites de sa main, l'authenticité du texte officiel du procès de Jeanne que nous possédons à Paris.

Les deux procès de condamnation et de réhabilitation furent l'objet de l'étude la plus approfondie et en 1876, Mᵍʳ Dupanloup en portait lui-même à Rome les conclusions. Il lui fut demandé de joindre à cette première enquête un supplément pour savoir dans quelle mesure la mémoire des vertus de Jeanne était restée parmi le peuple de France. Ces travaux se poursuivirent à Orléans jusqu'en 1888. Le cardinal Coullié, aujourd'hui archevêque de Lyon avait, dans l'intervalle, succédé à Mᵍʳ Dupanloup mort le 11 octobre 1878, et comme lui, Mᵍʳ Touchet, son successeur, avait conduit avec un zèle infatigable ces longs et difficiles préliminaires qui aboutirent le 27 janvier 1894 au décret de la Congrégation des Rites déclarant qu'il y avait lieu de commencer le procès de Béatification de la Pucelle d'Orléans déclarée Vénérable.

Benoît XV

Dix-huit ans à peine avaient suffi à constituer le dossier formidable de cette cause qui passionnait la France et qui venait de franchir victorieusement un premier et redoutable obstacle. Les cinq étapes qui restaient à franchir n'étaient pas moins dures, malgré la faveur que l'étude du dossier de cette cause lui avait valu dans la Congrégation des Rites. Léon XIII en suivait la progression avec le plus profond intérêt et le cardinal Parocchi s'était chargé de la cause de Jeanne avec un enthousiasme qui ne se démentit point jusqu'à son dernier jour. Cet enthousiasme était devenu contagieux dans le collège des cardinaux et plusieurs d'entre eux avaient eu, dit-on, la pensée de supplier Léon XIII de déclarer Jeanne Bienheureuse par acclamation. Tel n'avait pas été l'avis du cardinal Parocchi. « Il faut, avait-il dit, que Jeanne entre à la Congrégation des Rites, comme elle entra dans Orléans, casquée, cuirassée, par les grandes portes ouvertes et tous les ponts-levis baissés. »

Une après l'autre, comme les bastilles d'Orléans ont été enlevées les fortes positions prises par le promoteur de la Foi, qui remplit dans le procès de Béatification le rôle du ministère public. Toutes ont été défendues par lui avec une énergie et une habileté qui auraient pu donner des inquiétudes sur le sort final de la cause, si Jeanne n'avait pas inspiré à ses défenseurs cette vaillance dans l'offensive qui caractérisa son génie guerrier.

Il a fallu d'abord établir que Jeanne n'avait été l'objet d'aucun culte ecclésiastique, c'est-à-dire que nulle part elle n'avait reçu les honneurs liturgiques réservés par l'Église aux seuls Bienheureux rituellement proclamés, et établir ensuite le renom de sainteté qui s'est attaché à sa mémoire dans les traditions chrétiennes.

Le troisième obstacle consistait à établir l'héroïcité des vertus de Jeanne ; le quatrième à faire la preuve des miracles attribués à son intercession, et le cinquième à reprendre toute la procédure depuis son origine, à remettre en discussion les objections soulevées par le ministère public et à conclure enfin qu'il pouvait être procédé en *toute sécurité* à la Béatification de la Pucelle d'Orléans.

Ce programme qui tient en quelques lignes n'a pas demandé moins de quinze années d'enquêtes, de discussions et de plaidoyers, à Orléans d'abord et puis devant la Congrégation des Rites. Les dossiers constitués à Orléans et qui représentent plus de trois mille pages in-folio, ont réclamé un écrasant labeur dont Mgr Touchet s'est réservé la plus grande part. Il a été à la peine, mais plus heureux que son illustre prédé-

cesseur, Mᵍʳ Dupanloup et que le Cardinal Parocchi, mort
en 1903, il a été à l'honneur comme le fut l'étendard de Jeanne
au Sacre de Charles VII. C'est d'ailleurs la loi commune à la
presque totalité des causes de cette nature, que les ouvriers de
la première heure n'en voient presque jamais le dénouement.
Les sages lenteurs de l'Église usent les vies humaines et la plupart de ceux qui ont posé
les premières pierres de
l'édifice, ne voient point
le couronnement du faîte.

Pie IX et Léon XIII
sont descendus dans la
tombe, les deux avocats
romains qui ont si heu-
reusement défendu la
cause de Jeanne, n'en ont
pas vu le triomphe. Pie X
a succédé à Léon XIII et
dès les premiers jours de
son pontificat, il se plut à
manifester l'intérêt puissant qu'il portait à la cause
de Jeanne d'Arc et décida
que la première journée
qu'il donnerait à la présidence de la Congrégation
des Rites lui serait consacrée. Depuis lors, les dates
se précipitent vers l'heureuse solution du procès.

Jeanne d'Arc au XVIIᵉ siècle.

Le 6 janvier 1904, c'est le décret résumant la vie de la Vénérable
Jeanne d'Arc et proclamant l'héroïcité de ses vertus; en
novembre 1908, la reconnaissance des miracles opérés par son
intercession et enfin l'indiction du 18 avril 1909, pour la pro-
clamation solennelle du titre de Bienheureuse sous lequel sera
désormais invoquée la Pucelle d'Orléans, Jeanne d'Arc, notre
héroïne nationale.

Lorsque le Cardinal Lucido Parocchi descendit au tombeau
dans les premiers jours de l'année 1903, la cause de Jeanne
d'Arc qui s'instruisait devant la Congrégation des Rites, per-

dait en lui un défenseur dont le zèle égalait l'autorité et la sagesse et il paraissait difficile de lui trouver dans le Sacré-Collège, un successeur documenté comme il l'était lui-même, sur le dossier formidable soumis au Tribunal des Rites et sur les difficultés soulevées par le Promoteur de la Foi. Mgr Touchet, évêque d'Orléans, eut l'heureuse inspiration de s'adresser au Cardinal Ferrata dont les années de nonciature à Paris ont laissé parmi nous un impérissable souvenir. Son dévoûment éclairé et inlassable aux choses de France, semblait le désigner tout naturellement pour la protection et la défense de la cause de Jeanne, si chère au cœur de tous les Français. L'attente de l'éminent évêque d'Orléans ne fut point trompée et le Cardinal Ferrata, avec la bonne grâce souriante qui le caractérise, accepta la lourde tâche qui lui était proposée. Les grandes difficultés de la Cause n'avaient point encore reçu leur solution ; deux points d'une importance capitale retenaient encore l'attaque et la défense sur un terrain particulièrement délicat et ce fut merveille de voir avec quelle promptitude et quelle netteté il avait en quelques semaines pris entière possession du dossier de la Cause. Il est vrai qu'avant d'atteindre le sommet de la hiérarchie de l'Église, le cardinal Ferrata avait débuté par les fonctions d'avocat devant la Congrégation des Rites dont il devait un jour devenir Préfet et il n'avait rien oublié de la science profonde, alerte et souple qu'il avait mise au service de la plus noble clientèle qui soit au monde. Jeanne d'Arc devait en bénéficier à son tour et la promptitude relative du triomphe de sa cause, fut en grande partie l'œuvre de son illustre défenseur. La France ne saurait l'oublier et elle compte sur le dévoûment du cardinal Ferrata pour avancer le jour appelé par tous ses vœux, de la Canonisation de la Bienheureuse Jeanne d'Arc.

En attendant, le décret de Pie X, fixant au 18 avril, les fêtes de la Béatification de Jeanne, avait rempli toute la France d'une immense allégresse. Quelles que soient les tristesses et les appréhensions de l'heure présente, ce fut comme un souffle d'enthousiasme qui passa sur toutes nos provinces, mais avec une particulière intensité dans la ville d'Orléans toujours fidèle au souvenir et dans les diocèses de la Lorraine. Ce fut comme une sorte de mobilisation des ardeurs les plus vibrantes et dans la semaine de Pâques, 40.000 pèlerins de Jeanne d'Arc envahissaient pacifiquement la Ville Éternelle. En aucune circonstance analogue, jamais nation chrétienne n'avait délégué pareille multitude pour saluer l'avènement de l'un de ses enfants à la gloire des Saints.

Nul des pèlerins de Jeanne d'Arc ne perdra jamais le souvenir de ces jours ensoleillés où toutes les voix de Rome

PALAIS DU VATICAN

chantaient la gloire de la Pucelle d'Orléans, manifestation triomphale qui devait se retrouver dans tout son éclat, onze ans plus tard, aux solennités de sa Canonisation. Ils n'oublieront jamais cette audience jusqu'à ce jour inouïe de 40.000 pèlerins rassemblés dans la Basilique de Saint-Pierre, pour entendre la parole du Pape adressée à la France, et ils garderont surtout un souvenir ému de ce geste si noble et si simple de Pie X serrant sur son cœur le drapeau de leur patrie.

À l'heure aujourd'hui lointaine où les événements semblaient avoir affaibli chez nos pères l'autorité du Siège Apostolique, celle qui devait être la Sainte de la France invoqua bien des fois, au cours de l'inique procès dont elle devait être la victime, cette Autorité suprême. Il lui était alors répondu que le Pape était trop loin pour entendre son appel.

Les distances se sont abrégées depuis, et voilà bientôt cinq siècles que la Condamnée de Rouen a vu mettre à néant l'infâme sentence qui l'avait conduite au bûcher. Le Siège Apostolique avait été l'instigateur et l'âme de ce premier acte de justice réparatrice : onze années à peine s'écoulèrent entre les solennités de la Béatification et de la Canonisation de la Pucelle d'Orléans, et Benoît XV éleva aux suprêmes honneurs la virginale Guerrière, la plus belle fleur de Paradis qui ait germé sur notre sol de France.

Ce n'était pas en vain que, dans la tribulation, la captive de Rouen avait maintes fois formulé son appel au Pape de Rome. Pie IX, Léon XIII, Pie X, Benoît XV, pléiade immortelle de grands Pontifes, ont relevé son appel, chacun d'eux a travaillé à son apothéose, et pour couronner cette auguste sollicitude dont la France recueille le bienfait, un décret solennel de Pie XI met notre patrie sous le patronage de *Sainte Jeanne d'Arc*, prolongement, dans l'ordre surnaturel, de la Mission qu'elle « tenait de par Dieu » dans la première moitié du xv° siècle.

L'illustre Ventura semblait avoir prévu cette apothéose de Jeanne, à une époque où la gloire de la Pucelle d'Orléans restait encore dans une sorte de pénombre de méconnaissance, lorsqu'il traçait d'elle ce portrait si vivant : « Pure comme un ange, aimante comme un séraphin, pondérée comme un homme mûr, sage comme un docteur, zélée comme un apôtre, vaillante comme le meilleur capitaine, redoutable comme un conquérant et, par la grandeur d'âme, supérieure à tous les héros les plus vantés de l'antiquité classique. » En vérité, on ne pouvait mieux dire

TABLE DES MATIÈRES

Impr. de Montligeon. — La Chapelle-Montligeon (Orne). — 16333-3-26.

Jesus Maria

9 782329 089430